中国审判指导丛书

涉外商事海事审判指导

杨万明 主编
最高人民法院民事审判第四庭 编

总第36辑（2018.1）

人民法院出版社

图书在版编目（CIP）数据

涉外商事海事审判指导.2018 年.第 1 辑:总第 36 辑/杨万明主编;最高人民法院民事审判第四庭编. --北京：人民法院出版社，2020.11

（中国审判指导丛书）

ISBN 978-7-5109-2960-1

Ⅰ.①涉… Ⅱ.①杨… ②最… Ⅲ.①涉外经济法-海商法-审判-研究-中国 Ⅳ.①D922.294.4

中国版本图书馆 CIP 数据核字（2020）第 200836 号

涉外商事海事审判指导　2018 年第 1 辑（总第 36 辑）
杨万明　主编
最高人民法院民事审判第四庭　编

责任编辑	路建华　执行编辑　杨　洁
出版发行	人民法院出版社
地　　址	北京市东城区东交民巷 27 号（100745）
电　　话	（010）67550660（责任编辑）　67550558（发行部查询）
	65223677（读者服务部）
客服 QQ	2092078039
网　　址	http：//www.courtbook.com.cn
E-mail	courtpress@sohu.com
印　　刷	保定市中画美凯印刷有限公司
经　　销	新华书店
开　　本	787 毫米×1092 毫米　1/16
字　　数	250 千字
印　　张	15.25
版　　次	2020 年 11 月第 1 版　2020 年 11 月第 1 次印刷
书　　号	ISBN 978-7-5109-2960-1
定　　价	50.00 元

版权所有　侵权必究

《涉外商事海事审判指导》编辑委员会

主　任　杨万明
副主任　王淑梅
委　员　（以姓氏笔画为序）
　　　　王淑梅　任雪峰　沈红雨　余晓汉
　　　　陈纪忠　杨弘磊　胡　方　姚爱华
　　　　奚向阳　黄西武

《涉外商事海事审判指导》编辑部

主　任　陈纪忠
编　辑　张　梅

卷 首 语

《涉外商事海事审判指导》2018年第1辑（总第36辑）经过精心编辑和大家见面了。本辑栏目设置继续保持《涉外商事海事审判指导》的一贯特色，包括"领导讲话""司法文件""请示与答复""案例评析""调查与研究""信息与资料"六个栏目。

司法文件 该栏目主要涉及2018年出台的司法解释、通知和有关涉外商事案件管辖的批复。

请示与答复 作为本丛书的特色栏目，本辑继续刊登了2018年最高人民法院针对各高级人民法院有关国际商事仲裁裁决司法审查法律问题请示的复函，并附有各高级人民法院请示的内容，具有较强的指导意义。为便于检索，本栏目设置"关于仲裁协议效力""关于域外仲裁裁决的承认与执行""关于内地仲裁裁决的撤销和不予执行"三个子栏目。

案例评析 本辑刊登了2018年发布的全国海事审判典型案例，简要介绍案件的基本案情和裁判结果，逐案分析了其典型意义，对于海事审判具有很强的指导作用。

调查与研究 本辑刊登了《"一带一路"国际商事争端解决实证研究》，该文以"一带一路"合作倡议实施后发生的涉"一带一路"跨境纠纷解决的调解、仲裁、诉讼案例为蓝本，分析这三种争端解决方式在"一带一路"跨境纠纷解决中的优势及存在的问题，旨在为构建一套行之有效的"一带一路"跨境纠纷多元化争端解决机制提供相应启示。

信息与资料 本辑为国际商事法庭专题，刊登了国际商事法庭自成立以来颁布的司法解释、通知等文件，便于检索适用。

目　　录

【领导讲话】

集思广益，共谋发展
　　——最高人民法院党组成员、副院长罗东川在国际商事专家委员会
　　成立暨首届研讨会上的主题发言
　　　　（2018年8月26日）………………………………………（1）
在国际商事纠纷多元化解决机制座谈会上的发言
　　　　（2018年12月5日）……………………………罗东川（4）

【司法文件】

最高人民法院
　　关于为海南全面深化改革开放提供司法服务和保障的意见
　　　　（2018年8月1日）………………………………………（7）
最高人民法院
　　关于《北京市高级人民法院关于调整北京市第四中级人民法院
　　　　案件管辖的请示》的批复
　　　　（2018年2月5日）………………………………………（13）
最高人民法院
　　关于指定杭州互联网法院管辖第一审涉外商事案件的批复
　　　　（2018年3月28日）……………………………………（14）
最高人民法院
　　关于指定湖南省益阳市中级人民法院管辖一审涉外民商事
　　　　案件的批复
　　　　（2018年3月30日）……………………………………（15）

最高人民法院
　　关于《广东省高级人民法院关于广州市基层法院实施涉外涉港澳台
　　民商事案件集中管辖的请示》的批复
　　（2018年6月28日）……………………………………………（16）

【请示与答复】

（一）关于仲裁协议效力

最高人民法院
　　关于山东省高级人民法院就蓝海生态农业有限公司与金鹰水产
　　（香港）有限公司申请确认仲裁协议效力一案请示的复函
　　（2018年3月26日）……………………………………………（17）
　　附：山东省高级人民法院关于蓝海生态农业有限公司与金鹰水产
　　　　（香港）有限公司申请确认仲裁协议效力一案的请示
　　　　（2018年2月9日）…………………………………………（18）
最高人民法院
　　关于广东省高级人民法院就深圳市亿威利科技有限公司申请确认
　　仲裁协议无效一案的请示的复函
　　（2018年3月29日）……………………………………………（21）
　　附：广东省高级人民法院关于深圳市亿威利科技有限公司
　　　　申请确认仲裁协议无效一案的请示
　　　　（2017年12月27日）………………………………………（22）
最高人民法院
　　关于胡某红与平原禹臣机械设备科技有限公司确认仲裁协议效力
　　问题请示的复函
　　（2018年6月20日）……………………………………………（29）
　　附：湖北省高级人民法院关于申请人胡某红与被申请人平原禹臣
　　　　机械设备科技有限公司确认仲裁协议效力一案的请示
　　　　（2018年3月20日）…………………………………………（30）
最高人民法院
　　对湖北省高级人民法院就厦门国贸集团股份有限公司诉国王航运
　　公司（King Navigation Co.）海上货物运输合同纠纷
　　一案仲裁条款效力请示的答复
　　（2018年6月22日）……………………………………………（32）

附：湖北省高级人民法院关于厦门国贸集团股份有限公司与
　　国王航运公司（King Navigation Co.）海上货物
　　运输合同纠纷仲裁条款效力问题的请示
　　（2018年5月2日） ·· (33)

最高人民法院
　对山东省高级人民法院关于申请人北京国风建业门窗制造有限公司
　　与被申请人青岛世茂新城房地产开发有限公司申请确认
　　仲裁协议效力一案请示的答复
　　（2018年6月22日） ·· (37)

附：山东省高级人民法院关于申请人北京国风建业门窗制造
　　有限公司与被申请人青岛世茂新城房地产开发有限公司
　　申请确认仲裁协议效力一案的请示
　　（2018年5月31日） ·· (38)

最高人民法院
　关于匹兹堡康宁（烟台）保温材料有限公司申请确认仲裁协议
　　效力一案请示的复函
　　（2018年9月11日） ·· (41)

附：山东省高级人民法院关于匹兹堡康宁（烟台）保温材料
　　有限公司申请确认仲裁协议效力一案的请示
　　（2018年5月23日） ·· (42)

（二）关于域外仲裁裁决的承认与执行

最高人民法院
　对内蒙古自治区高级人民法院关于艾地盟亚太贸易有限公司
　　申请承认和执行英国国际油、油籽和油脂协会4440号
　　仲裁裁决案件一案请示的答复
　　（2018年6月22日） ·· (46)

附：内蒙古自治区高级人民法院关于艾地盟亚太贸易有限公司
　　申请承认和执行英国国际油、油籽和油脂协会4440号
　　仲裁裁决案件的请示
　　（2017年11月16日） ··· (47)

最高人民法院
　关于山东省高级人民法院就海龙游艇项目（中国）有限公司
　　申请承认和执行英国仲裁裁决一案请示的复函
　　（2017年12月26日） ··· (52)

附：山东省高级人民法院关于海龙游艇项目（中国）有限公司申请
　　承认和执行 2014 年 1 月 9 日在英国伦敦作出的涉及船壳号
　　QDZ471、合同号 SB200704 的仲裁裁决一案的请示
　　（2017 年 8 月 8 日）……………………………………………（53）

最高人民法院
　关于山东省高级人民法院就艾伦宝棉花公司申请承认与执行
　　外国仲裁裁决一案请示的复函
　　（2017 年 12 月 26 日）…………………………………………（67）
　附：山东省高级人民法院关于艾伦宝棉花公司申请承认与
　　执行外国仲裁裁决一案的请示
　　（2017 年 11 月 10 日）…………………………………………（68）

最高人民法院
　关于天津市高级人民法院就申请人帕尔默海运公司与被申请人中
　　牧实业股份有限公司申请承认和执行外国仲裁裁决一案请示的复函
　　（2018 年 3 月 9 日）……………………………………………（74）
　附：天津市高级人民法院关于申请人帕尔默海运公司申请承认和
　　执行外国仲裁裁决一案的请示
　　（2017 年 9 月 30 日）…………………………………………（75）

最高人民法院
　关于广西壮族自治区高级人民法院就黎某九申请承认和
　　执行外国仲裁裁决一案请示的复函
　　（2018 年 3 月 20 日）…………………………………………（88）
　附：广西壮族自治区高级人民法院关于申请人黎某九申请
　　承认和执行外国仲裁裁决案的请示
　　（2017 年 11 月 21 日）…………………………………………（89）

最高人民法院
　关于广东省高级人民法院就派视尔有限责任公司申请承认和执行
　　韩国商事仲裁院仲裁裁决一案的请示的复函
　　（2018 年 3 月 29 日）…………………………………………（95）
　附：广东省高级人民法院关于派视尔有限责任公司申请承认和
　　执行韩国商事仲裁院仲裁裁决一案的请示
　　（2017 年 12 月 27 日）…………………………………………（96）

（三）关于内地仲裁裁决的撤销和不予执行

最高人民法院
关于广东省高级人民法院就申请人富建集团有限公司申请撤销
深圳仲裁委员会［2015］深仲裁字第2475号仲裁裁决
一案的请示的复函
（2018年6月20日） ………………………………………… （101）
附：广东省高级人民法院关于申请人富建集团有限公司申请撤销
深圳仲裁委员会［2015］深仲裁字第2475号仲裁裁决一案的请示
（2018年1月26日） ………………………………………… （102）

最高人民法院
关于北京市高级人民法院就申请人德邦基金管理有限公司与被申请人
上海汇雷投资管理中心（有限合伙）申请撤销（2016）中国
贸仲京（沪）裁字第193号仲裁裁决一案的请示的复函
（2018年6月21日） ………………………………………… （110）
附：北京市高级人民法院关于申请人德邦基金管理有限公司与
被申请人上海汇雷投资管理中心（有限合伙）申请撤销（2016）
中国贸仲京（沪）裁字第193号仲裁裁决一案的请示
（2018年3月7日） ………………………………………… （111）

最高人民法院
关于对上海市高级人民法院就宋某申请撤销上海仲裁委员会
（2015）沪仲案字第0347号仲裁裁决案件请示的复函
（2018年10月12日） ……………………………………… （124）
附：上海市高级人民法院关于宋某申请撤销上海仲裁委员会
（2015）沪仲案字第0347号仲裁裁决案件的请示
（2018年9月7日） ………………………………………… （125）

最高人民法院
关于上海豪生酒店管理有限公司申请执行仲裁裁决案请示的复函
（2018年11月19日） ……………………………………… （129）
附：山西省高级人民法院关于拟不予执行上海豪生酒店管理
有限公司申请执行仲裁裁决案件的请示
（2018年8月6日） ………………………………………… （130）

最高人民法院
关于申请人天津昊泰土木工程建筑有限公司与被申请人中国一冶
集团有限公司申请撤销仲裁裁决一案的请示的复函
（2018年11月19日） ……………………………………… （132）

附：湖北省高级人民法院关于申请人天津昊泰土木工程建筑有限公司
与被申请人中国一冶集团有限公司申请撤销仲裁裁决一案的请示
（2018年8月31日）……………………………………………（133）

最高人民法院
关于内蒙古自治区高级人民法院就申请人王某培与被申请人
冯某明申请撤销仲裁裁决一案请示的复函
（2018年12月28日）……………………………………………（138）

附：内蒙古自治区高级人民法院关于申请人王某培与被申请人
冯某明申请撤销仲裁裁决一案的请示
（2018年10月15日）……………………………………………（139）

【案例评析】

2018年全国海事审判典型案例……………………………………（142）

【调查与研究】

"一带一路"国际商事争端解决实证研究
………………………………重庆市高级人民法院民三庭课题组（161）

【信息与资料】

最高人民法院
关于设立国际商事法庭若干问题的规定
（2018年6月27日）……………………………………………（202）

最高人民法院
国际商事法庭程序规则（试行）
（2018年11月21日）……………………………………………（206）

最高人民法院
国际商事专家委员会工作规则（试行）
（2018年11月21日）……………………………………………（212）

最高人民法院办公厅
关于确定首批纳入"一站式"国际商事纠纷多元化解决机制的
国际商事仲裁及调解机构的通知
（2018年11月13日）……………………………………………（216）

Table of Contents

【Leaders' Speech】

Brainstorming for Common Development
   Keynote Speech by Luo Dongchuan, Member of the Party Group and
   Vice-President of the Supreme People's Court, at the Establishment
   of the International Commercial Expert Committee and the First Seminar
   (August 26, 2018) ··· (1)
Speech at the Symposium on the Diversified Resolution
   Mechanism of International Commercial Disputes
   (December 5, 2018) ·· Luo Dongchuan (4)

【Judicial Documents】

Supreme People's Court
   Opinions on Providing Judicial Services and Guarantees for Hainan's
   Comprehensive Deepening of Reform and Opening – up
   (August 1, 2018) ··· (7)
Supreme People's Court
   Reply to Beijing High People's Court's Request for Adjustment of
   the Jurisdiction of the Beijing Fourth Intermediate People's Court
   (February 5, 2018) ··· (13)
Supreme People's Court
   Reply on Designation of the Hangzhou Internet Court to
   Administer the First Trial of Foreign Commercial Cases
   (March 28, 2018) ·· (14)
Supreme People's Court
   Reply on Designation of the Intermediate People's Court of
   Yiyang City, Hunan Province to Administer the First Trial of
   Foreign Civil and Commercial Cases
   (March 30, 2018) ··· (15)

Supreme People's Court
Reply to Guangdong High People's Court's Request for Local People's Courts and Intermediate People's Court in Guangchou to Implement Centralized Jurisdiction of Civil and Commercial Cases relating to Overseas, Hong Kong, Macao and Taiwan
(June 28, 2018) ………………………………………………… (16)

【Request and Reply】

I. The Validity of Arbitration Agreement

Supreme People's Court
Reply on Request of Shandong High People's Court for Instructions on the Case of Application for Confirming the Validity of Arbitration Agreement: *Applicant Blue Ocean Ecological Agriculture Co., Ltd. v. Respondent Golden Eagle Farms (HK) Lsmited*
(March 26, 2018) ………………………………………………… (17)

Appendix: Request of Shandong High People's Court for Instructions on the Case of Application for Confirming the Validity of Arbitration Agreement: *Applicant Blue Ocean Ecological Agriculture Co., Ltd. v. Respondent Golden Eagle Farms (HK) Lsmited*
(February 9, 2018) ……………………………………………… (18)

Supreme People's Court
Reply on Request of Guangdong High People's Court for Instructions on the Case of Application for Confirming the Invalidity of Arbitration Agreement: *Applicant Shenzhen Yiweili Technology Co., Ltd.*
(March 29, 2018) ………………………………………………… (21)

Appendix: Request of Guangdong High People's Court for Instructions on the Case of Application for Confirming the Invalidity of Arbitration Agreement: *Applicant Shenzhen Yiweili Technology Co., Ltd.*
(December 27, 2017) …………………………………………… (22)

Table of Contents

Supreme People's Court
  Reply on Request for Instructions on the Case of Application for
  Confirming the Validity of Arbitration Agreement: *Applicant
  Hu Xhong v. Respondent Pingyuan Yuchen Machinery
  Equipment Technology Co., Ltd.*
  (June 20, 2018) ·· (29)

Appendix: Request of Hubei High People's Court for Instructions
  on the Case of Application for Confirming the Validity of
  Arbitration Agreement: *Applicant Hu Xhong v. Respondent Pingyuan
  Yuchen Machinery Equipment Technology Co., Ltd.*
  (March 20, 2018) ·· (30)

Supreme People's Court
  Reply on Request of Hubei High People's Court for
  Instructions on the Validity of the Arbitration Clause in
  the Case of Dispute over Contract of Carriage of Goods
  by Sea: *Xiamen ITG Group Co., Ltd. v. King Navigation Co.*
  (June 22, 2018) ·· (32)

Appendix: Request of Hubei High People's Court for
  Instructions on the Validity of the Arbitration Clause in the
  Case of Dispute over Contract of Carriage of Goods by Sea:
  Xiamen ITG Group Co., Ltd. v. King Navigation Co.
  (May 2, 2018) ·· (33)

Supreme People's Court
  Reply on Request of Shandong High People's Court for
  Instructions on the Case of Application for Confirming the
  Validity of Arbitration Agreement: *Applicant Beijing Guofeng
  Jianye Door and Window Manufacturing Co., Ltd. v. Respondent
  Qingdao Shimao Xincheng Real Estate Development Co., Ltd.*
  (June 22, 2018) ·· (37)

Appendix: Request of Shandong High People's Court for
  Instructions on the Case of Application for Confirming the
  Validity of Arbitration Agreement: *Applicant Beijing Guofeng
  Jianye Door and Window Manufacturing Co., Ltd. v. Respondent
  Qingdao Shimao Xincheng Real Estate Development Co., Ltd.*
  (May 31, 2018) ·· (38)

Supreme People's Court
   Reply on Request of Shandong High People's Court for
   Instructions on the Case of Application for Confirming the
   Validity of Arbitration Agreement:*Applicant Pittsburgh
   Corning (Yantai) Insulation Materials Co., Ltd.*
   (September 11, 2018) ································· (41)
Appendix: Request of Shandong High People's Court for Instructions
   on the Case of Application for Confirming the Validity of
   Arbitration Agreement:*Applicant Pittsburgh Corning (Yantai)
   Insulation Materials Co., Ltd.*
   (May 23, 2018) ···································· (42)

II. The Recognition and Enforcement of Foreign Arbitration Award

Supreme People's Court
   Reply on Request of High People's Court of Inner Mongolia
   Autonomous Region for Instructions on the Case of Application
   for Recognition and Enforcement of Arbitration Award (No. 4440)
   Made by FOSFA(England):*Applicant Admasia – Paciflc
   Trading Pte. Ltd.*
   (June 22, 2018) ···································· (46)
Appendix: Request of High People's Court of Inner Mongolia
   Autonomous Region for Instructions on the Case of Application for
   Recognition and Enforcement of Arbitration Award (No. 4440)
   Made by FOSFA(England):*Applicant Admasia – Paciflc
   Trading Pte. Ltd.*
   (November 16, 2017) ································ (47)
Supreme People's Court
   Reply on Request of Shandong High People's Court for
   Instructions on the Case of Application for Recognition and
   Enforcement of British Arbitration Award: *Applicant
   The Dragon Project(China) Limited*
   (December 26, 2017) ································ (52)

Appendix: Request of Shandong High People's Court for Instructions on the Case of Recognition and Enforcement of the Arbitration Award concerning the Hull No. QDZ471 and the Contract No. SB200704 Made in London on January 9, 2014: *Applicant The Dragon Project(China) Limited*
(August 8, 2017) ·· (53)

Supreme People's Court
Reply on Request of Shandong High People's Court for Instructions on the Case of Application for Recognition and Enforcement of Foreign Arbitration Award: *Applicant Allenberg Cotton Co.*
(December 26, 2017) ·· (67)

Appendix: Request of Shandong High People's Court for Instructions on the Case of Application for Recognition and Enforcement of Foreign Arbitration Award: *Applicant Allenberg Cotton Co.*
(November 10, 2017) ·· (68)

Supreme People's Court
Reply on Request of Tianjin High People's Court for Instructions on the Case of Application for Recognition and Enforcement of Foreign Arbitration Award: *Applicant Palmer Maritime Inc. v. Respondent China Animal Husbandry Industry Co., Ltd.*
(March 9, 2018) ·· (74)

Appendix: Request of Tianjin High People's Court for Instructions on the Case of Application for Recognition and Enforcement of Foreign Arbitration Award: *Applicant Palmer Maritime Inc. v. Respondent China Animal Husbandry Industry Co., Ltd.*
(September 30, 2017) ·· (75)

Supreme People's Court
Reply on Request of High People's Court of Guangxi Zhuang Autonomous Region for Instructions on the Case of Application for Recognition and Enforcement of Foreign Arbitration Award: *Applicant Li Xjiu.*
(March 20, 2018) ·· (88)

Appendix: Request of High People's Court of Guangxi Zhuang
Autonomous Region for Instructions on the Case of Application
for Recognition and Enforcement of Foreign Arbitration
Award: *Applicant Li Xjiu.*
(November 21, 2017) ·· (89)

Supreme People's Court
Reply on Request of Guangdong High People's Court for
Instructions on the Case of Application for Recognition and
Enforcement of Korean Commercial Arbitration Board Award:
Applicant Peteer Co., Ltd.
(March 29, 2018) ·· (95)

Appendix: Request of Guangdong High People's Court for
Instructions on the Case of Application for Recognition and
Enforcement of Korean Commercial Arbitration Board Award:
Applicant Peteer Co., Ltd.
(December 27, 2017) ·· (96)

III. The Revocation and Refusal Enforcement of Domestic Arbitration Award

Supreme People's Court
Reply on Request of Guangdong High People's Court for
Instructions on the Case of Application for Revocation of
Shenzhen Arbitration Commission Arbitration Award
[No. (2015)2475]: *Applicant Fujian Group Co., Ltd.*
(June 20, 2018) ·· (101)

Appendix: Request of Guangdong High People's Court for Instructions
on the Case of Application for Revocation of Shenzhen
Arbitration Commission Arbitration Award [No. (2015)2475]:
Applicant Fujian Group Co., Ltd.
(January 26, 2018) ·· (102)

Supreme People's Court
  Reply on Request of Beijing High People's Court for
  Instructions on the Case of Application for Revocation of
  Arbitration Award Made by CIETAC[Beijing (Shanghai)
  No. (2016)193]: *Applicant Debon Fund Management
  Co., Ltd. v. Shanghai Huilei Investment Management
  Center Limited partnership*
  (June 21, 2018) ·· (110)
Appendix: Request of Beijing High People's Court for
  Instructions on the Case of Application for Revocation of
  Arbitration Award Made by CIETAC[Beijing (Shanghai)
  No. (2016)193]: *Applicant Debon Fund Management
  Co., Ltd. v. Shanghai Huilei Investment Management
  Center Limited Partnership*
  (March 7, 2018) ·· (111)
Supreme People's Court
  Reply on Request of Shanghai High People's Court for
  Instructions on the Case of Application for Revocation of
  Arbitration Award [No. (2015)0347] Made by Shanghai
  Arbitration Commission: *Applicant Song X*
  (October 12, 2018) ·· (124)
Appendix: Request of Shanghai High People's Court for
  Instructions on the Case of Application for Revocation of
  Arbitration Award [No. (2015)0347] Made by Shanghai
  Arbitration Commission: *Applicant Song X*
  (September 7, 2018) ·· (125)
Supreme People's Court
  Reply on Request for Instructions on the Case of Application
  for Enforcement of Arbitration Award: *Applicant Shanghai
  Howard Johnson Hotel Management Co., Ltd.*
  (November 19, 2018) ·· (129)
Appendix: Request of Shanxi High People's Court for
  Instructions on the Case of Application for Refusal Enforcement
  of Arbitration Award: *Applicant Shanghai Howard Johnson
  Hotel Management Co., Ltd.*
  (August 6, 2018) ·· (130)

Supreme People's Court
Reply on Request for Instructions on the Case of Application
for Revocation of Arbitration Award: *Applicant Tianjin Haotai
Civil Engineering and Construction Co., Ltd. v. Respondent
China First Metallurgical Group Co., Ltd.*
(November 19, 2018) ·· (132)
Appendix: Request of Hubei High People's Court for
Instructions on the Case of Application for Revocation of
Arbitration Award: *Applicant Tianjin Haotai Civil Engineering
and Construction Co., Ltd. v. Respondent China First
Metallurgical Group Co., Ltd.*
(August 31, 2018) ·· (133)
Supreme People's Court
Reply on Request of High People's Court of Inner Mongolia
Autonomous Region for Instructions on the Case of Application
for Revocation of Arbitration Award: *Applicant Wang Xpei v.
Feng Xming*
(December 28, 2018) ·· (138)
Appendix: Request of High People's Court of Inner Mongolia
Autonomous Region for Instructions on the Case of Application
for Revocation of Arbitration Award: *Applicant Wang Xpei v.
Feng Xming*
(October 15, 2018) ··· (139)

【Case Analysis】

Typical Cases of National Maritime Trials in 2018 ···················· (142)

【Investigation and Research】

An Empirical Study on "Belt and Road Initiative" International
Commercial Dispute Resolution
·························· Research Group of the Third Civil Tribunal
of Chongqing High People's Court (161)

Table of Contents

【Information】

Provisions of the Supreme People's Court on Several Issues
  concerning the Establishment of International Commercial Court
  (June 27, 2018) ··· (202)
Procedural Rules for the China International Commercial Court of
  the Supreme People's Court (for Trial Implementation)
  (November 21, 2018) ·· (206)
Working Rules of the International Commercial Expert Committee
  of the Supreme People's Court (for Trial Implementation)
  (November 21, 2018) ·· (212)
Notice of the General Office of the Supreme People's Court on
  Determining the First Group of International Commercial Arbitration
  and Mediation Institutions Included in the "One – Stop" Diversified
  Mechanisms for Resolving International Commercial Disputes
  (November 13, 2018) ·· (216)

【领导讲话】

集思广益，共谋发展
——在国际商事专家委员会成立暨首届研讨会上的主题发言

最高人民法院党组成员、副院长　罗东川

（2018年8月26日）

尊敬的各位国际商事专家委员会专家委员，各位来宾，各位同事：

首先，对最高人民法院首批聘请的国际商事专家委员会专家委员表示热烈的祝贺！对参加今天研讨会的各位来宾表示诚挚的欢迎和衷心的感谢！

随着中国改革开放的不断深化，随着"一带一路"建设的深入推进，与世界各国的经济联系日益紧密，解决国际商事纠纷的需求也随之增多。适应形势发展需要，中国最高人民法院设立国际商事法庭，为从事国际商事交易的当事人提供又一项纠纷解决选择。中国的国际商事法庭既吸取了新加坡国际商事法庭、迪拜国际金融中心法院等建设经验，又结合中国的制度和国情作出了新的尝试。按照改革方案，我们组建了由不同国家的法律专家组成的国际商事专家委员会，希望集各国法律专家的智慧，发挥其作用，共同打造国际化商事纠纷解决平台。国际商事法庭和国际商事专家委员会都是新生事物，这次研讨会可以集思广益，希望各位专家对国际商事法庭的建设发展积极建言献策。在此，我谈谈对国际商事法庭建设发展的几点认识。

一、以司法公正高效透明营造法治化营商环境

法治不仅要求完备的法律体系，更要求公平正义得到实现和维护。中

国设立国际商事法庭是对现行国际商事争端解决机制的有益补充。国际商事法庭坚持以下基本原则：一是公正高效便利的原则。中国国际商事法庭的建设体现了中国司法在追求公正与效率上的新思路。《最高人民法院关于设立国际商事法庭若干问题的规定》明确提出，合议庭的少数意见可以在裁判文书中载明，确保裁判公开公正；国际商事法庭的案件实行一审终审，确保诉讼高效便捷。二是共商共建共享原则。中国的国际商事法庭凸显国际化特征，首创国际商事专家委员会制度，吸收世界各国精通国际法及其本国法的法律专家共同组成，共同参与国际商事纠纷化解。国际商事专家委员会首批32位专家委员来自15个国家，具有广泛的代表性。三是当事人意思自治原则。中国国际商事法庭依法保障当事人协议选择纠纷解决方式、纠纷解决地点、适用法律的权利，平等保护中外当事人的合法权益，体现高度的灵活性、自治性。同时，积极履行公约义务，准确适用对中国生效的国际条约，尊重国际惯例。四是纠纷解决方式多元化原则。国际商事调解与国际商事仲裁各具优势，国际商事法庭要发挥国际商事调解与国际商事仲裁的作用，支持建立诉讼与调解、仲裁有机衔接的多元纠纷解决平台，为中外当事人提供"一站式"优质高效法律服务。

二、以创新发展驱动国际商事法庭制度完善

关于国际商事法庭的基本制度，最高人民法院经审判委员会讨论已经出台了司法解释《关于设立国际商事法庭若干问题的规定》，对国际商事法庭的受案范围、法官任职条件、审理程序事项等作出明确规定。目前正在进行《国际商事法庭程序指引》《国际商事专家委员会工作规则》等规范性文件的制定工作，特别期待各位专家委员提出宝贵的建议。国际商事法庭将在征求各方意见的基础上进一步完善相关内容，为国际商事法庭的科学有效运作奠定坚实的基础。同时，我们也正在研究如何通过支持国际商事调解、国际商事仲裁，以构建各种纠纷解决方式有效衔接的"一站式"纠纷解决平台。今天的研讨，必将有助于我们开拓思路，进一步完善相关方案。

中国国际商事法庭的建设尚在起步阶段，我们将在智慧法院建设成果的基础上，借鉴其他国家的成功经验和做法，将信息化建设贯穿于国际商事审判建设的各个方面。比如，建设独立的电子立案系统、数字化与信息化审判庭及会议室，实现网上调解、网上证据交换、网上质证及网上开庭

等，建立专门的案例数据库，运用大数据分析相关类型案件，统一裁判尺度和标准。

三、以国际合作交流促进国际商事裁判的执行

纠纷解决成果的可执行性是当事人选择纠纷解决方式的重要考量因素。《纽约公约》成功推动了国际商事仲裁在全球的快速发展。联合国贸法会正在推进出台关于执行国际商事调解协议的国际公约，同样也将极大促进国际商事调解的发展。法院判决的相互承认和执行问题业已受到国际社会的普遍关注，海牙国际私法会议在推广《选择法院协议公约》的同时，已经重启了判决项目的谈判工作。国际社会的共同努力目标很明确，就是为各种纠纷解决方式畅通途径。

关于法院判决的承认和执行，中国民事诉讼法规定，法院可以根据国际条约或者互惠原则承认和执行外国法院民商事判决。截至目前，中国与其他国家签订双边民商事司法协助条约共39个，其中37个已经生效，绝大多数双边民商事司法协助条约中均包含相互承认和执行民商事判决的内容；在多边条约领域，中国政府已经签署了《选择法院协议公约》，中国政府亦在积极参加海牙国际私法协会重启判决项目的谈判工作。中国法院在司法实践中，已经根据互惠原则，承认和执行了意大利、新加坡、美国等若干国家的商事判决，为民商事判决在国际间承认和执行作出了积极贡献。此外，最高人民法院通过与外国最高法院签署合作备忘录、关于承认和执行民商事判决的指引备忘录等方式，积极推动相互承认和执行民商事判决。希望通过国际商事法庭和国际商事专家委员会这个平台，与各国进一步加强合作交流，为民商事判决的承认和执行提供更为畅通的渠道。

各位专家委员、各位来宾、同事们，中国的国际商事法庭是中国涉外商事审判体制与时俱进发展的重要标志。我们将继续传承和弘扬"和平合作、开放包容、互学互鉴、互利共赢"的丝绸之路精神，不断创新、拓展司法领域的国际合作、交流，共同为从事国际商事交往的当事人提供更多优质高效的法律服务，让我们共同努力、携手共进！

谢谢大家！

在国际商事纠纷多元化解决机制
座谈会上的发言

最高人民法院党组成员、副院长 罗东川

(2018年12月5日)

尊敬的各位嘉宾、专家委员，同志们：

　　年终岁末，公务繁忙，大家能够拨冗参加今天的座谈会，对最高人民法院国际商事法庭的工作给予大力支持，在此，我谨代表周强院长对出席会议的各位嘉宾、专家委员以及我的同事们表示诚挚的感谢！对首批纳入"一站式"国际商事纠纷多元化解决机制的国际商事仲裁机构、调解机构表示热烈的祝贺！

　　今天的会议规模虽小，但意义重大。2018年3月，"两办"印发中央深改组审议通过的《关于建立"一带一路"国际商事争端解决机制和机构的意见》（以下简称《意见》）后，最高人民法院党组高度重视，不折不扣地贯彻落实党中央的重大决策部署。6月25日，最高人民法院审判委员会通过了司法解释《最高人民法院关于设立国际商事法庭若干问题的规定》；6月29日，分别在深圳、西安挂牌成立第一、第二国际商事法庭；8月26日，最高人民法院国际商事专家委员会成立并召开了首届研讨会。今天，正式发布《关于确定首批纳入"一站式"国际商事纠纷多元化解决机制的国际商事仲裁及调解机构的通知》，同时正式发布国际商事法庭运行的两个配套文件《国际商事法庭程序规则（试行）》《国际商事专家委员会工作规则（试行）》，并正式施行，标志着诉讼、仲裁、调解有机衔接的"一站式"国际商事纠纷多元化解决机制已经正式落成，进入运行阶段。

　　刚刚，淑梅副庭长宣读了《关于确定首批纳入"一站式"国际商事纠纷多元化解决机制的国际商事仲裁及调解机构的通知》，晓力副庭长介绍了两项试行规则的出台背景、主要内容。其中,通知提交最高人民法院党组会议通过,两个试行规则提交最高人民法院审委会审议通过,充分体现了最高人民法院对国际商事法庭工作的高度重视。文件起草过程中,经过了充分调研,专门走访了仲裁机构、调解机构,广泛征求意见,专家委员代表、仲裁机构、调解机构提出了很多富有建设性的意见,为文件的出台积极贡献了智慧与心血。我们的庭领导、负责起草工作的审判团队也是夜以继日、兢兢业业,投入了大量的时间和精力。可以说,成果来之不易,是大家集体智慧的结晶。

今天的会议是机制建成后的首次会议。刚才,5位专家委员代表、7家机构的代表,都做了非常好的发言,认识到位,结合实际,内容丰富,针对性强,我听了很有收获。在此,我说几点自己的想法。

一是应当充分认识建设"一带一路"国际商事争端解决机制的重要意义。"一带一路"倡议是习近平主席提出的国际合作宏观设想,也是中国向世界提供的最大的公共产品。建立健全国际商事争端解决机制,是推进"一带一路"建设的重要法治保障,有助于妥善化解纠纷,提供稳定的法治营商环境,保障"一带一路"建设行稳致远。"一站式"国际商事纠纷多元化解决机制,立足于支持当事人自主选择诉讼、仲裁或调解方式解决国际商事纠纷,为包括"一带一路"建设参与国在内的各国当事人提供更加便利、快捷、低成本的纠纷解决服务。昨天,我接待香港国际仲裁中心代表团时,香港特别行政区律政司原司长袁国强就提出希望香港国际仲裁中心也能参与机制建设。周强院长在访问新加坡时,新加坡国际仲裁中心也提出了加入机制的意愿。这说明,目前国际社会对中国建设"一站式"国际商事纠纷多元化解决机制非常关注。希望国际商事法庭、国际商事专家委员会与首批纳入"一站式"国际商事纠纷多元化解决机制的各国际商事仲裁机构、调解机构,充分发挥创造性和能动性,齐心协力开展相关工作,积极探索与尝试,使这一机制发挥实效,形成合力,为当事人提供更为公正、高效、便利、快捷、低成本的纠纷解决服务。

二是应当加快健全国际商事法庭案件审理机制。上月中旬,周强院长主持召开最高人民法院学习贯彻习近平新时代中国特色社会主义外交思想专题会议,对新时代涉外商事海事审判工作提出更多更高的新要求。周强院长对国际商事法庭的建设寄予厚望,希望国际商事法庭在国际商事案件的管辖和审理方面能起到率先示范作用,积累更多国际法司法案例,为丰富国际法渊源做出更多贡献。目前，配套文件已经落地，国际商事法庭的运行有章可循、有据可依。11月23日，最高人民法院任命了第二批7名国际商事法庭法官，充实了法官队伍。国际商事法庭要加快健全国际商事法庭审理机制，通过审理疑难复杂、有重大影响力的国际商事案件，建立中国国际商事法庭的公信力，充分发挥国际商事法庭精品案例的标杆和示范作用，为国际规则的丰富和发展贡献智慧。

三是应当加强法律服务资源的协调合作和信息共享。"一站式"国际商事纠纷多元化解决机制集聚了最为优质的国际国内法律服务资源，希望能建设和利用好这一平台，加强各机构之间的交流和协调，研究和解决实际问题。国际商事法庭双语网站运行以来，有效提升了国际商事法庭的宣传度和透明度，受到国际国内社会的好评。最高人民法院正在加速优化并推进案件管理平台的建设，要依靠一流的信息化建设水平，为当事人、法官、仲裁员、调解员、国际商事专家委员提供方便，不但最大限度减轻事务性工作负担，而且按需提供精准智能服务，促进各国立法及司法信息交流共享，使"一站式"纠纷解决平台成为法律服务资源的对接平台、案例规则的交流平台、专家委员的智库贡献平台、国际法治合作成果的产出平台。

"一站式"国际商事纠纷多元化解决机制是一项立足中国实践、具有中国特色的新生事物。今天，大家提了很多意见，都很好，我们将认真研究。配套文件的许多内容也需要在实践中加以深化、细化。诉讼、仲裁、调解的有机衔接运行，需要依靠国际商事法庭、国际商事专家委员会专家委员、国际商事仲裁机构和调解机构的协调与合作。相信在大家的共同努力下，各尽其责，各尽所能，共商共建共享，一定能够营造公平公正透明便捷的法治营商环境。最后，再次对大家出席本次会议表示衷心的感谢！也希望大家未来继续支持我们的工作。

谢谢大家！

【司法文件】

最高人民法院
关于为海南全面深化改革开放
提供司法服务和保障的意见

2018 年 8 月 1 日　　　　　　　　　　　法发〔2018〕16 号

为深入学习贯彻习近平新时代中国特色社会主义思想和党的十九大精神，认真贯彻落实以习近平同志为核心的党中央关于支持海南全面深化改革开放的重大决策部署，充分发挥人民法院职能作用，推动海南自由贸易试验区和中国特色自由贸易港建设，根据《中共中央国务院关于支持海南全面深化改革开放的指导意见》和《最高人民法院关于为自由贸易试验区建设提供司法保障的意见》，制定如下意见。

一、切实提高政治站位，增强为海南全面深化改革开放提供司法服务和保障的责任感、使命感

1. 深刻认识海南全面深化改革开放的重大意义，进一步明确人民法院肩负的历史使命。在中国特色社会主义进入新时代的大背景下，赋予海南经济特区改革开放新的使命，是习近平总书记亲自谋划、亲自部署、亲自推动的重大国家战略，有利于完善和发展中国特色社会主义制度，加快推动形成全面开放新格局，把海南建设成为新时代中国特色社会主义新亮点。各级人民法院要始终坚持以习近平新时代中国特色社会主义思想为指导，坚持稳中求进工作总基调，坚持新发展理念，准确把握海南全面深化改革开放的指导思想、战略定位、基本原则和发展目标，充分发挥司法职能，依法公正高效审理相关案件，深化司法体制改革，加强智慧法院建设，不断提升司法能力和水平，为把海南建设成为全面深化改革开放试验区、国家生态文明试验区、国际旅游消费中心、国家重大战略服务保障区提供有力司法服务和保障。

2. 找准为海南全面深化改革开放提供司法服务和保障的切入点、结合点。坚持法治思维，聚焦服务保障海南全面深化改革开放中的重点领域，认真研究新情况、解决新问题，及时制定司法政策、出台司法解释、完善工作机制，确保决策科学、执行有效。增强大局意识，建立健全统一协调机制，充分发挥最高人民法院第一巡回法庭职能作用，确保各项工作协同、高效。完善审判机制，创新工作方法，提高审判质效，提炼裁判规则，统一裁判尺度，切实提高司法服务保障能力和水平。

二、充分发挥司法职能，推动海南构建法治化、国际化、便利化的营商环境和公平开放统一的市场环境

3. 加强刑事审判，严厉打击影响海南全面深化改革开放的各类刑事犯罪。依法惩治各类刑事犯罪，特别是走私、洗钱、逃税、非法集资等涉及海南改革开放重点领域的经济犯罪，维护市场秩序，保障社会稳定。

4. 加强行政审判，依法支持政府职能转变。支持海南法院探索行政案件跨区域集中管辖，依法服务保障行政体制改革，推动深化简政放权、放管结合、优化服务改革，助力政府提升治理能力。依法支持自由贸易试验区和自由贸易港实行高水平的贸易和投资自由化便利化政策，对外资全面实行准入前国民待遇加负面清单管理制度。依法审理自由贸易试验区内民生社保、内外贸、投融资、财政税务、金融创新、出入境管理等方面的行政案件，服务建设更加灵活的政策体系、监管模式和管理体制。

5. 加强民商事审判，服务建设现代化经济体系。加强产权保护，依法支持政务诚信和营商环境建设。依法审理不正当竞争和垄断案件，维护统一市场和公平竞争。依法审理涉农垦项目和国有农场改革的案件，推动垦区集团化、农场化改革。妥善处理与农村土地征收、集体经营性建设用地入市、宅基地制度改革相关的案件，服务相关改革政策落实落地。依法审理种业、医疗、教育、体育、电信、互联网、文化、维修、金融、航运等重点开放领域的民商事案件，推动现代农业、高新技术产业、现代服务业对外开放。依法审理合同纠纷案件，促进公平交易。依法审理公司纠纷案件，鼓励市场主体和社会主体创新创业。依法审理涉军案件，促进军民融合发展。

6. 加强海事审判，服务海洋强国战略。探索创新海事审判机制，依法对我国管辖海域行使司法管辖权。创新海洋维权审判工作，积极稳妥审理涉及航运、渔业、海上救助、海上能源储备等重点基础设施建设的海事案件，加强南海维权，支持国家重大战略服务保障区建设。依法审理有关邮轮运输、南海岛礁建设、海洋环境保护、海洋资源开发、海上通道安全等案件，支持建设现代化海洋牧场，促进海洋经济发展，保护海洋生态环境，维护国家海洋权益。

7. 加强知识产权审判，服务创新驱动发展战略。依法审理涉及航天科技、深海技术等领域的知识产权案件，支持海南建设航天领域重大科技创新基地和国家深海基地南方中心。妥善审理涉及植物新品种案件，保障国家南繁科研育种基地建设，支持海南建设国家热带农业科学中心和全球动植物种质资源引进中转基地。妥善审理涉及医疗新技术、新设备、新药品的知识产权案件，为博鳌乐城国际医疗旅游先行区建设提供司法服务和保障。依法审理涉及网络文化、游戏动漫、影视制作、虚拟现实、电子竞技等数字产业方面的知识产权案件，推动数字创意产业发展。深化知识产权审判领域改革，支持海南设立知识产权法庭，支持建设中国（海南）国际知识产权交易所，更好发挥司法保护知识产权主导作用。

8. 依法审理金融案件，服务防控金融风险。依法审理借款担保纠纷、票据纠纷、信托纠纷等案件，妥善处理因资产管理等引发的金融纠纷，防范化解金融风险，规范金融创新行为，维护金融市场秩序，促进金融业健康发展。依法审理涉外金融案件，准确认定规避国家外汇管制政策的跨境投资行为法律效力。依法审理互联网金融纠纷案件，规范发展互联网金融。依法审理涉及独立保函、新型融资、跨境担保、外资投资银行、保险、证券等金融领域案件以及人民币业务等新型金融案件，促进投融资创新以及人民币国际化。

9. 依法妥善处理旅游纠纷，支持海南提升旅游消费服务质量，促进旅游消费国际化。建立旅游纠纷集中审判机制，探索国际旅游纠纷速裁程序，依照法律规定，参考国际通行规则，妥善审理旅游合同纠纷和侵权纠纷，促进提升旅游设施和旅游要素的国际化、标准化、信息化水平，为海南建设国际旅游消费中心提供司法服务和保障。

10. 加强环境资源审判，用最严格的制度、最严密的法治保护生态环境。坚持"绿色、循环、低碳"理念，适应国家生态文明试验区建设实际需要，推动环境司法体制机制创新。依法审理自然资源权属争议，维护资源开发利用秩序，规范自然资源交易流转制度。贯彻生态环境监管体制改革要求，依法审理自然生态空间确权登记等案件，推进自然资源确权登记制度实施，加强国有自然资源产权保护。发挥司法的教育引导功能，加大环境司法宣传力度，培育社会公众的生态环境保护意识，推动形成简约适度、绿色低碳的生产生活方式。

11. 加强涉外商事审判，推动形成全面开放新格局。创新涉外商事案件审判方式，完善送达、公证认证等诉讼程序，拓宽外国法查明途径，正确适用冲突规范，准确适用国际条约、国际惯例和外国法律，加强司法协助，依法承认与执行外国法院民商事判决和外国仲裁裁决，平等保护中外当事人合法权益，切实维护国际交易秩序，推动建立开放型经济新体制。

12. 加强前瞻性问题研究，妥善审理新类型案件。依法审理涉及国际能源、航运、大宗商品、产权、股权、碳排放权等案件，促进新型交易模式健康发展。依法审理自然资源有偿使用、森林经营等新类型案件，支持海南在建立完善自然资源资产产权制度和有偿使用制度等方面先行探索。依法审理涉及知识产权证券化、知识产权信用担保、竞猜型体育彩票和大型国际赛事即开彩票等新类型案件，为自由贸易试验区和自由贸易港改革创新提供优质、高效的司法服务。

13. 加强执行工作，保障胜诉当事人及时实现权益。在推进"基本解决执行难"的基础上，进一步优化执行工作长效机制，转变执行管理方式，创新执行工作方法，强化执行规范化建设。加大失信联合惩戒力度，推动社会信用体系建设。

三、支持建立多元化国际商事纠纷解决机构，发挥多元化纠纷解决机制作用

14. 支持建立国际争端调解机构，发挥调解在国际商事纠纷解决中的作用。完善诉调对接平台建设，充分运用现代信息技术，开展在线调解、在线司法确认等，依法确认调解协议效力。加强"一站式"纠纷解决机制建设，特别是在旅游、养老、道路交通、医疗卫生、涉外商事等领域，发挥各类调解组织的功能，积极开展律师参与调解，充分发挥律师在国际商事调解中的作用。

15. 支持建立国际商事仲裁机构，充分尊重当事人选择纠纷解决方式

的意愿。自由贸易试验区或自由贸易港民商事案件的主体之间约定将争议提交域外仲裁解决的，不宜以无涉外因素为由认定无效。当事人向人民法院申请执行的，人民法院依照《中华人民共和国民事诉讼法》第二百八十三条的规定处理。

16．完善跨境电商消费者权益纠纷解决机制，依法维护跨境电子商务消费者的合法权益。跨境电子商务平台经营者使用格式条款与消费者订立仲裁协议，未采取合理方式提醒消费者注意，消费者请求确认仲裁协议无效的，人民法院应予支持。

17．建立国际商事纠纷案件集中审判机制。集中优势资源，依法审理涉及自由贸易试验区和自由贸易港建设的国际商事纠纷案件，提高案件审判能力和水平。

四、加强智慧法院建设，用信息化手段提高案件审判质效

18．全面建设智慧法院，提升司法服务保障的信息化水平。突出信息化特色，适应新时代社会发展变化和人民群众司法需求，支持在海南开展司法智能化建设试点，推动现代科技与法院工作的深度融合，促进审判体系和审判能力现代化，使司法服务保障能力与海南全面深化改革开放新要求相匹配。

五、深化司法体制改革，确保各项改革部署落地见效

19．加强审判体系建设。根据党和国家机构改革方案，结合海南行政区划改革创新要求，积极探索与行政体制改革相适应的司法体制改革。按照优化协同高效原则，扎实推进法院内设机构改革。支持海上巡回法庭和岛屿审判点建设，建立符合自由贸易试验区和自由贸易港需求、更加便捷高效的诉讼机制。

20．深化司法体制综合配套改革。进一步完善法官员额制，健全员额法官遴选、增补、退出、交流机制，实现员额法官进出常态化、制度化。完善法官培训、考核、惩戒机制，积极推进法官助理、书记员职务序列改革和聘用制书记员管理制度改革，加强审判辅助人员配备和管理，全面提升法院队伍正规化、专业化、职业化水平。

六、加强人才队伍建设，为审判工作提供智力支持

21．创新人才培养模式。结合人民法院工作实际，构建更加开放的人

才培养、引进和交流机制，积极探索改革人才培养和储备机制，对法官加强投资、金融、贸易、航运等专业知识的培训，着力培育具备国际视野、通晓国际规则、精通外语的高层次审判人才。

七、加强国际交流合作，提升我国司法的国际影响力

22. 积极开展国际交流与合作，树立中国法治良好形象。充分发挥自由贸易试验区的窗口作用，加强国际司法交流与合作。支持自由贸易试验区法官对外交流、参加涉外培训及参与相关国际会议，展示我国法治建设成就，增进国际社会对我国自由贸易试验区司法工作的了解，提升我国司法的国际影响力。

最高人民法院
关于《北京市高级人民法院关于调整北京市第四中级人民法院案件管辖的请示》的批复

2018年2月5日　　　　　　　　（2018）最高法民他12号

北京市高级人民法院：

你院京高法〔2018〕4号《北京市高级人民法院关于调整北京市第四中级人民法院案件管辖的请示》收悉。根据《最高人民法院关于明确第一审涉外民商事案件级别管辖标准以及归口办理有关问题的通知》《最高人民法院关于仲裁司法审查案件归口办理有关问题的通知》的规定，经研究，同意你院提出的具体调整方案。现批复如下：

一、北京市第四中级人民法院集中审理应由北京市法院管辖的标的额在2亿元以下的一审涉外、涉港澳台商事案件；

二、北京市第四中级人民法院集中审理应由北京市法院管辖的申请确认仲裁协议效力案件，申请撤销仲裁裁决案件（不含申请撤销劳动争议仲裁裁决案件）；

三、北京市第四中级人民法院集中审理应由北京市法院管辖的申请承认和执行外国仲裁裁决，申请认可和执行香港特别行政区、澳门特别行政区、台湾地区仲裁裁决案件；应由北京市法院管辖的申请承认和执行外国法院民事判决、裁定，申请认可和执行香港特别行政区、澳门特别行政区、台湾地区法院民事判决案件；

四、保留北京市第四中级人民法院管辖的其他案件类型。

此复

最高人民法院
关于指定杭州互联网法院管辖
第一审涉外商事案件的批复

2018 年 3 月 28 日　　　　　　　　（2018）最高法民他 26 号

浙江省高级人民法院：

你院浙高法（2018）26 号《浙江省高级人民法院关于请求指定杭州互联网法院为审理涉外商事纠纷案件第一审法院的请示》收悉。根据《最高人民法院关于涉外民商事案件诉讼管辖若干问题的规定》以及第四次全国涉外商事海事审判工作会议的精神，经研究，批复如下：

指定杭州互联网法院管辖第一审涉外商事案件。

为切实保障审判质量，杭州互联网法院应当设立专门审判庭或者合议庭负责审理相关案件。请你院认真做好相关审判人员的业务培训工作。

此复

最高人民法院
关于指定湖南省益阳市中级人民法院管辖一审涉外民商事案件的批复

2018 年 3 月 30 日　　　　　　　　　（2018）最高法民他 29 号

湖南省高级人民法院：

你院湘高法（2018）28 号《关于申请指定湖南省益阳市中级人民法院管辖一审涉外民商事案件的请示》收悉。根据《最高人民法院关于加强涉外商事案件诉讼管辖工作的通知》以及第三次全国涉外商事海事审判工作会议精神和审判工作实际，经研究，批复如下：

指定湖南省益阳市中级人民法院管辖第一审涉外民商事案件。

为切实保障审判质量，湖南省益阳市中级人民法院应当设立专门审判机构或者指定合议庭，负责审理涉外民商事案件。请你院加强监督指导，认真做好相关审判人员的业务培训工作。

此复

最高人民法院
关于《广东省高级人民法院关于广州市基层法院实施涉外涉港澳台民商事案件集中管辖的请示》的批复

2018年6月28日　　　　　　　　　　（2018）最高法民他58号

广东省高级人民法院：

你院粤高法（2018）128号《广东省高级人民法院关于广州市基层法院实施涉外涉港澳台民商事案件集中管辖的请示》收悉。根据《最高人民法院关于明确第一审涉外民商事案件级别管辖标准以及归口办理有关问题的通知》的规定，经研究，批复如下：

原由广州市基层法院受理的第一审涉外涉港澳台民商事案件调整为统一由越秀区人民法院和南沙区人民法院分别集中审理。其中越秀区人民法院集中管辖越秀区、海珠区、荔湾区、白云区、花都区、从化区辖区内的第一审涉外涉港澳台民商事案件；南沙区人民法院集中管辖天河区、黄埔区、番禺区、南沙区、增城区辖区内的第一审涉外涉港澳台民商事案件。

此复

【请示与答复】

（一）关于仲裁协议效力

最高人民法院
关于山东省高级人民法院就蓝海生态农业
有限公司与金鹰水产（香港）有限公司
申请确认仲裁协议效力一案请示的复函

2018年3月26日　　　　　　　　（2018）最高法民他25号

山东省高级人民法院：

你院（2018）鲁民他3号《关于蓝海生态农业有限公司与金鹰水产（香港）有限公司申请确认仲裁协议效力一案的请示》收悉。经研究，答复如下：

本案系申请确认仲裁协议效力案件。根据你院请示报告所述的事实，双方当事人均认可合同中约定的"北京中国国际贸易促进委员会对外经济贸易仲裁委员会"为中国国际经济贸易仲裁委员会，"中国山东东营仲裁机构"为东营仲裁委员会，但双方就仲裁机构的选定问题无法达成一致意见。《中华人民共和国涉外民事关系法律适用法》第十八条规定："当事人可以协议选择仲裁协议适用的法律。当事人没有选择的，适用仲裁机构所在地法律或者仲裁地法律。"本案山东蓝海生态农业有限公司（以下简称蓝海公司）与金鹰水产（香港）有限公司（以下简称金鹰公司）在合同中并未约定仲裁协议所适用的法律，鉴于双方约定的两个仲裁机构"所在地"均在中国内地，因此本案仲裁协议效力的审查应适用中国内地法律。

《中华人民共和国仲裁法》第十八条规定："仲裁协议对仲裁事项或者

仲裁委员会没有约定或者约定不明确的,当事人可以补充协议;达不成补充协议的,仲裁协议无效。"《最高人民法院关于适用〈中华人民共和国仲裁法〉若干问题的解释》第五条规定:"仲裁协议约定两个以上仲裁机构的,当事人可以协议选择其中的一个仲裁机构申请仲裁;当事人不能就仲裁机构选择达成一致的,仲裁协议无效。"根据上述规定,蓝海公司与金鹰公司所签订合同中的仲裁协议对仲裁机构约定不明确,且双方当事人无法就仲裁机构的选择达成一致意见,本案仲裁协议应当认定无效。

综上,同意你院的处理意见。

此复

附:

山东省高级人民法院
关于蓝海生态农业有限公司与金鹰水产(香港)有限公司申请确认仲裁协议效力一案的请示

2018年2月9日　　　　　　　　　　　(2018)鲁民他3号

最高人民法院:

申请人山东蓝海生态农业有限公司与被申请人金鹰水产(香港)有限公司申请确认仲裁协议效力一案,山东省东营市中级人民法院(以下简称东营中院)受理后,经审查拟认定仲裁协议无效,我院拟同意该意见。根据《最高人民法院关于仲裁司法审查案件报核问题的有关规定》第二条第一款的规定,将该案基本情况及审查意见报请如下:

一、当事人的基本情况

申请人:山东蓝海生态农业有限公司。住所地:山东省东营市东营区牛庄镇辛河路以西,生产路以北100米处。

法定代表人:肖某杰,该公司董事长。

被申请人:金鹰水产(香港)有限公司[Golden Eagle Farms(HK)Limited]。住所地:香港特别行政区中环云咸街40至44号云咸商业中心

6楼。

法定代表人：理查德·布凯南（Richard Buchanan），该公司执行董事。

二、案件的基本事实

2016年10月15日，山东蓝海生态农业有限公司（以下简称蓝海公司）与金鹰水产（香港）有限公司（以下简称金鹰公司）签订《合同》一份，约定双方在山东省东营市共同投资设立合资经营企业（东营艾格蓝海水产科技有限公司）的相关事宜。该合同对合资公司成立、经营范围和规模、投资与注册资本等内容作出了约定。《合同》第五十四条约定，合同的订立、效力、解释、履行受中华人民共和国法律管辖。第五十五条约定："凡因执行本合同所发生的或与本合同有关的一切争议，双方应通过友好协商解决，如果协商不能解决，应提交北京中国国际贸易促进委员会对外经济贸易仲裁委员会根据该会的仲裁程序暂行规则进行仲裁。或，应提交中国山东东营仲裁机构根据该仲裁机构的仲裁程序进行仲裁。或，仲裁在被诉人所在国进行。仲裁裁决是终局的，对双方都有约束力。在仲裁过程中，除双方有争议正在进行仲裁的部分外，本合同应继续履行。"

2017年11月29日，东营中院对双方当事人进行了询问。双方当事人均认可，合同约定的"北京中国国际贸易促进委员会对外经济贸易仲裁委员会"即为中国国际经济贸易仲裁委员会，"中国山东东营仲裁机构"系东营仲裁委员会；对仲裁机构的选择问题，蓝海公司坚持选择东营仲裁委员会，金鹰公司坚持选择中国国际经济贸易仲裁委员会。双方在仲裁机构的选定问题上无法达成一致意见。

三、东营中院的审查意见

东营中院审查认为，金鹰公司系香港公司，应参照涉外案件处理，本案系涉外仲裁协议效力纠纷。关于涉案仲裁条款效力准据法的确定问题。虽然双方当事人没有约定认定仲裁条款效力的准据法，但双方约定了中国国际经济贸易仲裁委员会或者东营仲裁委员会两个仲裁机构，仲裁地均在内地。《最高人民法院关于适用〈中华人民共和国仲裁法〉若干问题的解释》（以下简称仲裁法司法解释）第十六条规定："对涉外仲裁协议的效力审查，适用当事人约定的法律；当事人没有约定适用的法律但约定了仲裁地的,适用仲裁地法律;没有约定适用的法律也没有约定仲裁地或者仲裁地约定不明的,适用法院地法律。"本案应当根据仲裁地即中华人民共和国内地法律,认定涉案仲裁条款的效力。

关于涉案仲裁条款是否有效的问题。《中华人民共和国仲裁法》第十六条规定:"仲裁协议包括合同中订立的仲裁条款和以其他书面方式在纠纷发生前或者纠纷发生后达成的请求仲裁的协议。仲裁协议应当具有下列内容:(一)请求仲裁的意思表示;(二)仲裁事项;(三)选定的仲裁委员会。"第十八条规定:"仲裁协议对仲裁事项或者仲裁委员会没有约定或者约定不明确的,当事人可以补充协议;达不成补充协议的,仲裁协议无效。"仲裁法司法解释第五条规定:"仲裁协议约定两个以上仲裁机构的,当事人可以协议选择其中的一个仲裁机构申请仲裁;当事人不能就仲裁机构选择达成一致的,仲裁协议无效。"本案中,虽然蓝海公司与金鹰公司在签订涉案仲裁条款时有明确请求仲裁的意思表示,但因约定了两个仲裁机构,且事后无法达成一致意见而导致涉案仲裁条款无效。

东营中院拟认定涉案合资合同中的仲裁条款无效。

四、我院的审查意见

我院经审查认为,因本案双方当事人未协议选择仲裁协议适用的法律,故确定该仲裁协议是否有效,应适用仲裁机构所在地法律。合同约定的仲裁机构均在我国内地,故中华人民共和国内地法律是确定仲裁协议效力的准据法。

双方当事人在合同的仲裁条款中约定了两个仲裁机构,中国国际经济贸易仲裁委员会或东营仲裁委员会,蓝海公司坚持选择后者,金鹰公司选择前者。在东营中院询问意见时,双方当事人仍不能就仲裁机构的选择达成一致意见。因此,根据仲裁法司法解释第五条的规定,该仲裁协议无效。

本院拟同意山东省东营市中级人民法院的审查意见,当否,请示复。

最高人民法院
关于广东省高级人民法院就深圳市亿威利科技有限公司申请确认仲裁协议无效一案的请示的复函

2018 年 3 月 29 日　　　　　　　　　（2018）最高法民他 14 号

广东省高级人民法院：

你院（2014）粤高法仲复字第 10 号《关于深圳市亿威利科技有限公司申请确认仲裁协议无效一案的请示》收悉。经研究，答复如下：

本案系申请确认涉外仲裁协议效力案件。当事人未约定仲裁协议适用的法律，但约定仲裁地为韩国首尔。根据《最高人民法院关于适用〈中华人民共和国仲裁法〉若干问题的解释》第十六条的规定，应当根据韩国相关法律确定仲裁协议的效力。根据《韩国仲裁法》，案涉仲裁协议有效，但深圳市亿威利科技有限公司不是案涉仲裁协议的签署人，仲裁协议对深圳市亿威利科技有限公司不具有约束力。同意你院请示意见。

此复

附：

广东省高级人民法院
关于深圳市亿威利科技有限公司申请确认
仲裁协议无效一案的请示

2017 年 12 月 27 日　　　　　　　（2014）粤高法仲复字第 10 号

最高人民法院：

广东省深圳市中级人民法院（以下简称深圳中院）受理关于深圳市亿威利科技有限公司申请确认仲裁协议无效一案，深圳中院审查后拟认定本案仲裁条款无效，故向我院请示。我院经审查，拟同意深圳中院的意见。故依据钧院《关于人民法院处理与涉外仲裁及外国仲裁事项有关问题的通知》的规定，向钧院请示。

一、当事人的基本情况

申请人：深圳市亿威利科技有限公司。住所地：中华人民共和国广东省深圳市福田区农林路竹子林建业工业区 4 号厂房二楼西。

被申请人：派视尔有限责任公司（Pixelplus Co., Ltd）。住所地：大韩民国京畿道水原市鳌通区二仪洞 906－5 京畿 R&DB 中心 6 楼。

二、案件的基本事实

派视尔有限责任公司（以下简称派视尔公司）和派视尔信息科技（上海）有限公司（以下简称上海派视尔公司）因买卖合同纠纷向深圳市福田区人民法院（以下简称福田法院）起诉亿威利（香港）有限公司（以下简称香港亿威利公司）和深圳市亿威利科技有限公司（以下简称深圳亿威利公司），2010 年 11 月 4 日福田法院受理，案号为（2009）深福法民二初字第 5149 号。在该案中，派视尔公司和上海派视尔公司起诉的依据是 2006 年 12 月 1 日的《分销协议》，该《分销协议》盖有上海派视尔公司和香港亿威利公司的公章和相关人员签名。

该协议第 13.6 条约定仲裁条款："双方因本协议而引起、与本协议有关或因违约而引起的任何争议、争论或分歧，必须只能在韩国首尔解决。仲裁适用的语言须为英语，且必须依照韩国最高法院批准的商业仲裁规则和韩国商业仲裁委员会采纳的规则进行。韩国商业仲裁委员会须由三（3）名仲裁员组成，其中一名由供应商任命，一名由分销商任命，另一名由前两（2）名仲裁员任命。倘若在任命前两（2）名仲裁员之后一（1）个月内未能任命第三名仲裁员，则韩国商业仲裁委员会须依照其规则选择第三名仲裁员。仲裁员做出的裁决乃终结性的，且对双方均具有约束力，可以在具有适当的司法管辖权的任何法院执行。无论上文如何规定，双方都有权在仲裁尚未作出之前的任何时间，提起司法诉讼程序，以获得禁令救济，惟有此类禁令救济须受限于最终的仲裁裁决。"

2011年6月10日，福田法院作出了（2009）深福法民二初字第5149号民事裁定书，认为上海派视尔公司以派视尔公司的名义与香港亿威利公司签订的《分销协议》约定了韩国仲裁机构仲裁的条款，本案应由韩国仲裁机构管辖，裁定驳回了派视尔公司和上海派视尔公司的起诉。裁定作出后，各方均未上诉，该裁定已生效。

之后，派视尔公司以深圳亿威利公司为仲裁被申请人向韩国商事仲裁院（The Korean Commercial Arbitration Board）申请仲裁，2011年10月26日韩国商事仲裁院正式受理。

2012年5月23日，韩国商事仲裁院作出编号为 No.11113-0032 的仲裁裁决，裁决内容为：A. 仲裁庭有本仲裁的管辖权。B. 深圳亿威利公司对未付款有责任，因此应给派视尔公司支付50万美元。C. 深圳亿威利公司应从2008年1月1日开始到2011年10月31日为止的判定费用按6%的年利率来计算的利息和2011年11月1日开始到所有赔偿金的实际支付日为止的判定费按20%年利率来计算的利息支付给派视尔有限责任公司。D. 深圳亿威利公司应按照韩国商事仲裁院的仲裁规定第61条应负担所明示的所有费用。韩国商事仲裁院 No.11113-0032 的仲裁裁决载明：深圳亿威利公司没有参加仲裁庭审。2012年5月10日韩国商事仲裁院收到深圳亿威利公司于2012年4月27日提出的仲裁庭管辖权异议答辩材料。仲裁庭认为深圳亿威利公司的答辩书迟延了很久因此决定以自由裁量权不采用此次答辩书。仲裁庭认为即使考虑到深圳亿威利公司的答辩书，也不会影响仲裁庭对管辖权及仲裁的判定。

2012年5月25日，深圳亿威利公司收到该仲裁裁决。2012年6月26

日,深圳中院受理深圳亿威利公司申请确认仲裁协议无效的申请,即本案。2012年7月31日,派视尔公司向深圳中院申请承认和执行韩国商事仲裁院No.11113-0032的仲裁裁决,案号为(2012)深中法涉外仲字第193号。

另查:2002年1月26日修改的《韩国仲裁法》第8条是关于仲裁协议形式的规定。该条规定:1.仲裁协议可以采取单独的协议形式或者是合同中的仲裁条款形式。2.仲裁协议应当为书面形式。3.一份协议如果属于以下任何子项情形将被视为是书面的仲裁协议:(1)包含在当事人签署的文件之中;(2)包含在互换函件、电报、传真或载有协议的其他通讯方式中;(3)仲裁协议如载于相互往来的索赔声明和抗辩声明中,且一方当事人声称有协议而另一方当事人不予否认。4.在合同中提及载有仲裁条款文件的,被视为构成仲裁协议;但是,此种情形仅适用于该合同是书面的并且此种提及使得该仲裁条款成为该合同一部分的。

《韩国仲裁法》第17条关于管辖权的规定。该条规定:1.仲裁庭可以对其管辖权,包括对关于仲裁协议的存在或效力的任何异议作出裁定。为此目的,构成合同一部分的仲裁条款应当视为独立于合同其他条款的一项协议。2.有关仲裁庭无管辖权的抗辩不得在提交答辩书之后提出。一方当事人指定或参与仲裁员的事实,不应妨碍其提出此种抗辩。3.有关仲裁庭超越其权限范围的抗辩,应当在仲裁程序中出现被指称的越权事项时立即提出。4.在第2和3款的任何一种情况下,仲裁庭如认为迟延有正当理由的,可准许推迟提出抗辩。5.仲裁庭可以根据案情将本条第2或3款所指抗辩作为一个初步问题裁定或在实体裁决中裁定。6.仲裁庭作为一个初步问题裁定其拥有管辖权的,任何不服该裁定的一方当事人可在收到裁定通知后三十天内请求法院对仲裁庭的管辖权作出决定。

《韩国仲裁法》第24条是关于申请书和答辩书的规定。该条规定:1.在当事人约定的或仲裁庭确定的时间期限内,申请人应当提交支持其请求的各种事实、争议点,被申请人应当逐项作出答辩。2.当事人可以随同其申诉书或答辩书提交其认为相关的一切文件,也可以附带述及其将要提交的文件或其他证据。3.除非当事人另有约定,在仲裁程序进行中,任何一方当事人可以修改或补充其请求或答辩;但是此种情形不适用于仲裁庭认为此种修改或补充可能导致仲裁程序被较大程序拖延的情形。

深圳亿威利公司申请称:2009年11月13日,深圳亿威利公司收到来自福田法院的应诉通知书〔案号:(2009)深福法民二初字第5149号〕得知,派视尔公司与上海派视尔公司依据 2006 年 12 月 1 日派视尔公司与香港亿威利公司所签署的《分销协议》并以买卖合同纠纷的案由,向福田法院起诉深圳亿威利公司和香港亿威利公司,请求判令深圳亿威利公司和香港亿威利公司共同支付拖欠的货款 50 万美元及承担利息人民币 111800 元。福田法院于案件审理期间查明,上海派视尔公司成立于 2004 年 7 月 23 日,已于 2008 年 7 月 7 日被注销。2011 年 6 月 10 日,福田法院作出了(2009)深福法民二初第 5149 号民事裁定书认为,上海派视尔公司以派视尔公司的名义与香港亿威利公司签订的《分销协议》约定了韩国仲裁机构仲裁的条款。福田法院对该协议项下的争议无管辖权,因此驳回派视尔公司和上海派视尔公司的起诉。派视尔公司于法定期间没有提起上诉。2012 年 4 月间,深圳亿威利公司获得来自韩国商事仲裁院的一份英语文件,表明派视尔公司已依据上述《分销协议》项下第 13.6 条的"仲裁"条款在韩国对深圳亿威利公司提起了仲裁申请,对此,深圳亿威利公司于 2012 年 4 月 27 日以中英文两种语言的文体向大韩民国首尔 11113-0032 案件的仲裁庭寄送了书面形式的《关于管辖权异议的声明函》并同时依其邮箱地址(jybyun@keab.or.kr)向其发送了电子版本,就派视尔公司以上海派视尔公司于 2006 年 12 月 1 日与香港亿威利公司所签署的《分销协议》中的"仲裁"条款为依据,将深圳亿威利公司作为被申请人向仲裁庭提起仲裁申请一事,明确表明:迄今为止,深圳亿威利公司与派视尔公司之间从未有过任何形式的商业交往记录,深圳亿威利公司不是上述《分销协议》的签署方或权利义务的主体,深圳亿威利公司从未签署、也未授权任何第三人签署、更无因为受让、代偿等法律行为而成为该《分销协议》当事方的情形。据此,深圳亿威利公司向韩国仲裁庭正式地提出了管辖权异议的申请,认为韩国仲裁庭在派视尔公司针对深圳亿威利公司的仲裁申请中对深圳亿威利公司不具有仲裁管辖权,韩国仲裁庭也不应受理派视尔公司针对深圳亿威利公司的仲裁申请。同时,深圳亿威利公司还特别强调,深圳亿威利公司此次向韩国仲裁庭提出管辖权异议之举,并非表明已实际参与或当然认可其仲裁程序。为维护自身合法权益,深圳亿威利公司提出如下请求:1. 依法确认上海派视尔公司于 2006 年 12 月 1 日与香港亿威利公司所签署的《分销协议》项下第 13.6 条的"仲裁"条款对深圳亿威利公司不具有法律效力。2. 派视尔公司承担本案诉讼及相关的所有费用。

派视尔公司提交意见称:1. 派视尔公司已经通过协议约定的韩国商事

仲裁院的仲裁裁决活动，取得了仲裁裁决书，因此深圳亿威利公司此时向法院提出确认仲裁协议效力的主张，因其没有按照协议书约定国家的法律，在裁决活动中依法作出相应司法对应行为，已经丧失了相应的诉讼权利。2. 派视尔公司已经完成了深圳亿威利公司请求确认仲裁协议效力的仲裁行为，且取得了预期的仲裁结果，领取了仲裁裁决书。在派视尔公司已经完成仲裁活动后，深圳亿威利公司再向法院提出确认仲裁协议无效的诉讼，没有法律根据。基于上述事实和理由，请求依法驳回深圳亿威利公司的诉讼请求。

三、深圳中院的意见

深圳中院认为：

（一）关于该案的管辖权

本案为申请确认涉外仲裁协议无效一案，根据《最高人民法院关于适用〈中华人民共和国涉外民事关系法律适用法〉若干问题的解释（一）》第十二条第二款的规定，申请确认涉外仲裁协议效力的案件，由仲裁协议约定的仲裁机构所在地、仲裁协议签订地、申请人或者被申请人住所地的中级人民法院管辖，本案申请人深圳亿威利公司在中国深圳，故深圳中院对本案享有管辖权。

（二）关于审查涉案仲裁条款效力应适用的法律

《最高人民法院关于适用〈中华人民共和国涉外民事关系法律适用法〉若干问题的解释（一）》第二条规定："涉外民事关系法律适用法实施以前发生的涉外民事关系，人民法院应当根据该涉外民事关系发生时的有关法律规定确定应当适用的法律；当时法律没有规定的，可以参照涉外民事关系法律适用法的规定确定。"因《分销协议》签订于2006年12月1日，故依据《最高人民法院关于适用〈中华人民共和国仲裁法〉若干问题的解释》第十六条的规定来确定认定仲裁协议效力的准据法。《最高人民法院关于适用〈中华人民共和国仲裁法〉若干问题的解释》第十六条规定："对涉外仲裁协议的效力审查，适用当事人约定的法律；当事人没有约定适用的法律但约定了仲裁地的，适用仲裁地法律；没有约定适用的法律也没有约定仲裁地或者仲裁地约定不明的，适用法院地法律。"本案中双方当事人没有约定认定涉外仲裁协议效力的准据法，而《分销协议》项下第13.6条约定"双方因本协议而引起、与本协议有关或因违约而引起的任何争议、争论或分歧，必须只能在韩国首尔解决。仲裁适用的语言须为英语，且必须依照韩国最高法院批准的商业仲裁规则和韩国商业仲裁委员会采纳的规则进行。"从该条可以看出，双方约定的争议解决地为韩国首尔，该争议解决地即仲裁地，故适用韩国法律来认定涉案仲裁条款的效力。

（三）涉案仲裁条款对深圳亿威利公司是否具有约束力，该问题应根据韩国法律审查

首先，韩国商事仲裁院于2011年10月27日向深圳亿威利公司发函要求其收到函件后30日内把答辩书的副本5份提交给韩国商事仲裁院事务所。深圳亿威利公司于2012年4月27日提出的仲裁庭管辖权异议答辩材料，韩国商事仲裁院于2012年5月10日才收到该答辩材料。因此深圳亿威利公司存在迟延提交管辖抗辩的情形。基于该事实，是否需要审查韩国法律中有无"迟延提交管辖抗辩导致默认管辖权"的规定存在两种意见。

多数意见认为：对仲裁协议效力的审查是对仲裁协议效力本身的审查，就本案而言，就是根据韩国法律来审查仲裁协议本身是否对深圳亿威利公司具有约束力的问题，至于韩国法律中是否存在"迟延提交管辖抗辩导致默认管辖权"的规定不应成为外国法院审查仲裁协议效力时应考虑的内容。

少数意见认为：对仲裁协议效力的审查所依据的韩国法律，既应包括实体法律，也应包括程序法律。因此仲裁协议效力的审查还应考虑韩国法律是否存在"迟延提交管辖抗辩导致默认管辖权"的规定。韩国仲裁法第24条第1款规定，当事人的答辩应在"当事人约定的或仲裁庭确定的时间期限内"，第17条规定"有关仲裁庭无管辖权的抗辩不得在提交答辩书之后提出"，但并无"迟延提交管辖抗辩导致默认管辖权"的规定。因此深圳亿威利公司迟延提交管辖权的抗辩并未导致其默认韩国商事仲裁院的管辖权，仍要继续审查仲裁协议对深圳亿威利公司是否有约束力的问题。

其次，根据韩国法律审查仲裁协议对非签字当事人是否有效的问题。根据专家意见以及《韩国仲裁法》，韩国法律并没有仲裁协议效力对未签字的当事人约束力的规定，而《韩国仲裁法》第8条规定"仲裁协议应当为书面形式"。该条为韩国法律对仲裁协议形式方面的一般规定。根据该条对仲裁协议的书面要求，深圳亿威利公司不是《分销协议》的签字人，

《分销协议》中的仲裁条款对深圳亿威利公司不具有约束力。

综上,深圳亿威利公司的请求有事实和法律依据,上海派视尔公司于2006年12月1日与香港亿威利公司所签署的《分销协议》的仲裁条款对深圳亿威利公司不具有法律效力。

另,由于本案所适用的韩国法律中并无"迟延提交管辖抗辩导致默认管辖权"的规定,故是否需要考虑默认管辖权的问题在本案中并无实际意义,但作为审查涉外仲裁协议效力的法院,在依据外国法律审查仲裁协议效力时是否需要考虑该外国法律中关于"迟延提交管辖抗辩导致默认管辖权"的规定,一并请示。

四、我院的意见

派视尔公司为韩国注册成立的法人,故本案系申请确认涉外仲裁协议效力案。因《分销协议》签订于2006年12月1日,根据《最高人民法院关于适用〈中华人民共和国涉外民事关系法律适用法〉若干问题的解释(一)》第二条规定,本案应适用《最高人民法院关于适用〈中华人民共和国仲裁法〉若干问题的解释》第十六条的规定来确定认定仲裁协议效力的准据法。本案仲裁条款没有约定适用的法律,但约定了仲裁地韩国,根据《最高人民法院关于适用〈中华人民共和国仲裁法〉若干问题的解释》第十六条规定,本案应适用韩国法律来认定本案仲裁条款的效力。

《韩国仲裁法》第8条规定,仲裁协议应当为书面形式。本案仲裁条款的签署人为派视尔公司和香港亿威利公司,深圳亿威利公司不是签署人。依据《韩国仲裁法》及专家意见,仲裁协议对未签字的当事人不具有约束力。韩国商事仲裁院作出的第11113-0002号仲裁裁决以深圳亿威利公司迟延提管辖权异议答辩为由行使自由裁量权认定具有管辖权。但本案仲裁规则及《韩国仲裁法》均未规定相关"迟延提交管辖抗辩导致默认管辖权"。因此,依据《韩国仲裁法》等,本案仲裁条款符合《韩国仲裁法》有关仲裁协议有效的要件,应为合法有效。但深圳亿威利公司不是本案仲裁条款的签署人,本案仲裁条款对其不具有约束力。

综上,本案仲裁条款对深圳亿威利公司不具有约束力。

以上意见妥否,请批示。

最高人民法院
关于胡某红与平原禹臣机械设备科技有限公司确认仲裁协议效力问题请示的复函

2018年6月20日　　　　　　　　（2018）最高法民他38号

湖北省高级人民法院：

你院（2018）鄂民他17号《关于申请人胡某红与被申请人平原禹臣机械设备科技有限公司确认仲裁协议效力一案的请示》收悉。经研究，答复如下：

本案系申请确认仲裁协议效力案件。根据你院请示报告所述的事实，平原禹臣机械设备科技有限公司（甲方，以下简称平原禹臣公司）与胡某红（乙方）签订《禹臣产品代理合同》，该合同第十条约定："争议的解决，在执行本协议所发生的或与此有关的一切争议，首先应由甲方和乙方友好协商解决。若协商不能解决，可进行调解，如调解无效时，就仲裁程序仲裁。仲裁的裁决是终局的，对甲方和乙方都有约束力。本协议的仲裁机构为：仲裁委员会。"

根据《中华人民共和国仲裁法》第十六条的规定，仲裁协议应当具有请求仲裁的意思表示、仲裁事项、选定的仲裁委员会三项内容。本案双方当事人虽约定仲裁机构为"仲裁委员会"，但没有对"仲裁委员会"作出具体限定，"仲裁委员会"的表述无法明确指向任一现存的仲裁机构，属于《中华人民共和国仲裁法》第十八条规定的"对仲裁委员会没有约定"的情形。现胡某红向武汉市中级人民法院申请确认仲裁条款无效，可以认定当事双方无法就仲裁机构达成补充协议。根据《中华人民共和国仲裁法》第十八条的规定，本案仲裁条款应当认定无效。

综上，同意你院的处理意见。

此复

附：

湖北省高级人民法院
关于申请人胡某红与被申请人平原禹臣机械设备科技有限公司确认仲裁协议效力一案的请示

2018 年 3 月 20 日　　　　　　　　　　　　（2018）鄂民他 17 号

最高人民法院：

武汉市中级人民法院受理申请人胡某红与被申请人平原禹臣机械设备科技有限公司确认仲裁协议效力一案，该院拟作出确认仲裁协议无效的裁定，我院亦同意该院的处理意见。现按照钧院《关于仲裁司法审查案件报核问题的有关规定》第三条的规定，报请如下：

一、当事人的基本情况

申请人：胡某红，男，汉族，1983 年 8 月 7 日出生。住湖北省汉川市。

委托诉讼代理人：郭鹏，湖北上贤律师事务所律师。

被申请人：平原禹臣机械设备科技有限公司。住所地：山东省德州市平原县盛原公寓 2 栋 4 号商铺。

法定代表人：朱某慧，该公司经理。

委托诉讼代理人：谢凤虎，山东求实律师事务所律师。

二、案件的基本事实及武汉市中级人民法院请示意见

2017 年 4 月 13 日，平原禹臣机械设备科技有限公司（甲方）与胡某红（乙方）签订一份《禹臣产品代理合同》，该合同第十条争议的解决约定："在执行本协议所发生的或与此有关的一切争议，首先应由甲方和乙方友好协商解决。若协商不能解决，可进行调解，如调解无效时，就仲裁程序仲裁。仲裁的裁决是终局的，对甲方和乙方都有约束力。本协议的仲裁机构为：仲裁委员会。"

武汉市中级人民法院经讨论认为，根据《最高人民法院关于适用〈中

华人民共和国仲裁法〉若干问题的解释》第十二条第一款的规定,"当事人向人民法院申请确认仲裁协议效力的案件,由仲裁协议约定的仲裁机构所在地的中级人民法院管辖;仲裁协议约定的仲裁机构不明确的,由仲裁协议签订地或者被申请人住所地的中级人民法院管辖。"故该院作为仲裁协议签订地所在的中级人民法院对本案有管辖权。《中华人民共和国仲裁法》第十八条规定:"仲裁协议对仲裁事项或者仲裁委员会没有约定或者约定不明确的,当事人可以补充协议;达不成补充协议的,仲裁协议无效。"本案中,案涉《禹臣产品代理合同》第十条达成的仲裁协议,对仲裁委员会没有约定,且无证据证明双方对此另行达成了补充协议,故该仲裁协议依法应为无效。

三、我院审查意见

案涉《禹臣产品代理合同》第十条约定:"在执行本协议所发生的或与此有关的一切争议,首先应由甲方和乙方友好协商解决。若协商不能解决,可进行调解,如调解无效时,就仲裁程序仲裁。……本协议的仲裁机构为:仲裁委员会。"根据《中华人民共和国仲裁法》第十八条和《最高人民法院关于适用〈中华人民共和国仲裁法〉若干问题的解释》第三条的规定,该协议对仲裁委员会没有约定,从协议中无法确定仲裁机构,且无证据证明双方对此已另行达成补充协议,该仲裁协议系无效协议。同意武汉市中级人民法院确认该仲裁协议无效的意见。

妥否,请批复。

最高人民法院对湖北省高级人民法院就厦门国贸集团股份有限公司诉国王航运公司（King Navigation Co.）海上货物运输合同纠纷一案仲裁条款效力请示的答复

2018年6月22日　　　　　　　　（2018）最高法民他52号

湖北省高级人民法院：

你院（2018）鄂民他37号《关于厦门国贸集团股份有限公司与国王航运公司（King Navigation Co.）海上货物运输合同纠纷仲裁条款效力问题的请示》收悉。经研究，答复如下：

关于案涉租船合同中的仲裁条款是否并入提单的问题。案涉提单为1994年版康金格式提单，提单正面右上角及背面左上角印有"与租约一并使用"，提单背面运输条款约定"本页背面指明日期的租约中的所有条款、条件、权利和例外规定，包括法律适用和仲裁条款，都并入本提单"，提单正面注明"运费按照2016年4月20日签订的租约"。从提单记载内容看，其未明确租约的当事人名称、租约编号等可以确定租约的准确信息，不能据此确定并入的是哪一份具体的租约。本案没有充分证据证明提单上提及的租约就是国王航运公司所称的租约，由于租约不确定，厦门国贸集团股份有限公司无法通过持有提单这一事实知晓国王航运公司所称租约中包含的仲裁条款，本案当事人之间没有达成仲裁合意。租约仲裁条款对提单持有人厦门国贸集团股份有限公司不具有约束力。英国法院对仲裁条款效力的认定以及签发的禁诉令，亦不影响厦门国贸集团股份有限公司在中国依法提起诉讼。本案海上货物运输合同的运输目的地为江苏南通,属于武汉海事法院管辖区域范围,武汉海事法院对本案纠纷具有管辖权。

综上,同意你院的请示意见。

此复

附:

湖北省高级人民法院
关于厦门国贸集团股份有限公司与国王航运公司
(King Navigation Co.)海上货物运输合同纠纷
仲裁条款效力问题的请示

2018 年 5 月 2 日　　　　　　　　　　(2018)鄂民他 37 号

最高人民法院:

武汉海事法院受理厦门国贸集团股份有限公司诉国王航运公司(King Navigation Co.)海上货物运输合同纠纷一案,因涉及租船合同仲裁条款并入提单的问题向我院请示。我院经审查,根据《最高人民法院关于仲裁司法审查案件报核问题的有关规定》第二条第一款的规定,现将案件情况及我院审查意见报核如下:

一、当事人的基本情况

原告:厦门国贸集团股份有限公司。住所地:中华人民共和国福建省厦门市思明区湖滨南路国贸大厦 18 层。

法定代表人:许某曦,该公司董事长。

被告:国王航运公司(King Navigation Co.)。住所地:马绍尔群岛马朱罗阿杰泰克岛阿杰泰克路信托公司大厦(The Trust Company Complex, Ajeltake Road, Ajeltake Island, Majuro, Marshall Islands)。

代表人:爱莲妮·瓦拉塞利(Eleni Valaseli),该公司独任董事。

二、基本案情

厦门国贸集团股份有限公司（以下简称国贸公司）向武汉海事法院起诉称：2016 年 5 月 9 日，国贸公司作为买方与路易达孚亚洲有限公司（Louis Dreyfus Company Asia Pte. Ltd.）作为卖方签署了 46500 吨（数量允许卖方作 10% 增减）阿根廷和乌拉圭大豆《买卖合同》。合同项下货物分别于 2016 年 5 月及 6 月从乌拉圭蒙得维的亚港（Montevideo）、阿根廷布兰卡港（Bahia Blanca）装上案涉"克里斯蒂安娜"轮，前往中国南通，实际装船数量 50002 吨。2016 年 5 月 23 日和 6 月 8 日，案涉编号 1/2/3/4/6 号的清洁指示提单由船舶代理代表船长签发，国贸公司为提单持有人。案涉船舶于 2016 年 7 月 26 日到达南通港，南通出入境检验检疫局登轮检查发现，装载于该轮 1/3/4/5/7 号舱货物出现结块以及霉变，货物发生热损。此外，在卸货过程中发现货物短少约 671.5 吨。因货物热损及短少造成的损失初步预计达 40438560.05 元。国王航运公司（King Navigation Co.，以下简称国王公司）作为涉案货物运输承运人，应就货物热损及短少向国贸公司承担赔偿责任。

国王公司提出管辖异议认为：武汉海事法院对本案没有管辖权，涉案提单下产生的所有纠纷应提交伦敦仲裁解决。1. 涉案提单所并入的仲裁条款的效力审查应当适用当事人约定的英国法。2. 根据英国法的规定和判例，涉案提单中有效并入的租船合同的伦敦仲裁条款应当得到执行。3. 每份涉案提单均含有如下条款即"提单背面指明日期的租船合同中的所有条款、条件、权利和例外规定，包括法律和仲裁条款并入本提单"。涉案提单首页明确注明涉案租约为 2016 年 4 月 20 日的租约，也就是国王公司与 Louis Dreyfus Company Suisse S. A. 签订的租船合同。此租约即为涉案提单第一款所指向的租约。涉案租船合同的追加条款第 91 条即"因本合同引起的所有无法协商解决的争议事宜应提交至伦敦仲裁……本合同由英国法管辖，仲裁程序适用仲裁程序开始之时现行有效的伦敦海事仲裁委员会规则"。涉案租约合同第 87 条"本租约合同的仲裁条款应视为完全并入提单"。依据英国法，第 91 条应与提单一并解读，且作为涉案提单的一部分。上述伦敦仲裁应当也指向因涉案提单引起的所有纠纷事宜。2016 年 10 月 17 日，伦敦高院根据相关法律准许国王公司所提出的申请，对国贸公司下达了命令,禁止国贸公司在伦敦仲裁程序之外的一切诉讼行为。4. 国贸公司的起诉不符合受理条件,根据《中华人民共和国民事诉讼法》第二百七十一条及《中华人民共和国仲裁法》第二十六条的规定,应予驳回。

三、武汉海事法院的请示意见

武汉海事法院认为,国王公司提出的管辖权异议不成立。理由是:1. 涉案提单尽管在提单正面及背面载明"与租船合同合并使用",但均未明确并入提单的租船合同的编号、签订日期、当事人信息等,也未予明示并入租船合同中仲裁条款信息。涉案提单记载的有关并入的格式条款并不能构成租约仲裁条款的有效并入,故租船合同中的仲裁条款对提单法律关系当事人不具有约束力。2. 本案国贸公司、国王公司之间未有仲裁合意,或者其他有关仲裁的约定,国王公司主张本案应提交仲裁的理由没有法律依据。3. 英国法院对并入提单条款效力的认定及所签发的禁诉令,以及国王公司在英国提起的仲裁程序,均对国贸公司依据中国法律在中国法院诉讼不具有约束力。故仲裁条款未有效并入,国贸公司可以依法提起诉讼。

《最高人民法院关于海事诉讼管辖问题的规定》第一条第一款第(一)项规定,武汉海事法院的管辖下列区域:自四川省宜宾市合江门至江苏省浏河口之间长江干线及支线水域,包括宜宾、泸州、重庆、涪陵、万州、宜昌、荆州、城陵矶、武汉、九江、安庆、芜湖、马鞍山、南京、扬州、镇江、江阴、张家港、南通等主要港口。本案的运输目的地在江苏南通,属于武汉海事法院管辖区域范围,故武汉海事法院对本案享有管辖权。

四、我院审查意见

我院经审查认为:涉案提单为1994年版康金格式提单。提单正面右上角及背面左上角虽印有"与租约一并使用",但并未明确哪一份租约并入提单;提单背面运输条款的首要条款虽然约定"本页背面指明日期的租约中的所有条款、条件、权利和例外规定,包括法律适用和仲裁条款,都并入本提单",提单正面运费条款约定了按照2016年4月20日签订的租约,但并未明确签约主体、租约编号等信息,不能确定具体租约,所以并入条款不具有可执行性，不能构成租约仲裁条款的有效并入。因此，上述并入条款对提单持有人国贸公司不具有约束力，国王公司主张租船合同中的仲裁条款已并入提单，对双方当事人具有约束力，缺乏事实依据。英国法院对并入提单条款效力的认定及签发禁诉令，不影响国贸公司在中国依法提起诉讼。本案海上货物运输合同的运输目的地为江苏南通，属于武汉海事法院管辖范围，故武汉海事法院对本案具有管辖权。

妥否，请批复。

最高人民法院
对山东省高级人民法院关于申请人北京国风建业门窗制造有限公司与被申请人青岛世茂新城房地产开发有限公司申请确认仲裁协议效力一案请示的答复

2018 年 6 月 22 日　　　　　　　　　（2018）最高法民他 54 号

山东省高级人民法院：

你院（2018）鲁民他 9 号《关于申请人北京国风建业门窗制造有限公司与被申请人青岛世茂新城房地产开发有限公司申请确认仲裁协议效力一案的请示》收悉。经研究，答复如下：

本案系申请确认仲裁效力的案件，应当根据《中华人民共和国仲裁法》及相关司法解释的规定进行审查。

《中华人民共和国仲裁法》第十六条第二款规定："仲裁协议应当具有下列内容：（一）请求仲裁的意思表示；（二）仲裁事项；（三）选定的仲裁委员会。"第十八条规定："仲裁协议对仲裁事项或者仲裁委员会没有约定或者约定不明确的，当事人可以补充协议；达不成补充协议的，仲裁协议无效。"《最高人民法院关于适用〈中华人民共和国仲裁法〉若干问题的解释》第六条规定："仲裁协议约定由某地的仲裁机构仲裁且该地仅有一个仲裁机构的，该仲裁机构视为约定的仲裁机构。该地有两个以上仲裁机构的，当事人可以协议选择其中的一个仲裁机构申请仲裁；当事人不能就仲裁机构选择达成一致的，仲裁协议无效。"

本案中，北京国风建业门窗制造有限公司与青岛世茂新城房地产开发有限公司签订的《青岛世茂新城项目 4#地块一期塑钢门窗工程合同协议条款》第24.1条约定："在本合同执行期间，发包人与承包人如发生争议，应及时协商解决。若协商不成，可向上海市的仲裁委员会提请仲裁。"本案争议发生时，上海市存在两家以上的仲裁委员会。根据请示报告查明情况，当事人事后亦未就仲裁机构的选择达成一致，根据《最高人民法院关于适用〈中华人民共和国仲裁法〉若干问题的解释》第六条的规定，应当认定涉案仲裁协议无效。

综上，同意你院认定本案仲裁条款无效的请示意见。

此复

附：

山东省高级人民法院
关于申请人北京国风建业门窗制造有限公司与
被申请人青岛世茂新城房地产开发有限公司
申请确认仲裁协议效力一案的请示

2018年5月31日　　　　　　　　　　　　　（2018）鲁民他9号

最高人民法院：

申请人北京国风建业门窗制造有限公司与被申请人青岛世茂新城房地产开发有限公司申请确认仲裁协议效力一案，山东省青岛市中级人民法院受理后，经审查拟认定仲裁协议无效，我院拟同意该意见。根据《最高人民法院关于仲裁司法审查案件报核问题的有关规定》第三条的规定，将该案基本情况及审查意见报请如下：

一、当事人的基本情况

申请人：北京国风建业门窗制造有限公司。住所地：北京市房山区长阳镇葫芦垡工业区8号。

法定代表人：关某兵，该公司经理。

委托诉讼代理人：魏某力，男，该公司员工。

委托诉讼代理人：戴会生，北京缘信律师事务所律师。

被申请人：青岛世茂新城房地产开发有限公司。住所地：山东省青岛市高新区华贯路 577 号。

法定代表人：汤某，该公司董事长。

委托诉讼代理人：王某，女，该公司员工。

二、案件的基本情况

申请人北京国风建业门窗制造有限公司称，2014 年 3 月，其与被申请人签订的《青岛世茂新城项目 4#地块一期塑钢门窗工程合同协议条款》第 24.1 条约定，发生争议，协商解决；协商不成，可向上海市的仲裁委员会提出仲裁。目前，上海市行政区域内至少有三个仲裁机构。双方对于工程款支付存在争议，就选择仲裁机构事宜未能达成一致意见。根据相关法律规定，本案属于仲裁机构约定不明确的情形，请求法院确认申请人与被申请人签订的《青岛世茂新城项目 4#地块一期塑钢门窗工程合同协议条款》第 24.1 条之仲裁条款无效。

被申请人青岛世茂新城房地产开发有限公司称，涉案仲裁条款有效，因为双方已约定上海市的仲裁委员会，上海市有两个仲裁委员会，并非申请人主张的三个。

三、青岛市中级人民法院的审查意见

青岛市中级人民法院经审理查明，2016 年 3 月 6 日，申请人与被申请人作为承包人和发包人签订的《青岛世茂新城项目 4#地块一期塑钢门窗工程合同协议条款》，该合同第 24.1 条约定，在本合同执行期间，发包人与承包人如发生争议，应及时协商解决。若协商不成，可向上海市的仲裁委员会提请仲裁。仲裁的裁决是终局的，对双方均有约束力。仲裁费用由败诉方承担。

青岛市中级人民法院认为，根据《中华人民共和国仲裁法》第十八条的规定，仲裁协议对仲裁委员会没有约定或约定不明确的，当事人可以补充协议；达不成补充协议的，仲裁协议无效。根据《最高人民法院关于适用〈中华人民共和国仲裁法〉若干问题的解释》第五条规定，仲裁协议约定两个以上仲裁机构的，当事人可以协议选择其中的一个仲裁机构申请仲裁；当事人不能就仲裁机构选择达成一致的，仲裁协议无效。双方对于涉案合同存在仲裁条款及仲裁条款的内容均无异议。涉案仲裁协议中仅约定上海市的仲裁委员会,上海市并非只有一个仲裁委员会,当事人该约定属于仲裁机构约定不明确,且双方对于仲裁机构的选择也无法达成一致,故认定双方之间的仲裁协议无效。

四、我院的审查意见

我院经审查认为,根据《最高人民法院关于适用〈中华人民共和国仲裁法〉若干问题的解释》第六条规定,仲裁协议约定由某地的仲裁机构且该地仅有一个仲裁机构的,该仲裁机构视为约定的仲裁机构。该地有两个以上仲裁机构的,当事人可以协议选择其中一个仲裁机构申请仲裁;当事人不能就仲裁机构选择达成一致的,仲裁协议无效。尽管北京国风建业门窗制造有限公司与青岛世茂新城房地产开发有限公司在签订涉案仲裁条款时明确了发生争议要通过仲裁解决的意思表示,但双方约定的上海市并非只有一个仲裁机构,且在争议发生后双方无法就仲裁机构的选择达成一致意见。因此,该仲裁协议应为无效。我院拟同意青岛市中级人民法院的审查意见。

本案双方当事人均系国内公司,且公司住所地分别为北京市和山东省青岛市,属于跨省级行政区域。根据《最高人民法院仲裁司法审查案件报核问题的有关规定》第三条之规定,我院现将审查意见及有关案件材料报送钧院,请审查予以答复。

最高人民法院
关于匹兹堡康宁（烟台）保温材料有限公司申请确认仲裁协议效力一案请示的复函

2018年9月11日　　　　　　　　　　　　（2018）最高法民他99号

山东省高级人民法院：

你院（2018）鲁民他10号《关于匹兹堡康宁（烟台）保温材料有限公司申请确认仲裁协议效力一案的请示》收悉。经研究，答复如下：

匹兹堡康宁（烟台）保温材料有限公司（以下简称匹兹堡公司）与上海杰联建设工程有限公司（以下简称杰联公司）于2013年7月30日签订的《设计—施工总承包合同》第40.1条约定："发生争议时，双方应通过友好协商寻求解决办法。如果协商无效，可以请求中立第三方进行调解。如果调解或协商不成，所有由合同引起或与本合同有关的未解决争议都应提交香港国际仲裁中心（HKIAC），根据该仲裁中心当时有效的仲裁规则进行仲裁。该仲裁是双方解决争议的唯一方式。双方应遵守香港国际仲裁中心所作的裁决，仲裁员的决定视为有约束力。仲裁费由败诉方承担。仲裁地：香港。仲裁语言：英语。"为涉案工程备案所需，双方于2014年1月23日签订《建设工程施工合同》，该合同第37.1条约定："本合同在履行过程中发生争议时，由双方当事人协商解决。如果协商不成，则应向香港国际仲裁中心提交争议通过仲裁解决。参见《设计—施工总承包合同》第40.1条（争议）。"

本案争议双方匹兹堡公司与杰联公司均为注册在中国内地的企业法人，双方签订的《设计—施工总承包合同》及《建设工程施工合同》，是匹兹堡公司将其位于山东烟台经济开发区的生产厂房工程发包给杰联公司勘察、设计和施工。案涉工程位于中国内地，案涉两份合同亦在中国内地订立和履行。根据《最高人民法院关于适用〈中华人民共和国涉外民事关系法律适用法〉若干问题的解释（一）》第一条、《最高人民法院关于适用〈中华人民共和国民事诉讼法〉的解释》第五百二十二条的规定，本案民事关系不包含国际或区际商事利益，不属于涉外或涉港澳台民事关系。本案仲裁条款的效力应当适用中国内地法律进行判断。

仲裁管辖权虽然基于当事人的意思自治而产生，但仲裁具有替代司法解决争议的功能，仲裁管辖权的存在和行使亦有赖于法律的准许和保障，因此，仲裁管辖权不能超出法律准许的范围。根据《中华人民共和国合同法》第一百二十八条第二款、《中华人民共和国民事诉讼法》第二百七十一条的规定，我国法律并未准许当事人将不具有涉外、涉港澳台因素的争议交由中国内地仲裁机构之外的仲裁机构仲裁或者在中国内地之外进行仲裁。本案当事人约定将争议提交香港国际仲裁中心在香港仲裁的仲裁条款无效。

此复

附：

山东省高级人民法院
关于匹兹堡康宁（烟台）保温材料有限公司
申请确认仲裁协议效力一案的请示

2018年5月23日　　　　　　　　　　　　（2018）鲁民他10号

最高人民法院：

申请人匹兹堡康宁（烟台）保温材料有限公司与被申请人上海杰联建设工程有限公司申请确认仲裁协议效力一案，山东省烟台市中级人民法院（以下简称烟台中院）经审查，拟确认仲裁条款无效。我院已审查完毕。根据最高人民法院《关于仲裁司法审查案件报核问题的有关规定》第三条的规定，将该案情况报请如下：

一、申请人和被申请人的基本情况

申请人：匹兹堡康宁（烟台）保温材料有限公司。住所地：山东烟台经济技术开发区嫩江路 15 号。

法定代表人：韦某远，该公司董事长。

委托诉讼代理人：于景利，山东齐鲁（烟台）律师事务所律师。

委托诉讼代理人：姜危晴，山东齐鲁（烟台）律师事务所律师。

被申请人：上海杰联建设工程有限公司。住所地：上海富盛经济开发区。

法定代表人：王某，该公司董事长。

委托诉讼代理人：徐寅哲，上海市建纬律师事务所律师。

委托诉讼代理人：朱伯云，上海市建纬律师事务所律师。

二、申请人请求事项及被申请人的抗辩理由

申请人匹兹堡康宁（烟台）保温材料有限公司（以下简称匹兹堡公司）申请称，其与上海杰联建设工程有限公司（以下简称上海杰联公司）于 2013 年 7 月 30 日签订《设计—施工总承包合同》一份，将位于烟台开发区的匹兹堡公司一期生产厂房工程包给上海杰联公司勘察、设计和施工。双方在合同第 40.1 条约定仲裁条款，如双方在履行合同过程中发生争议应提交位于香港的相关国际仲裁中心通过仲裁解决。为涉案工程备案所需，当事双方又于 2014 年 1 月 23 日签订了《建设工程施工合同》，该合同第 37.1 条亦约定了仲裁条款，约定双方在履行合同中发生争议应提交香港国际仲裁中心通过仲裁解决。本案中，当事双方均为中国法人，涉案工程位于烟台开发区，上述两份合同的签订、履行亦均在烟台开发区，涉案合同没有涉外因素，故双方约定涉案工程履行过程中发生的争议提交位于香港的国际仲裁中心仲裁没有法律依据。请求法院：1. 依法确认匹兹堡公司与上海杰联公司签订的《设计—施工总承包合同》第 40.1 条规定的仲裁条款无效；2. 依法确认《建设工程施工合同》第 37.1 条约定的仲裁条款无效。案件诉讼费由被申请人负担。

被申请人上海杰联公司辩称：1. 涉案仲裁协议符合仲裁法规定的仲裁要件，合法有效，匹兹堡公司认为本案不具有涉外性是错误的；2. 匹兹堡公司以本案无涉外因素申请确认仲裁协议无效，没有法律依据。

三、本院查明的相关案件事实

匹兹堡公司与上海杰联公司于 2013 年 7 月 30 日签订《设计—施工总

承包合同》一份，匹兹堡公司将位于烟台开发区的匹兹堡公司一期生产厂房工程发包给上海杰联公司勘察、设计和施工。双方在合同第40.1条约定：发生争议时，双方应通过友好协商寻求解决办法。如果协商无效，可以请求中立第三方进行调解。如果调解或协商不成，所有由合同引起或与本合同有关的未解决争议都应提交香港国际仲裁中心（HKIAC），根据该仲裁中心当时有效的仲裁规则进行仲裁。该仲裁是双方解决争议的唯一方式。双方应遵守香港国际仲裁中心所作的裁决，仲裁员的决定视为有约束力。仲裁费由败诉方承担。仲裁地：香港。仲裁语言：英语。

为涉案工程备案所需，匹兹堡公司与上海杰联公司于2014年1月23日签订了《建设工程施工合同》，该合同第37.1条约定：本合同在履行过程中发生争议时，由双方当事人协商解决。如果协商不成，则应向香港国际仲裁中心提交争议通过仲裁解决。参见《设计—施工总承包合同》第40.1条（争议）。

2017年7月26日，匹兹堡公司向烟台中院提出申请，请求确认涉案合同中约定的仲裁条款无效。

四、烟台中院审查意见及理由

烟台中院认为，根据《最高人民法院关于适用〈中华人民共和国涉外民事关系法律适用法〉若干问题的解释（一）》第一条、《最高人民法院关于审理仲裁司法审查案件若干问题的规定》第十二条的规定，本案双方当事人均系在中华人民共和国领域内注册登记成立的企业法人，涉案标的物及涉案合同的签订地、履行地均在中华人民共和国领域内，本案不属于涉外民事法律关系。仲裁条款效力的认定应适用中华人民共和国法律。本案当事人将并无涉外或涉港因素的合同争议提交香港国际仲裁中心进行仲裁，违反了《中华人民共和国仲裁法》第十六条第二款第（三）项、第十八条的规定。依照《中华人民共和国仲裁法》第十六条、第二十条第一款的规定，应确认申请人匹兹堡公司与被申请人上海杰联公司于2013年7月30日签订的《设计—施工总承包合同》及于2014年1月23日签订的《建设工程施工合同》中约定的仲裁条款无效。

五、我院审查意见和理由

本案当事人均为中国法人，双方签订《设计—施工总承包合同》《建设工程施工合同》，约定了关于匹兹堡公司生产工厂建设项目的发包、承包事宜，合同履行的项目地点在山东烟台经济技术开发区。上海杰联公司提出的关于匹兹堡公司是外商独资企业、合同文本使用英语、采用国际通行的工程承包模式等认为合同具有涉外性的理由，均不构成认定双方之间系涉外、涉港澳台民事关系的情形。根据《最高人民法院关于适用〈中华人民共和国涉外民事关系法律适用法〉若干问题的解释（一）》第一条的规定，该两合同没有涉外、涉我国港澳台民事关系的构成要素。合同以及所包含的仲裁条款适用的法律，无论当事人是否作出明示约定，均应为中国内地法律。根据《中华人民共和国民事诉讼法》第二百七十一条、《中华人民共和国合同法》第一百二十八条第二款的规定，我国法律未授权当事人将不具有涉外、涉我国港澳台因素的争议交由我国内地之外的仲裁机构，故本案当事人约定将争议提交香港国际仲裁中心仲裁的条款无效。本院拟同意烟台中院的处理意见，特向钧院请示，请予批复。

（二）关于域外仲裁裁决的承认与执行

最高人民法院
对内蒙古自治区高级人民法院关于艾地盟亚太贸易有限公司申请承认和执行英国国际油、油籽和油脂协会 4440 号仲裁裁决案件一案请示的答复

2018 年 6 月 22 日　　　　　　　　　　（2018）最高法民他 33 号

内蒙古自治区高级人民法院：

你院（2017）内协外认 1 号《关于艾地盟亚太贸易有限公司申请承认和执行英国国际油、油籽和油脂协会 4440 号仲裁裁决案件的请示》收悉。经研究，答复如下：

本案系申请承认和执行外国仲裁裁决案件，案涉裁决系国际油、油籽和油脂协会在英国境内作出，应当根据《承认及执行外国仲裁裁决公约》（以下简称《纽约公约》）第五条的规定进行审查。

首先，关于内蒙古蒙佳粮油工业集团有限公司（以下简称蒙佳公司）是否得到仲裁适当通知的问题。《纽约公约》第五条第一款乙项规定的拒予承认及执行的事由为："受裁决援用之一造未接获关于指派仲裁员或仲裁程序之适当通知，或因他故，致未能申辩者。"蒙佳公司抗辩认为其未获仲裁适当通知以致未能申辩。根据你院请示报告查明情况及所附案卷材料，艾地盟亚太贸易有限公司（以下简称艾地盟公司）与蒙佳公司在案涉合同签订及履行过程中均通过电子邮件联系，且仲裁材料向上述电子邮件邮箱地址送达后，蒙佳公司工作人员答复已收悉。电子邮件送达方式不违反当事人约定适用的国际油、油籽和油脂协会《仲裁和上诉规则》的规定。根据仲裁地法律《英国仲裁法》第 76 条的规定，当事人可自由约定通知或其他文件送达的方式，如无此约定，则通知或其他文件可以任何有

效方式送达个人，案涉仲裁材料以电子邮件方式实际送达蒙佳公司，故电子邮件送达亦不违反《英国仲裁法》的规定。同意你院关于仲裁已适当通知蒙佳公司的意见。

其次，关于仲裁庭受理艾地盟公司仲裁申请是否构成《纽约公约》第五条第一款丁项规定的仲裁程序与仲裁规则不符的问题。艾地盟公司于2014年11月11日申请仲裁时，虽然已经超过了国际油、油籽和油脂协会《仲裁和上诉规则》第2.2.2条关于"有关一方当事人拖欠另一方当事人钱款的，应在出现争议后的60个连续日内申请仲裁"的规定，但根据该规则第2.4条关于"如果未能遵守本规则内任何关于申请仲裁程序的规定，并且被申请人就此提出抗辩，则应被视为放弃仲裁申请并被完全禁止申请仲裁，除非本规则所涉仲裁员、公断人或上诉委员会，行使其绝对自由裁量权做出相反的决定"的规定，申请仲裁期限作为抗辩事由应由被申请人提出抗辩，且仲裁庭对受理与否享有裁量权。由于蒙佳公司收到仲裁通知后未向仲裁庭就艾地盟公司超出期限申请仲裁的问题提出抗辩，故仲裁庭受理本案并不存在违反仲裁规则的情形。你院拟以仲裁程序与仲裁规则不符为由拒绝承认和执行案涉裁决，该项理由不能成立。综上，应当承认和执行国际油、油籽和油脂协会4440号仲裁裁决。

此复

附：

内蒙古自治区高级人民法院
关于艾地盟亚太贸易有限公司申请承认和执行英国国际油、油籽和油脂协会4440号仲裁裁决案件的请示

2017年11月16日　　　　　　　　　　（2017）内协外认1号

最高人民法院：

内蒙古自治区兴安盟中级人民法院（以下简称兴安盟中院）立案受理了艾地盟亚太贸易有限公司申请承认和执行英国国际油、油籽和油脂协会4440号仲裁裁决一案，该院拟裁定不予承认和执行仲裁裁决，并上报本院

审查。本院审查后认为,拟同意兴安盟中院意见。依照《最高人民法院关于人民法院处理与涉外仲裁及外国仲裁事项有关问题的通知》的规定,现将本案报告如下:

一、当事人基本情况

申请人(仲裁申请人):艾地盟亚太贸易有限公司(Admasia – Pacific Trading Pte. Ltd)。住所地:新加坡共和国美芝路100号邵氏大厦#26 – 01。

代表人:弗雷德里克·格鲁斯(Frederik Groth),该公司首席执行官。

委托代理人:戴一,广东敬海律师事务所上海分所律师。

委托代理人:李艳华,内蒙古奥斯律师事务所律师。

被申请人(仲裁被申请人):内蒙古蒙佳粮油工业集团有限公司。住所地:中华人民共和国内蒙古自治区兴安盟乌兰浩特市都林街归流河北大路1号。

法定代表人:冯某财,该公司董事长。

委托代理人:李某虹,该公司法律顾问。

委托代理人:刘淼,北京德和衡律师事务所律师。

二、基本案情及仲裁情况

2013年11月15日,内蒙古蒙佳粮油工业集团有限公司(以下简称蒙佳公司)作为买方、托福国际—亚洲有限公司(以下简称托福公司)作为卖方,签订编号为21329280的《销售合同》,约定托福公司向蒙佳公司出售2014年6月1日至30日发货的60000公吨巴西大豆。同时约定合同当事人发生争议且不能达成一致的,争议应通过仲裁解决,仲裁应根据本合同之日有效的国际油、油籽和油脂协会规定中的《仲裁规则》在伦敦进行。《仲裁规则》第二条"申请仲裁程序和时间限制"中第2.2.2规定"有关一方当事人拖欠另一方当事人钱款的,在出现争议后的60个连续日内申请仲裁",2.3规定"应以快捷书面交流的形式申请仲裁"。合同签订后,蒙佳公司支付定金100万美元。2014年5月8日、2014年6月9日,双方分别签订合同附件一、附件二,经两次修订,约定发货期改为2014年8月。蒙佳公司最晚于2014年7月10日前以托福公司为受益人在托福公司接受的中国的银行按10%货值开立3份完全有效的不可撤销无限制见票即付信用证。2014年6月12日托福公司更名为艾地盟亚太贸易有限公司。

2014年7月9日艾地盟亚太贸易有限公司致函提醒蒙佳公司开立三份信用证的期限将于2014年7月10日届满，要求蒙佳公司通过电子邮件提供信用证开证申请书。由于未收到信用证，托福公司于次日再次发函，要求蒙佳公司最晚于2014年7月11日11点以前开具信用证。蒙佳公司于2014年7月10日回复"我们希望按照以下方式处理8月发货货物的合同：转卖上述升水220美分。我司会尽快汇付定金人民币200万元。请暂时保留已点价的期货合同，并给我司一点时间撤销点价。请不要代表我司对期货合同撤销点价。"托福公司未接受。2014年7月14日，蒙佳公司发送邮件称，由于公司在7月26日有贷款到期，现在资金都用于还贷，资金压力大。等我公司还完贷款后，我们会抽出资金给贵公司汇款，预计先期汇款200~300万元人民币，后期根据美豆行情走势再做商议。2014年7月15日，艾地盟亚太贸易有限公司因蒙佳公司未根据合同约定开立信用证，向蒙佳公司发出《违约通知书》。2014年7月16日，艾地盟亚太贸易有限公司再次向蒙佳公司发函，通知蒙佳公司已在市场上以FOB价出售期货合同和升水。2014年7月17日，艾地盟亚太贸易有限公司向蒙佳公司发出索赔和证明文件，索赔总计3707411.14美元。

三、仲裁情况

2014年11月11日，艾地盟亚太贸易有限公司以蒙佳公司违约为由向国际油、油籽和油脂协会申请仲裁，并向蒙佳公司发送邮件通知，注明60000公吨21329280号合同，仲裁庭接受了仲裁申请。2014年12月15日仲裁庭通知蒙佳公司，托福公司已更名为艾地盟亚太贸易有限公司（以下简称艾地盟公司），并指定兹沃特先生担任仲裁员，并告知蒙佳公司12月30日前回复仲裁员姓名或确认同意指定兹沃特先生担任独任仲裁员。因蒙佳公司未指定仲裁员，仲裁庭于2015年1月2日指定布什先生担任第二仲裁员，通知了蒙佳公司，并注明托福公司已更名为艾地盟亚太贸易有限公司（简称艾地盟公司）以及关于60000公吨大豆的第21329280号合同。艾地盟公司2015年4月7日向蒙佳公司送达仲裁申请书。仲裁庭于2015年5月19日、6月2日、7月7日提醒蒙佳公司回复，蒙佳公司没有回复，2015年8月19日索赔、答辩截止。2015年9月1日，仲裁员要求艾地盟公司提交补充证据：《授权委托书》和托福国际—亚洲有限公司更名为艾地盟亚太贸易有限公司的证明。艾地盟公司于2015年9月3日送交了上述证据，蒙佳公司未在规定的 14 日内提出意见，索赔、答辩期于 2015 年 9 月 17 日届满。仲裁庭于 2015 年 12 月 14 日作出第 4440 号仲裁裁决：裁决蒙佳公司应赔偿艾地盟公司的损失共计 2291403.50 美元，利息自 2014 年 7 月 23 日至支付之日按年利率 3% 计算，每三个月计算复利；承担全部仲裁费用共计 8625 英镑。

四、兴安盟中院的处理意见和理由

兴安盟中院拟依据《纽约公约》第五条第一款乙、丁项的规定，拒绝承认和执行该仲裁裁决。申请费人民币 500 元，由申请人艾地盟公司负担；执行费人民币 83862.57 元退还申请人艾地盟亚太贸易有限公司。

（一）关于蒙佳公司是否未得到仲裁程序通知的问题。蒙佳公司提出：1. 以电子邮件方式送达不当，应送达至蒙佳公司住所地；2. 向蒙佳公司业务员的电子邮件送达仲裁申请和仲裁员姓名，违反仲裁程序的规定，属于无效送达；3. 由于艾地盟公司未将公司名称变更情况通知蒙佳公司，以变更后的公司名称送达仲裁通知，使蒙佳公司丧失申辩机会。兴安盟中院认为，国际油、油籽和油脂协会在 2017 年出具的证明函、存档文件记录了艾地盟公司通过电子邮件方式将仲裁申请等仲裁程序通知送达。蒙佳公司对该证明函真实性和形式合法性均无异议。根据国际油、油籽和油脂协会《仲裁和上诉规则》规定"仲裁申请应当以快捷书面交流的形式作出"，仲裁地英国法律未排除电子邮件送达形式，艾地盟公司采取发送电子邮件给蒙佳公司业务员的送达通知方式未违反仲裁规则。但艾地盟公司未将名称变更情况通知蒙佳公司，以变更后的名称送达仲裁通知，艾地盟公司也能举证证明蒙佳公司已收到相关仲裁通知，蒙佳公司事实上也未参加仲裁程序，导致蒙佳公司丧失陈述机会。

（二）关于仲裁程序是否符合国际油、油籽和油脂协会的仲裁规则的问题。根据该协会《仲裁和上诉规则》第二条"申请仲裁程序和时间限制"第 2.2.2 规定："有关一方当事人拖欠另一方当事人钱款的，在出现争议后的 60 个连续日内申请仲裁。"按照国际油、油籽和油脂协会第 4440 号仲裁裁决的认定，违约日是 2014 年 7 月 15 日，艾地盟公司应在出现争议后的 60 个连续日内申请仲裁，但艾地盟公司直至 2014 年 11 月 11 日才提出仲裁申请，超出了《仲裁和上诉规则》关于仲裁时间限制的规定，属于仲裁的程序与当事人约定的仲裁规则不符。

五、本院审查意见

（一）拟不同意兴安盟中院以仲裁通知未送达蒙佳公司为由拒绝承认和执行仲裁裁决。理由如下：1. 双方在案涉合同签订及履行过程中，均通过电子邮件的方式进行联系。2. 双方纠纷发生后，均是向蒙佳公司的上述邮件地址发送与仲裁相关材料。3. 2014年11月11日，托福公司以蒙佳公司迟延开立信用证造成违约损失为由向国际油、油籽和油脂协会申请仲裁，并向蒙佳公司发送邮件通知，并注明60000公吨21329280号合同，2014年12月15日向蒙佳公司发送的电子邮件中已注明托福公司更名为艾地盟公司，根据上述事实，蒙佳公司应当知道其作为买方的60000公吨21329280号合同已经发生纠纷，艾地盟公司已按双方约定的仲裁条款提请仲裁，以及托福公司已更名为艾地盟公司的事实。蒙佳公司消极对待仲裁程序产生的不利后果应自行承担。

（二）拟同意兴安盟中院以艾地盟公司申请仲裁超过仲裁规则规定期限为由，拒绝承认和执行仲裁裁决。双方选择《仲裁规则》第二条"申请仲裁程序和时间限制"第2.2.2规定："有关一方当事人拖欠另一方当事人钱款的，在出现争议后的60个连续日内申请仲裁。"案涉仲裁裁决的认定违约日为2014年7月15日，艾地盟公司申请仲裁日期为2014年11月11日，已超过60日内申请仲裁的期限。应视为艾地盟公司放弃仲裁条款，国际油、油籽和油脂协会再受理仲裁申请并作出仲裁裁决与当事人选择的仲裁规则不符。

综上，拟依据《纽约公约》第五条第一款丁项的规定，拒绝承认和执行国际油、油籽和油脂协会第4440号仲裁裁决。

特此请示。

最高人民法院
关于山东省高级人民法院就海龙游艇项目(中国)有限公司申请承认和执行英国仲裁裁决一案请示的复函

2017年12月26日　　　　　　　　（2017）最高法民他114号

山东省高级人民法院：

你院（2017）鲁民他2号《关于海龙游艇项目（中国）有限公司申请承认和执行2014年1月9日在英国伦敦作出的涉及船壳号QDZ471、合同号SB200704的仲裁裁决一案的请示》收悉。经研究，答复如下：

本案为申请承认和执行在英国作出的仲裁裁决案件，应当适用《承认及执行外国仲裁裁决公约》的相关规定进行审查。

根据你院请示所述事实，案涉合同第十三条"争议与仲裁"是双方当事人对于仲裁程序的约定，应当根据该条约定的内容对仲裁程序与仲裁协议是否相符作出认定。该条中"裁决的通知（Notice of award）"约定：任何裁决的通知都应立即通过经过书面确认的传真或者电子邮件地址发送给买卖双方（Notice of any award shall immediately be given by fax or email confirmed in writing to the Seller and Buyer）。仲裁员于2014年1月9日向shang email发送电子邮件，发出裁决的通知，2014年1月21日，仲裁员邮箱向dragon email发送电子邮件，同时抄送至shang email和cheng email，将未签名的裁决书发送给双方。据此可以认定仲裁员依照双方关于仲裁程序的约定发出了裁决的通知。本案不存在仲裁程序与仲裁协议不符的情形。合同第十七条是对当事人双方之间发送通知的约定，而非对仲裁程序的约定，该条关于通知的约定不适用于仲裁程序中发送裁决的通知。你院根据合同第十七条关于通过电子邮件发送的通知自收到阅读回执起视为送达的内容，认为海龙公司没有提交证据证明仲裁员于 2014 年 1 月 9 日及 1 月 21 日发至 shang email 和 cheng email 的邮件被打开，不产生将裁决通知青岛造船厂有限公司的效果，仲裁员未按照双方当事人的约定向青岛造船厂发送裁决的通知，仲裁程序与当事人的约定不符的意见不能成立。

综上，不同意你院依照《承认及执行外国仲裁裁决公约》第五条第一款第四项的规定，对 2014 年 1 月 9 日在英国伦敦作出的涉及船壳号 QDZ471、合同号 SB200704 的仲裁裁决不予承认和执行的倾向性意见。

此复

附：

山东省高级人民法院
关于海龙游艇项目（中国）有限公司申请承认和执行 2014 年 1 月 9 日在英国伦敦作出的涉及船壳号 QDZ471、合同号 SB200704 的仲裁裁决一案的请示

2017 年 8 月 8 日　　　　　　　　　　（2017）鲁民他 2 号

最高人民法院：

申请人海龙游艇项目（中国）有限公司［The Dragon Project（China）Limited］向青岛海事法院提出申请，申请承认和执行 2014 年 1 月 9 日在英国伦敦作出的涉及船壳号 QDZ471、合同号 SB200704 的仲裁裁决，该院审查认为，上述仲裁裁决不应承认和执行，我院倾向性意见为同意该意见。依照《最高人民法院关于人民法院处理与涉外仲裁及外国仲裁事项有关问题的通知》的规定，现将该案的基本情况和处理意见向钧院报告如下：

一、当事人的基本情况

申请人：海龙游艇项目（中国）有限公司［The Dragon Project（China）Limited］。住所地：香港特别行政区德辅道中 303 号招商局大厦 3 楼 301 室。

代表人：Preben Sejer Kristensen，该公司董事。

委托诉讼代理人：王天楚，山东琴岛律师事务所律师。

委托诉讼代理人：李钧，山东琴岛律师事务所律师。

被申请人：青岛造船厂有限公司。住所地：山东省青岛市即墨市田横岛省级旅游度假区山南村。

法定代表人：张某祥，该公司董事长。

委托诉讼代理人：李刚，山东德衡（青岛西海岸经济新区）律师事务所律师。

委托诉讼代理人：梁燕臣，山东德衡（青岛西海岸经济新区）律师事务所律师。

二、仲裁的基本情况

2007年8月8日，海龙游艇项目（中国）有限公司（以下简称海龙公司）与青岛造船厂有限公司（以下简称青岛造船厂）就船体号为QDZ471的游艇签订造船合同，合同号为SB200704。根据合同约定，青岛造船厂同意在其造船厂建造、下水、试水、安装所有的设备和机械，并在完工和试航成功后将一艘25米私人帆船游艇出售给海龙公司。合同第十三条"争议与仲裁"约定：1.程序若合同双方因本合同或其任何条款或与此有关事项产生争议，双方无法自行解决时，此争议应按英国法律在英国伦敦根据伦敦海事仲裁协会规则通过仲裁解决（In the event of any dispute between the parties hereto as to any matter arising out of or relating to the Contract or any stipulation herein or with respect thereto which cannot be settled by the parties themselves, such dispute shall be resolved by arbitration in London, England in accordance with the Laws of England, pursuant to the London Maritime Arbitration Association Rules）。任何一方都可以书面通知对方就上述争议提请仲裁。任何一方的仲裁要求应指明该方指定的仲裁员姓名，应详细说明该方要求仲裁的问题。在收到上述仲裁要求后二十天内，另一方应相应任命第二名仲裁员。以上任命的两名仲裁员应选出第三名仲裁员。然后由上述仲裁员将组成仲裁委员会（以下简称仲裁庭）来解决该争议。若另一方未能如前所述，在收到仲裁要求通知后二十天内，任命第二名仲裁员，该方将被认为接受要求仲裁方任命的仲裁员为自己一方的仲裁员。在此情况下，仲裁由该仲裁员独任的仲裁庭进行。……3.裁决的通知（Notice of award）。任何裁决的通知都应立即通过经过书面确认的传真或者电子邮件地址发送给买卖双方（Notice of any award shall immediately be given by fax or email confirmed in writing to the Seller and Buyer）。4. 费用。仲裁费用由何方负担或者各方负担仲裁费用的比例由仲裁员（们）决定。5. 仲裁裁决除非任何一方上诉，否则，仲裁裁决会成为终局性的、对双方当事人有约束力的裁决（Award of arbitration, unless appealed by either parties, shall be final and binding upon the parties concerned）。合同第十七条"通知（Notice）"约定：与该合同有关的任何通知和通信应该按照以下地址寄送海龙公司：收件人海龙公司/Preben S. Kristensen，地址中华人民共和国青岛市海外花园1－A号团岛四路8号楼601室，电话号码：0532－8265×××× 手机号码1580656×××/+44778522×××传真号码：05328265×××× 电子邮件地址：infinityp××@tin.it。青岛造船厂：收件人青岛造船厂/Yang Sheng Hua，地址中华人民共和国青岛市四川路25号，电话号码：05328267×××手机号码：1350648×××传真号码：05328268×××× 电子邮件地址：qcb@quship××.com。任何地址的变化应由作出改动方通过挂号信、传真或者电子邮件等书面方式通知对方；如果没有发出这种通知，则向对方按照其最后为人所知的地址发出的通知则被认为是充分的。与此合同有关的任何通知、请求、要求、指示、建议和通信按照上述地址向另一方送达的时间就被认为是向其发出的时间，而且自送达的时间开始生效，不过，航空挂号信自发送日期之后第10天、快递自发送日期之后第5天视为已经送达；传真自收到传送回执视为已经送达；有发送回执的电子邮件自收到阅读回执起视为送达（Any and all notices, requests, demands, instruction, advice and communications in connection with this Contract shall be deemed to be given at, and shall become effective from, the time when the same is delivered to the address of the party to be served, provided, however, that registered airmail shall be deemed to be delivered ten (10) days after the date of dispatch, express courier service shall be deemed to be delivered five (5) days after the date of the dispatch, fax acknowledged by the receipt of transmission and email by confirmation of receipt shall be deemed to be delivered upon return of read receipt）。……双方确认，本合同自2007年8月8日起生效。

青岛海事法院询问双方，合同第十三条是否包含双方对仲裁协议准据法的约定，双方一致认为，该条包括对仲裁协议的准据法的约定，且约定的准据法为英国法和伦敦海事仲裁协会规则（LMAA规则）。

2012年9月22日起至2014年1月21日（海龙公司所称的仲裁裁决书发出的日期），海龙公司称其与仲裁员就仲裁事宜与青岛造船厂通过电子邮件往来的方式进行沟通，并向法庭提交相关电子邮件。

申请人海龙公司向法院提交的裁决书末尾注明"2014年1月9日于伦敦（Dated in London this 9th day of January 2014）"，并由仲裁员签字。海龙公司在青岛海事法院对本案进行审查时称，其于2014年1月31日在其中国境内的地址通过航空邮政寄送的经签署的裁决书。

三、申请人申请承认、执行仲裁裁决及被申请人抗辩情况

海龙公司申请称，因青岛造船厂违约，海龙公司依据合同提起仲裁，并于2014年1月得到仲裁裁决。该裁决依据英国法于2014年3月16日成为终局的有约束力的裁决。经过之前的两次致函后，2014年8月14日，海龙公司再次致函青岛造船厂，要求青岛造船厂支付截至2014年7月31日的仲裁裁决债务，青岛造船厂拒绝履行。截至2015年12月31日，根据该仲裁裁决，海龙公司有权要求青岛造船厂支付损害赔偿及利息、仲裁费用及利息、律师费及利息以及上述费用利息共计942571.68美元。海龙公司申请法院承认并强制执行上述裁决，并责令青岛造船厂承担本案的申请费和执行费。在审理过程中，海龙公司增加诉讼请求，主张利息计算至2016年5月25日。

青岛造船厂陈述意见称，仲裁裁决存在违反《承认及执行外国仲裁裁决的公约》（以下简称《纽约公约》）第五条第一款第二项和第四项的情形——青岛造船厂对于该仲裁事项完全不知；对于仲裁庭的组成没有行使自己的权利；不知道开庭日期、没有参与庭审做相关陈述。仲裁程序与当事人之间的协议不符；所谓的已经生效的裁决书并未签名，不能作为正式的裁决书；最终的裁决签发被申请人也没有收到，因此阻碍了青岛造船厂对上诉权的行使。综上，海龙公司的主张于法无据，理应驳回。

四、青岛海事法院的审查意见

青岛海事法院认为，本案存在两个争议焦点：1. 仲裁员有没有给予青岛造船厂有关指定仲裁员或者进行仲裁程序的适当通知，是否存在其他情况导致青岛造船厂不能对案件提出意见。2. 仲裁程序是否同仲裁协议不符，即青岛造船厂提出的"所谓的已经生效的裁决书并未签名，不能作为

正式的裁决书""其没有收到最终裁决"的情形是否存在。

就第一个争议焦点，青岛海事法院查明事实如下：海龙公司所提交的2012年9月22日起至2014年1月21日（海龙公司所称的仲裁裁决书发出的日期）之间的邮件收、发双方的地址都不是造船合同中约定的电子邮件地址。海龙公司使用的邮箱地址为 dragonya××@gmail.com（以下简称 dragon email），与海龙公司进行收发邮件往来的地址为 chengwen××@eyangfan.com.readnotify.com（以下简称 cheng email）和 shangxia××@163.com.readnotify.com（以下简称 shang email）。海龙公司对此陈述：1.电子邮件地址和合同中约定的的确不一样，但合同中约定的地址从来就无法发出邮件；2.双方四年来一直使用 cheng email 和 shang email 沟通，收件人程某营是青岛造船厂负责该项目的项目经理，是该公司唯一可以用英文沟通的人，也是海龙公司与青岛造船厂通过电子邮件进行书面联系的唯一的联系人；3.收件人在邮件回复中已经确认青岛造船厂的公司领导已经收到要求仲裁的通知；4.电子邮件的阅读收条可以证明青岛造船厂收到了上述电子邮件。

关于2012年9月22日之前的邮件往来情况，经审查，2010年3月28日，qcb@qdship××.com（以下简称 qcb email）向 dragon email 发送过邮件（第四本 第1页），署名处，程某营的名字在青岛造船厂之后；2011年7月1日，shang email 向 dragon email 发送邮件一封，内容为告知地址变更，新地址为：青岛市即墨田横镇山南村，邮编：266009，电话号码和传真：0532-6896××××，电子邮件不变；署名为程某营。2011年11月15日，cheng email 向 dragon email 发送邮件一封（第一本 第7页），主要内容为 qcb email 因到期无法使用，请 Preben 通过 cheng email 和 shang email 来进行联络直到新邮箱投入使用，署名程某营。青岛造船厂提交的书面材料中确认了 qcb email 于2011年11月15日失效的事实。在此两段时间内（2010.3.28—2011.11.15），qcb email 与 shang email 均向 dragon email 发送过关于合同履行情况的邮件，署名处，程某营的名字在青岛造船厂/青岛扬帆（船舶制造有限公司）之后。2011年8月15日（第一本第28页），cheng email 也向 dragon email 发送过邮件，署名处，程某营的名字在青岛造船厂/青岛扬帆（船舶制造有限公司）之后。

关于程某营是否有权代表青岛造船厂与海龙公司就仲裁事项进行沟通，双方意见不一。青岛造船厂提交程某营与青岛扬帆船舶制造有限公司的劳动合同一份，该合同为复印件，合同中约定的劳动合同期限为2010年3月1日至2013年2月28日，青岛造船厂欲以此证明程某营并非青岛造船厂的员工，无权代表青岛造船厂处理任何仲裁事项。海龙公司不认可劳动合同的真实性以及证明事项，认为：青岛造船厂全资拥有和控制青岛扬帆船舶制造有限公司，二者实际上是一家，青岛造船厂可以要求青岛扬帆船舶制造有限公司提供任何想要的证据，该证据缺乏客观性和真实性。青岛海事法院认为，该证据形式为复印件，不符合形式证据的形式要求，以及在劳动合同复印件中显示的劳动合同期间之内的2010年3月28日至2011年11月15日之间，程某营以在青岛造船厂/青岛扬帆（船舶制造有限公司）之后署名的方式通过 qcb email 与 shang email、cheng email 均向 dragon email 发送过邮件，故对劳动合同的真实性和证明内容均不予认可。

海龙公司认为程某营有权代表青岛造船厂与海龙公司就仲裁事项进行沟通，并向法庭提交了两份案外人书面证词。青岛造船厂认为，因证人未提供任何不能出庭作证的法定理由，书面证言不能采信。针对青岛造船厂的意见，海龙公司并未补充解释。青岛海事法院认为，青岛造船厂的意见符合《中华人民共和国民事诉讼法》第七十三条以及《最高人民法院关于民事诉讼证据的若干规定》第六十九条，该二份书面证言不能单独作为认定程某营有权代表青岛造船厂与海龙公司就仲裁事项进行沟通的证据。

海龙公司另外提交判例一份，认为无论程某营的授权、职位情况如何，只要其接收了邮件，就应视为已经向青岛造船厂进行了送达。青岛造船厂对此认为：该份证据形式仅为英国法裁判的翻译件，对真实性不予认可；其次，该判例仅为英国高等法院签发，不能证明已经成为英国法的先例；在此，该案例所针对的是1996仲裁法第76（4），而该条款是在双方无约定时予以适用的，在本案中双方已经明确约定各种联系方式，故该条款不应适用本案。青岛海事法院认为，青岛造船厂的反驳意见成立，对海龙公司提交的该份证据不应认可。

青岛海事法院认为，海龙公司提交的证据不能证明程某营有权代表青岛造船厂与海龙公司就仲裁事项进行沟通。

2012年9月22日至2014年1月21日期间，shang email 与 dragon email 有相互往来；而在此之前的2010年3月28日至2011年11月15日期间，亦有相互往来。双方签订的造船合同第十七条约定：……任何地址的变化应由作出改动方通过挂号信、传真或者电子邮件等书面方式通知对方;如果没有发出这种通知,则向对方按照其最后为人所知的地址发出的通知则被认为是充分的。……若青岛造船厂改变了邮箱地址,按照该条约定,则应按照书面方式通知对方。青岛造船厂确认 qcb email 于 2011 年 11 月 15 日失效,但未提交证据证明其通知过海龙公司新的邮箱地址,另外,2010 年 3 月 28 日至 2011 年 11 月 15 日期间,青岛造船厂曾使用过 shang email 与海龙公司联系过,在此情况下,海龙公司根据之前与青岛造船厂进行邮件往来的邮箱地址 shang email 发出通知,shang email 应当是造船合同第十七条所约定的"最后为人所知的地址",按照该地址发送通知依照合同约定应当是充分的。

海龙公司、shang email 等邮箱之间在仲裁过程中曾经有过以下邮件往来:2012 年 9 月 22 日,海龙公司向 shang email 发送的仲裁要求通知书经邮件打开证书证明 25 日下午打开过的可能性为 86%,在该通知书中,海龙公司明示委托 Lindsey Gordon 为仲裁员,仲裁员邮箱为 mail@gordonma××.co.uk(以下简称为仲裁员邮箱);2012 年 10 月 31 日,海龙公司发送的仲裁员委任书及通知于 11 月 12 日得到了 shang email 的回复,而且 shang email 同时将这一回复向仲裁员的邮箱进行了发送;11 月 1 日,仲裁员 Lindsay Gordon 向 dragon email 邮箱发送邮件,并抄送 cheng email 和 shang email 表明其本人同意担任独任仲裁员。海龙公司于 2012 年 11 月 27 日发出的关于程序性讨论和可行协议要求的邮件中,提出仲裁仅通过书面文件进行处理的提议并限期 shang email 三日内予以回复,shang email 于 11 月 28 日回复了邮件,但邮件内容并没有提及这一问题;2013 年 1 月 12 日,海龙公司向 shang email 发送了索赔申请书等文件,并抄送仲裁员邮箱,经邮件打开证书证明 shang email 于 17 日上午打开过的可能性为 86%;2013 年 9 月 16 日,shang email 给仲裁员就初步仲裁裁决书、诉讼费以及就"龙一号"(涉案造船合同涉及的船舶)进展的情况进行汇报的邮件进行了回复,表达了希望与海龙公司和仲裁员就"龙一号"项目当面进行沟通的意愿。

通过上述沟通过程可以看出:1. 海龙公司就仲裁的发起、仲裁员的选任、仲裁的方式以及索赔请求等均向 shang email 邮箱发送过通知;2. shang email 曾于 2012 年 11 月 12 日和 2013 年 9 月 16 日向仲裁员邮箱发送过涉案相关的邮件,发送邮件的行为本身以及邮件内容表明其对正在进行的仲裁是知情的,可以认定青岛造船厂对正在进行的仲裁是知情的。所以,仲裁不存在青岛造船厂所称的"对于该仲裁事项完全不知；对于仲裁庭的组成没有行使自己的权利；不知道开庭日期、没有参与庭审做相关陈述"等情形。本案不存在违反《纽约公约》第五条第一款第二项的情形。

就第二个争议焦点，青岛海事法院查明事实如下：2014年1月21日，仲裁员邮箱向dragon email发送邮件一封，主要内容为：未签名的裁决书将于今日以电子方式发送给各方，签名的副本也将于今日寄送。这一邮件同时抄送至shang email和cheng email。该邮件中所显示的裁决书没有仲裁员的署名，海龙公司在庭审时也对此予以确认。仲裁员不在仲裁裁决上署名的做法不符合双方约定适用于仲裁的准据法——英国1996年仲裁法第52条和54条。而且，依照双方在造船合同中对邮件送达方式的特别约定，因海龙公司并没有就shang email和cheng email是否打开过该封邮件提供证据证明，故不能认定裁决已经通过电子邮件的方式向青岛造船厂进行发送。另外，邮件中陈述"签名的副本也将于今日寄送"，青岛造船厂述称：1. 造船合同中约定的裁决送达方式仅为传真和电子邮件，并未约定以寄送的方式送达。2. 青岛造船厂并未收到寄送的裁决书。海龙公司提交编号为XA32494940237和XA32493346437的两份挂号信收据。两份收据中的寄达地址均为即墨市，收件人均为闻某东（海龙公司称其为青岛造船厂的总经理）。前一份挂号信收据附有打印的查询信息，显示2014年8月1日交寄，8月4日签收；后一份收据显示交寄日期为2014年2月27日。青岛海事法院认为，因为海龙公司没有提交证据，尾号为6437的挂号信的送达结果不得而知，而尾号为0237的信件向闻学东寄送的方式既不符合造船合同的约定，也并非"（青岛造船厂）最后为人所知"的方式，因此，不能认定海龙公司已经通过其他方式向青岛造船厂发送过仲裁裁决。

青岛造船厂认为，根据1996仲裁法第57条的规定，当事人享有在裁决书作出之日起28天内申请裁决更正和补充裁决的权利，而由于裁决未署名且未送达，其上诉权无法行使。

另外，2014年3月3日，仲裁员邮箱曾向shang email、cheng email和dragon email发送邮件，内容为：海龙公司于2014年2月28日向法庭提出申请，后于3月1日修改了其申请，要求对2014年1月9日的最终仲裁裁决进行修改、解释和/或作出补充裁决；如果造船厂有任何意见，请在2014年3月14日前提交。根据邮件内容，海龙公司曾要求对1月9日作出的仲裁裁决进行完善，但海龙公司并没有提供其他证据来证明裁决是否实际上进行过完善或者完善后的版本如何,所以,1月9日的仲裁裁决有没有得到完善不得而知,是否是最终确定的仲裁裁决亦不得而知。

综上,裁决书未签名、未向青岛造船厂进行送达的情形存在,海龙公司所述称的"裁决于2014年1月9日作出,依据英国法于2014年3月16日成为终局的有约束力的裁决",没有依据。本案存在仲裁程序与当事人之间的协议不符这一情形,依照《中华人民共和国民事诉讼法》第二百八十三条、《承认及执行外国仲裁裁决公约》第五条第一款第四项规定,对2014年1月9日在英国伦敦依据伦敦海事仲裁协会规则作出的涉及船壳号QDZ471、合同号SB200704的仲裁裁决应不予承认和执行。

五、我院的审查意见

关于第一个争议焦点,我院同意青岛海事法院的意见,即本案并不存在"没有就指定仲裁员或者进行仲裁程序对青岛造船厂给予适当通知"以及"由于其他情况导致青岛造船厂不能对案件提出意见"的情形。

关于第二个争议焦点:

(一)关于双方约定的仲裁规则是什么。本案双方当事人在造船合同中约定,争议应在伦敦按照英国法律,根据"伦敦海事仲裁协会规则(London Maritime Arbitration Association Rules)"进行仲裁。在青岛海事法院对本案进行审查期间,双方当事人均引用伦敦海事仲裁员协会(London Maritime Arbitrators Association,LMAA)的仲裁规则提出各自的主张,且双方均向本院表示,双方约定的仲裁规则实为伦敦海事仲裁员协会规则。

(二)关于本案所涉仲裁裁决何时成为有约束力的裁决。英国1996年仲裁法第54条第(1)款规定,除非当事人另有约定,仲裁庭可以决定裁决书作出的日期。第58条第(1)款规定,除非当事人另有约定,依据仲裁协议作出之裁决系终局的,对当事人及通过当事人或以其名义提出请求者均有约束力;第(2)款规定,本条不影响任何人依据可资利用的仲裁上诉或复审程序或本编之规定,对裁决书提出异议之权利。第70条第(3)款规定,申请或上诉必须自仲裁裁决作出之日起28天内提出。双方签订的造船合同亦约定"除非任何一方上诉,否则,仲裁裁决会成为终局性的、对双方当事人有约束力的裁决"。本案中,申请人向青岛海事法院提交的经仲裁员签名的仲裁裁决记载,裁决于2014年1月9日作出,双方均未自仲裁裁决作出之日起28天内提起上诉,被申请人亦未提交证据证明仲裁裁决在作出后曾被更正或补充,因此,裁决从作出之日起即对双方当事人有约束力。青岛海事法院认为,裁决书未签名,未向青岛造船厂进行送达,海龙公司所主张的"裁决于2014年1月9日作出,于2014年3月16日成为终局的有约束力的裁决"没有依据。我院认为,青岛海事法院的上述观点并不恰当。本案中,即使存在裁决书未向青岛造船厂进行送达的情况,也不能认定裁决未对青岛造船厂产生约束力,因为英国1996年仲裁法并未规定仲裁裁决自裁决书向一方当事人送达后对该方当事人具有拘束力。

(三)关于仲裁员在按照造船合同第十三条第3款的规定发出"裁决的通知(Notice of award)"时,是否应当将仲裁员签名的仲裁裁决书发送给双方当事人。英国1996年仲裁法第55条第(1)款规定,有关裁决书的通知,当事人可以自由约定其条件(The parties are free to agree on the requirement as to notification of the award to the parties)。第(2)款规定,如无约定,裁决书应当以向当事人送达裁决书副本的方式予以通知;裁决书一经作出,应毫不迟延地送达当事人(If there is no such agreement, the award shall be notified to the parties by service on them of copies of the award, which shall be done without delay after the award is made)。第(3)款规定,本条不影响第56条的规定(仲裁庭在当事人未付仲裁费用时扣留裁决书之权利)[Nothing in this section affects section 56(power to withhold award in case of non-payment)]。

伦敦海事仲裁员协会规则(2012年)第23条规定,裁决一经作出后,仲裁庭应尽快书面通知当事人裁决已作出,并通知当事人(a)仍未支付的仲裁庭的费用与开支的数额及(b)这笔款项全部支付后,裁决书才能送达当事人或供当事人领取。仲裁庭在向当事人送达该书面通知时,不必将裁决书或裁决书副本送达给当事人,而且除非当事人付清这笔款项,仲裁庭有权拒绝送达裁决书或裁决书副本(As soon as possible after an award has been made, the tribunal shall give written notice thereof to the parties which notice will also inform the parties of (a) the amount of the outstanding fees and expenses of the tribunal and (b) that the award will be made available to be sent to or collected by the parties upon full payment of such amount. At the stage of notification neither the award nor any copy thereof need be served on the parties and the tribunal shall be entitled thereafter to refuse to deliver the award or any copy thereof to parties except upon full payment of its fees and expenses）。

造船合同第十三条第 3 款关于"裁决的通知"的约定为：任何裁决的通知都应立即通过经过书面确认的传真或者电子邮件地址发送给买卖双方。

根据上述英国 1996 年仲裁法的规定，有关裁决书的通知，当事人可以自由约定其条件。从双方约定适用的仲裁规则和造船合同的约定来看，裁决作出后，仲裁庭应尽快通过传真或电子邮件通知双方当事人裁决已作出，告知当事人仲裁费用的数额，并告知款项支付后，裁决书才能送达当事人或供当事人领取；仲裁庭在通知时不必将裁决书或裁决书副本送达给当事人。根据海龙公司提交的经公证的电子邮件，2014 年 1 月 9 日，仲裁员向 dragon email 和 shang email 发送邮件，内容为：关于本案索赔最终裁决书将收取 9800 英镑，一旦收到上述款项，仲裁员将以电子方式发送未签名的裁决书，并将打印文本寄送到仲裁员所掌握的地址。从上述邮件的内容来看，仲裁员发出的该邮件即为双方合同和仲裁规则中所规定的"裁决的通知"。依照仲裁规则的规定，仲裁员在 2014 年 1 月 9 日通过上述邮件发出裁决的通知时，不必将裁决书或裁决书副本送达给当事人。青岛海事法院认为，向青岛造船厂寄送裁决书的方式不符合造船合同的约定。我院认为，青岛海事法院的上述观点依据不足，因为裁决的通知和裁决书的送达是仲裁员的两个独立的行为，造船合同中关于裁决书的送达没有约定，造船合同中关于裁决的通知的规定，不适用于裁决书的送达。青岛造船厂未举证证明仲裁员在裁决作出后通知当事人时未将由仲裁员签名的仲裁裁决书发送给当事人，违反了英国法、双方约定适用的仲裁规则或双方签订的造船合同。

（四）关于本案中仲裁员发出裁决的通知，是否受造船合同中"通过电子邮件发送的通知自收到阅读回执起视为送达"这一约定的约束。双方签订的造船合同第十三条对于裁决的通知方式有明确的约定，即应通过传真或者电子邮件方式发送给双方当事人。合同第十七条"通知"部分还约定，有发送回执的电子邮件自收到阅读回执起视为送达。2014 年 1 月 9 日，仲裁员向 dragon email 和 shang email 发送邮件，通知裁决已经作出。2014 年 1 月 21 日，仲裁员邮箱向 dragon email 发送电子邮件，同时抄送至 shang email 和 cheng email，将未签名的裁决书发送给双方。海龙公司未举证证明仲裁员发出上述两邮件后收到了阅读回执。对于造船合同中"通过电子邮件发送的通知自收到阅读回执起视为送达"的约定是否适用于仲裁裁决的通知,即仲裁员发出裁决的通知,是否受上述约定的约束的问题,双方当事人均未提交英国成文法的规定,海龙公司提交的英国法院的判例与上述问题也并不直接相关。对上述问题,我院经研究形成两种意见:

第一种意见为多数意见,认为,英国1996年仲裁法第76条第(1)款规定,当事人可自由约定通知或其他文件送达的方式。第55条第(1)款规定,有关裁决书的通知,当事人可以自由约定其条件。双方签订的造船合同第十三条"争议与仲裁"部分对于裁决的通知方式有明确的约定,即,裁决的通知应通过传真或者电子邮件方式发送给双方当事人。造船合同第十七条"通知"部分约定,通过电子邮件发送的通知自收到阅读回执起视为送达。造船合同第十三条中的"通知"与第十七条中的"通知"用词相同,第十七条关于通知的约定应适用于裁决的通知。

申请人海龙公司提出,按照伦敦海事仲裁员协会规则(2012年)第12条第(a)款规定,仲裁庭有权决定所有程序问题,因为裁决的通知问题属于程序问题,所以仲裁员可以自行决定。伦敦海事仲裁员协会规则(2012年)第12条第(a)款的规定为,仲裁庭有权决定所有程序问题和证据问题,但仲裁庭可以,在合适的情况下,考虑当事人对此类事项已达成的协议。供选用的正常程序列于附件二,但仲裁庭有权在任何时候予以调整(It shall be for the tribunal to decide all procedural and evidential matters, but the tribunal will where appropriate have regard to any agreement reached by the parties on such matters. The normal procedure to be adopted is set out in the Second Schedule, subject to the tribunal having power at any time to vary that procedure)。按照仲裁规则对第12条第(a)款中的"程序问题"的范围未作规定。该规则附件二所列明的仲裁程序包括仲裁申请书和答辩状的送达、文件的披露、证据的提交、仲裁费用等。关于"程序问题"的范围,还可以参考英国1996年仲裁法第34条的规定。该条第(1)款规定,在不违背当事人有权商定任何事项的前提下,仲裁庭得决定所有程序和证据事项。该条第(2)款列举的程序及证据事项包括何时何地进行程序、语言及翻译、书面请求和答辩、提交文件的时限、当事人之间对文件的披露、互相询问和回答、是否适用严格证据规则、仲裁庭主动确定事实和法律、是否应提交证据或材料等。从上述规定来看,仲裁裁决的通知应当不属于仲裁规则第12条第(a)款规定的"程序问题",裁决的通知方式应当从当事人约定。

本案中，海龙公司没有提交证据证明仲裁员于2014年1月9日及1月21日发至shang email和cheng email的邮件被打开，因此，仲裁员发送上述邮件并不产生将裁决通知青岛造船厂的效果。在不能确认上述电子邮件被收件人打开时，仲裁员可以按照造船合同第十三条的约定，尽快通过传真方式通知青岛造船厂，而仲裁员并未通过传真方式发出裁决的通知。仲裁员未按照双方当事人的约定向青岛造船厂发送裁决的通知，仲裁程序与当事人的约定不符。

海龙公司称，其于2014年2月26日将裁决书寄送并通过电子邮件发送给了青岛造船厂。该公司向青岛海事法院提供了编号XA32493346437的挂号信收据，显示交寄日期为2014年2月27日，寄达地址为即墨市，收件人为闻某东。多数意见认为，将函件寄送给闻某东，并不符合造船合同第十七条关于函件收件人的约定。海龙公司寄送上述信函，不产生将裁决已作出一事通知青岛造船厂的效果。

2014年6月11日，海龙公司向wenxuedong@eyan××.com发送邮件，并抄送cheng mail，主要内容为：我方2月26日发给贵司的挂号信没有收到回复；要求青岛造船厂履行仲裁裁决等。上述两邮件有阅读回执。多数意见认为，上述邮箱并非双方当事人约定的联系邮箱，也不是青岛造船厂最后为人所知的邮箱，且邮件发送时已是裁决作出四个月之后，不符合裁决作出后应尽快通知当事人的要求。

海龙公司还提交编号为XA32493346437的挂号信收据，称该公司将裁决书再次寄送给了青岛造船厂闻学东。该信件的查询信息，显示2014年8月1日交寄，8月4日签收。多数意见认为，上述信函发出时已是裁决作出近半年之后，不符合裁决作出后应尽快通知当事人的要求。

第二种意见为少数意见，认为，造船合同中"有发送回执的电子邮件自收到阅读回执起视为送达"的约定为合同第十七条"通知"中的约定，并非合同第十三条"争议与仲裁"中的约定，因此并非双方对于仲裁中的程序性事项的约定，仲裁员发出裁决通知，并不受上述约定的约束。仲裁员于2014年1月9日向shang email发送电子邮件，发出裁决的通知，并不违反双方当事人的约定。同时，2014年1月21日，仲裁员邮箱向dragon email发送电子邮件，同时抄送至shang email和cheng email，将未签名的裁决书发送给双方，亦能起到通知青岛造船厂裁决已经作出的效果。综上,仲裁员就其作出仲裁裁决一事及时通知了青岛造船厂。

(五)如果仲裁员就其作出仲裁裁决一事及时通知了青岛造船厂,在其后的裁决书送达中是否违反了法律规定或仲裁规则。2014年1月21日,仲裁员邮箱向 dragon email 发送邮件一封,主要内容为:我确认安全收到款项;未签名的裁决书将于今日以电子方式发送给各方,签名的文本也将于今日寄送。这一邮件同时抄送至 shang email 和 cheng email。在海龙公司支付了仲裁费用后,仲裁员应将裁决书送达双方当事人,或供当事人领取。申请人海龙公司没有提交有关仲裁员向青岛造船厂邮寄裁决书,包括交寄时间、收件人地址和姓名等的证据,也没有提交证据证明仲裁员将经仲裁员签名的仲裁裁决书通过电子邮件或传真方式发送给青岛造船厂。对于仲裁员是否因此违反了法定或约定的仲裁程序,我院经研究认为,英国1996年仲裁法、仲裁规则和造船合同对于送达裁决书的方式均没有规定。仲裁员作出仲裁裁决并通知双方当事人,申请人支付仲裁费用后,仲裁程序已经结束,仲裁员可以不受造船合同中"电子邮件自收到阅读回执起视为送达"这一约定的约束。并且,上述约定为造船合同第十七条"通知"部分的规定,仲裁员对裁决书的送达不属于该条规定的"通知、请求、要求、指示、建议和通信",因此该条规定不适用于仲裁员对裁决书的送达。2014年1月21日,仲裁员通过抄送 shang email 和 cheng email 的邮件向上述两邮箱发送了未经仲裁员签名的裁决书,告知了仲裁裁决的内容,且告知仲裁费用已经支付。青岛造船厂收到上述邮件后,可以联系仲裁员领取裁决书,其有机会行使上诉和要求更正、补充裁决的权利。仲裁员对裁决书的送达,并无违反英国1996年仲裁法、仲裁规则和造船合同之处。

综上所述,我院倾向性意见为,双方当事人在造船合同中约定,裁决的通知应立即通过经过书面确认的传真或者电子邮件地址发送双方,仲裁程序与上述约定不符。依照《承认及执行外国仲裁裁决公约》第五条第一款第四项的规定,对2014年1月9日在英国伦敦作出的涉及船壳号QDZ471、合同号SB200704的仲裁裁决应不予承认和执行。

以上意见当否,请批复。

最高人民法院

关于山东省高级人民法院就艾伦宝棉花公司申请承认与执行外国仲裁裁决一案请示的复函

2017 年 12 月 26 日　　　　　　　　（2017）最高法民他 135 号

山东省高级人民法院：

你院（2017）鲁民他 7 号《关于艾伦宝棉花公司申请承认与执行外国仲裁裁决一案的请示》收悉。经研究，答复如下：

本案为当事人申请承认和执行国际棉花协会在英国作出的仲裁裁决案件，应当适用《承认及执行外国仲裁裁决公约》的相关规定进行审查。

国际棉花协会 2011 年《章程与规则》和 2012 年《章程与规则》中均有关于"If either party fails to comply with any procedural order of the tribunal, the tribunal shall have power to proceed with the arbitration and make an Award. （如有一方不遵守仲裁庭的任何程序性命令，则仲裁庭有权继续仲裁并作出裁决）"的规定，2011 年《章程与规则》中该条内容规定在第 306（5）条，2012 年《章程与规则》中该条内容规定在第 307（5）条。同样，2011 年《章程与规则》和 2012 年《章程与规则》中均有关于"All statements, contracts and documentary evidence must be submitted in the English language. Whenever documentary evidence is submitted in a foreign language, unless otherwise directed by the tribunal, this must be accompanied by an officially certified English translation. （所有声明、合同和文件证据必须使用英文提交。如提交外文文件证据，除非仲裁庭另有指示，必须随附经官方认证的英文翻译。）"的规定，2011 年《章程与规则》中该条内容规定在第 306（7）条，2012 年《章程与规则》中该条内容规定在第 307（7）条。虽然本案应当适用 2011 年《章程与规则》，而国际棉花协会向当事人发送的邮

件及裁决书中援引《章程与规则》的条款序号错误，指向了 2012 年《章程与规则》，但鉴于相关两个条款的内容在两个版本的《章程与规则》均有规定，内容相同，仲裁庭依据相关规定进行仲裁，并不构成错误适用仲裁规则的情形。

综上，不同意你院根据《承认及执行外国仲裁裁决公约》第五条第一款丁项的规定不予承认和执行案涉仲裁裁决的意见。

此复

附：

山东省高级人民法院
关于艾伦宝棉花公司申请承认与
执行外国仲裁裁决一案的请示

2017 年 11 月 10 日　　　　　　　　　　　　（2017）鲁民他 7 号

最高人民法院：

山东省聊城市中级人民法院（以下简称聊城中院）受理申请人艾伦宝棉花公司申请承认与执行外国仲裁裁决一案，该院经审查，拟对案涉仲裁裁决不予承认与执行，并于 2017 年 9 月 7 日报送我院审查。依照《最高人民法院关于人民法院处理与涉外仲裁及外国仲裁事项有关问题的通知》的规定，现将该案的基本情况和处理意见向钧院报告如下：

一、当事人的基本情况

申请人：艾伦宝棉花公司（Allenberg Cotton Co.）。住所地：美利坚合众国田纳西州科尔多瓦古德利特道第 7255 号。

委托代理人：牟赟，山东慧勤律师事务所律师。

委托代理人：汤云青，山东慧勤律师事务所律师。

被申请人：山东阳谷顺达纺织有限公司。住所地：中华人民共和国山东省阳谷县阳谷镇齐南路 1 号。

法定代表人：范某鸣，该公司总经理。

委托代理人：潘洪明，山东舜达律师事务所律师。

二、基本案情及仲裁情况

2011年3月16日，申请人艾伦宝棉花公司作为卖方与被申请人山东阳谷顺达纺织有限公司作为买方签署了编号为396480的销售合同。销售合同约定，申请人向被申请人销售200公吨巴西原棉，单价为每磅142美分，该销售合同在适用规则和适用仲裁项目下规定："国际棉花协会"。后被申请人未履行合同，双方未能协商解决争议。申请人于2012年6月28日向国际棉花协会提出仲裁申请，并指定Arthur Aldcroft作为其仲裁员。2012年6月29日，国际棉花协会通知被申请人已经收到申请人提起的仲裁申请，申请人已经指定Arthur Aldcroft作为其仲裁员，并要求山东阴谷顺达纺织有限公司在收到协会函件14天内提名一位仲裁员。2012年7月31日，国际棉花协会通知被申请人因其在限定的时间内未能提名其仲裁员，协会会长指定C. Austin代表买方。2012年8月24日，国际棉花协会告知双方当事人，协会会长指定N. Scott为仲裁庭主席并向双方当事人寄送主席文书。国际棉花协会于2012年11月13日向被申请人送达申请人的索赔明细。经过审理，国际棉花协会在英国利物浦作出了仲裁裁决，于2014年6月27日加盖国际棉花协会的印章并产生约束力。国际棉花协会的仲裁管理人通过电子邮件及联邦快递欧洲有限公司（简称联邦快递）将仲裁裁决书送达给被申请人山东阳谷顺达纺织有限公司。

三、当事人的诉辩意见

山东阳谷顺达纺织有限公司主张国际棉花协会的仲裁存在《纽约公约》第五条第一款（丁）项规定的情形，法院应当不予承认和执行。具体理由如下：1. 国际棉花协会指定仲裁庭主席的期限严重违反了协会的章程，按照协会章程技术仲裁部分第303条第1、2款规定，在第二名仲裁员指定的七天内，协会将指定第三名仲裁员作为仲裁庭主席，在仲裁裁决书中显示的第二名仲裁员指定时间为2012年7月31日，第三名仲裁员指定时间为2012年8月24日，严重超出了仲裁章程所规定的仲裁员的指定期限，违反了仲裁规则；2. 本案在仲裁程序中多处适用了2012版章程与规则，未适用应该适用的2011版章程与规则，属于规则适用错误；3. 申请人在仲裁过程中严重违反了仲裁庭规定的举证期限进行举证，仲裁庭对此没有提出任何疑问，反而继续仲裁，具体问题是在仲裁庭发送的 2013 年 1 月 11 日的函件中要求申请人在 2013 年 1 月 18 日之前提交相关的证据，而裁决书中显示申请人实际提交这次仲裁庭要求的证据的时间为 2013 年 4 月 23 日，严重超期，违反了协会章程第 301 条第 4 款的规定，属于逾期举证，违反了仲裁程序；4. 仲裁裁决书关于仲裁的启动和仲裁员的指定内容里面第 19 项提到 2013 年 2 月 1 日该截止期限延长至 2013 年 2 月 8 日，此处表述为协会要求双方当事人进行举证的期限截止日期为 2013 年 1 月 18 日，到期后仲裁庭又作出延长至 2013 年 2 月 8 日的认定，该次延期举证未进行任何通知，按照章程第 306 条第 3 款，仲裁庭作出的任何改变原有仲裁程序的内容均需通知双方当事人，很显然仲裁庭此处严重违反了仲裁规则。

申请人艾伦宝棉花公司辩称：1. 国际棉花协会出具了两份证明，证明的内容为：（1）根据国际棉花协会 2012 年 8 月 1 日生效的《章程与规则》（以下简称《2012 年章程细则和规则》）第 102 条第 2 款和国际棉花协会的证明可知，案涉合同应适用国际棉花协会 2011 年 1 月 1 日生效的章程细则和规则（以下简称《2011 年章程细则和规则》）。（2）2013 年 5 月 3 日向山东阳谷顺达纺织有限公司送达的通知中援引了《2011 年章程细则和规则》第 307（5）条。引用第 307（5）条为笔误，本应援引第 306（5）条。（3）2014 年 3 月 10 日向艾伦宝棉花公司和山东阳谷顺达纺织有限公司送达的通知中援引了《2011 年章程细则和规则》第 307（7）条。引用第 307（7）条为笔误，本应援引第 306（7）条。（4）根据《2011 年章程细则和规则》第 103 条第 2 款的规定，若译文版本与英文版本间出现疑问或不符，应适用英文版的章程和规则。（5）根据英文版《2011 年章程细则和规则》第 303（a）2 条和国际棉花协会的证明可知，国际棉花协会有限公司"将"在七日内委任第三位仲裁员，但非"必须"在七日内委任。因此，未在七日内委任第三位仲裁员不违反英文版《2011 年章程细则和规则》。2. 首先，结合 2013 年 3 月 27 日函件、2013 年 4 月 15 日函件、2013 年 4 月 23 日函件可知，仲裁庭给予了举证期限延长。其次，根据英国 1996 年仲裁法第 34 条第 3 项的规定，仲裁庭得确定当事人遵守其指令的期限，并可在其认为适当延长所确定期限（无论到期与否）。再次，邮件发送因为仲裁庭在英国，而申请人是在美国，两个国家存在时差的问题，且邮件是以收到时起算；而且通过 2013 年 4 月 24 日函件和 2013 年 5 月 3

日函件补正了该程序,并再次延长了被申请人答复期和提交证据的期限。

四、聊城中院的审查意见和理由

聊城中院经审查,拟不予承认与执行该仲裁裁决。

理由:1. 关于国际棉花协会适用的仲裁规则的问题。2011版章程与规则中,第201条第1款规定:"以下条款适用于我方章程及规定制定,其包含其等效叙述的任何合约:合约包含签约时有效的国际棉花协会有限公司的章程及规定。"第3款规定:"有关合约的所有争议均须按照国际棉花协会有限公司的章程解决。"且根据国际棉花协会出具的证明,案涉合同的仲裁应适用国际棉花协会2011年1月1日生效的章程细则和规则。而本案中,在以下程序中适用仲裁规则错误:(1)2012年12月7日向被申请人发送的邮件内容为:"关于我2012年11月13日之信函,收到贵司文件的截止时间现在已经过去了。仲裁庭主席已同意将收到贵司文件的截止日期延长七日(自收到本函之日起)。如未于该日提交贵司文件,仲裁庭将着手仲裁并根据章程第307(5)条的规定进行裁决。"在2011年版章程中,并没有307(5)条规定,而2012年版章程中307(5)的内容为"如有一方不遵守仲裁庭的任何程序性命令,则仲裁庭有权继续仲裁并作出裁决"。2013年1月10日及2013年5月3日向被申请人送达的通知中也存在同样问题。(2)2014年3月10日向艾伦宝棉花公司和山东阳谷顺达纺织有限公司送达的邮件内容为:"如你们所知,仲裁庭已要求提供下文页面中包含的中文的英文翻译。仲裁庭还要求你们注意ICA章程第307(7)条规定:所有声明、合同和文件证据必须使用英文提交。如提交外文文件证据。除非仲裁庭另有指示,必须随附经官方认证的英文翻译。"在2011年版章程中,并没有307(7)条规定,而2012年版章程307(7)内容与此一致。国际棉花协会将其中2013年5月3日及2014年3月10日的邮件解释为笔误。聊城中院认为,凯休斯作为国际棉花协会的经理而非仲裁庭组成人员无权对仲裁裁决作出解释,结合另外两处错误,本次裁决中确实存在适用章程和规则错误的问题。

2. 仲裁庭的组成违反章程规定。《2011年章程细则和规则》第303(a)2条规定为:"We shall appoint the third arbitrator who shall serve as chairman of the tribunal within seven days (one week) of the appointment of the second arbitrator, whether appointed by us or the Respondent." 聊城中院认为,

此处的 shall 应解释为必须，在仲裁中裁决书显示的仲裁庭第二名仲裁员指定时间为 2012 年 7 月 31 日，且国际棉花协会在 2012 年 7 月 31 日向双方发送的邮件中称"……我会在本函日期起七日内致信，确认担任仲裁庭主席的第三名仲裁员的姓名"，而第三名仲裁员指定时间为 2012 年 8 月 24 日，超过了章程规定的七天的期限，仲裁庭成员的组成不符合章程规定。

五、我院的审查意见

艾伦宝棉花公司申请承认与执行的仲裁裁决由国际棉花协会有限公司在英国境内作出，国际棉花协会有限公司所在地在英国，仲裁地也在英国。中国与英国均是《承认及执行外国仲裁裁决公约》的成员国，因此，涉案仲裁裁决是否可以得到承认和执行，应当根据《中华人民共和国民事诉讼法》第二百八十三条以及《承认及执行外国仲裁裁决公约》的相关规定进行审查。

关于仲裁庭的组成是否违反章程规定，主要系对《2011 年章程与规则》第 303（a）2 条中的"shall"作何理解的问题。对此，我院认为，根据《牛津高阶英汉双解词典》（第四版）的注解，"shall"共有三种解释：1. 预言；2. 决定；3. 建议。注解中特别强调当"shall"与"I"或"we"连用时，预示将要发生的事情。因此通观涉案条款，此处的"shall"应作"将要"解释，国际棉花协会有限公司并非"必须"在七日内委任第三位仲裁员。山东阳谷顺达纺织有限公司的该项抗辩理由不成立。

关于国际棉花协会有限公司是否适用仲裁规则错误的问题。我院认为，根据《2011 年章程与规则》第 201 条第 1 款之规定以及国际棉花协会有限公司出具的证明，涉案合同的仲裁应适用《2011 年章程与规则》。本案中，国际棉花协会有限公司在以下程序中确实存在适用仲裁规则错误的问题：1. 国际棉花协会有限公司分别于 2012 年 12 月 7 日、2013 年 1 月 10 日、2013 年 5 月 3 日三次向山东阳谷顺达纺织有限公司发送的邮件内容中均有"仲裁庭将根据章程第 307（5）条的规定进行仲裁"的表述。而在《2011 年章程与规则》中，并没有 307（5）条，但在《2012 年章程与规则》中有 307（5）条的规定，该条规定的内容为"如有一方不遵守仲裁庭的任何程序性命令，则仲裁庭有权继续仲裁并作出裁决"。2. 2014 年 3 月 10 日国际棉花协会有限公司向艾伦宝棉花公司和山东阳谷顺达纺织有限公司送达的邮件内容为："如你们所知，仲裁庭已要求提供下文页面中包含的中文的英文翻译。仲裁庭还要求你们注意 ICA 章程第 307（7）条规定：所有声明、合同和文件证据必须使用英文提交。如提交外文文件证据。除非仲裁庭另有指示，必须随附经官方认证的英文翻译。"在《2011年章程与规则》中，并没有 307（7）条，但《2012年章程与规则》307（7）的规定内容与此一致。随后，国际棉花协会有限公司于 2014 年 6 月 27 日作出的仲裁裁决书中也引用了上述错误条款。虽然国际棉花协会有限公司的总经理凯·休斯于 2016 年 8 月 11 日出具说明，解释上述 2013 年 5 月 3 日及 2014 年 3 月 10 日的邮件中所援引的条款为笔误，但艾伦宝棉花公司未能就仲裁程序及裁决书中如果出现错误，谁有权对此作出更正与解释举证证明。凯·休斯作为国际棉花协会有限公司的总经理，该职务是行政岗位，其本人并非仲裁庭组成人员，也未参与案件的任何程序，其无权对仲裁程序及裁决书出现的错误作出更正与解释。因此涉案仲裁确实存在适用章程和规则错误的问题，违反了《承认及执行外国仲裁裁决公约》第五条第一款（丁）项，应不予承认和执行。

以上意见妥否，请指示。

最高人民法院
关于天津市高级人民法院就申请人帕尔默海运公司与被申请人中牧实业股份有限公司申请承认和执行外国仲裁裁决一案请示的复函

2018 年 3 月 9 日　　　　　　　　　（2017）最高法民他 140 号

天津市高级人民法院：

你院（2017）津民他 4 号《关于申请人帕尔默海运公司申请承认和执行外国仲裁裁决一案的请示》收悉。经研究，答复如下：

本案系申请承认和执行仲裁庭在英国伦敦作出的仲裁裁决案件。由于我国和英国均为《承认及执行外国仲裁裁决公约》（以下简称《纽约公约》）缔约国，根据《中华人民共和国民事诉讼法》第二百八十三条以及《最高人民法院关于执行我国加入的〈承认及执行外国仲裁裁决公约〉的通知》的规定，对本案所涉仲裁裁决的审查应适用《纽约公约》的相关规定。

根据你院请示报告所述事实，中牧实业股份有限公司于 2016 年 5 月 20 日就本案纠纷向广州海事法院起诉，要求帕尔默海运公司承担货损责任，帕尔默海运公司以双方存在仲裁协议为由提出管辖权异议。本院以（2017）最高法民他 83 号复函答复广东省高级人民法院，认为租约中的仲裁条款并未并入提单且提单背面仲裁条款无效，广州海事法院依据该答复意见于 2017 年 10 月 16 日以（2016）粤 72 民初 705 号民事裁定认定案涉仲裁条款无效并驳回帕尔默海运公司的管辖权异议。帕尔默海运公司上诉后，广东省高级人民法院于 2018 年 1 月 30 日作出（2017）粤民辖终 857 号民事裁定，驳回帕尔默海运公司的上诉。

结合人民法院对上述涉及仲裁条款效力争议案件的裁判结果考察，对本案公约项下仲裁裁决的承认及执行，隐含了执行地国法院对裁决依据之仲裁条款存在和效力的肯定态度。在中国法院已对当事人之间仲裁条款的存在及效力做出否定性判断的前提下，承认及执行基于上述仲裁条款做出的仲裁裁决，其结果是在同一法域针对相同的事实做出了截然相反的司法判断，这种在司法判断结论方面自相矛盾的情形有违国家法律价值观念的统一和一致。因此，无论对《纽约公约》中规定的"公共政策"做怎样的限制性解释，国家法律观念与司法判断结论之一致与统一都不应当被排除在"公共政策"范围之外。

综上，承认及执行案涉仲裁裁决构成《纽约公约》第五条第二款乙项规定之情形，伦敦仲裁庭于2016年9月9日作出的仲裁裁决不应予以承认和执行。

此复

附：

天津市高级人民法院
关于申请人帕尔默海运公司申请承认和执行外国仲裁裁决一案的请示

2017年9月30日　　　　　　　　　　　　（2017）津民他4号

最高人民法院：

申请人帕尔默海运公司与被申请人中牧实业股份有限公司申请承认和执行外国仲裁裁决一案，天津海事法院依法对该案受理、审查后，拟裁定不予承认和执行该仲裁裁决，并依照《最高人民法院关于人民法院处理与涉外仲裁及外国仲裁事项有关问题的通知》的规定，报请我院审查。我院受理后，依法组成合议庭进行审查，现已审查完毕，拟同意天津海事法院处理结果，但理由、依据有所不同。现依照上述通知要求，特向钧院请示。

一、当事人的基本情况

申请人：帕尔默海运公司（Palmer Maritime Inc.）。住所地：马绍尔群岛共和国马朱罗阿杰泰克岛阿杰泰克路信托公司（Trust Company Complex, Ajeltake Road, Ajeltake Island, Majuro, Marshall Islands）。

代表人：瓦斯雷奥司·安东普洛斯（Vasileios Antonopoulos），该公司董事长。

委托诉讼代理人：曹阳辉，广东敬海（南沙）律师事务所律师。

委托诉讼代理人：雷荣飞，广东敬海律师事务所律师。

被申请人：中牧实业股份有限公司。住所地：中华人民共和国北京市丰台区南四环西路188号八区16-19号楼。

法定代表人：王某成，该公司董事长。

委托诉讼代理人：黄灼，广东正大联合律师事务所律师。

委托诉讼代理人：杨梅华，广东正大联合律师事务所律师。

二、当事人的申请理由及答辩意见

（一）申请人的申请事项及理由

帕尔默海运公司（以下简称帕尔默公司）申请事项：1. 裁定承认和执行伦敦仲裁庭于2016年9月9日作出的关于"TOBA"轮于2015年8月24日所签发提单的《仲裁裁决书》。2. 裁定中牧实业股份有限公司（以下简称中牧公司）返还西英格兰船东互保协会（以下简称西英船东互保协会）于2015年10月23日签发的保函。3. 裁定中牧公司按《仲裁裁决书》规定向帕尔默公司支付仲裁费用68877.942元人民币及利息（仲裁费用为7770英镑，按仲裁裁决作出之日英镑兑人民币汇率8.8646计算为68877.942元人民币；利息按年利率4.5%或以每三个月为基础按比例计算复利，自仲裁作出之日起计算），帕尔默公司因为仲裁支出的其他费用及利息。4. 裁定中牧公司承担本案全部申请费用和执行费用。

事实和理由：2015年2月19日，帕尔默公司与嘉吉国际公司（Cargill International S. A.）（以下简称嘉吉公司）签订定期租船合同（系经修改的NYPE1946格式定期租船合同），约定帕尔默公司将"TOBA"轮（以下简称涉案船舶）期租给嘉吉公司。2015年3月11日，嘉吉公司与中粮集团（美国）有限公司（以下简称中粮美国公司）签订航次租船合同（系北美谷物1973格式航次租船合同），约定嘉吉公司将涉案船舶租给中粮美国公司，以用于从密西西比河一个安全港口/区域至中国一个安全泊位/港口的航程。中粮美国公司与中牧公司（作为收货人）签订买卖合同及合同附录，约定向中牧公司销售数量为"50000 加/减 10%，具体由卖家决定"的美国玉米酒糟粕，涉案船舶执行该次航程。涉案提单于 2015 年 8 月 26 日签发，记载的托运人为"Lansing Trade Group, LLC. 代表中粮（美国）有限公司"，凭中牧公司指示交货。涉案提单为北美谷物提单，其正面上方指明"与北美谷物 1973 格式航次租船合同同时使用"。在提单正面中部则记载"租约签订日期：2015 年 3 月 11 日"。即涉案提单并入了 2015 年 3 月 11 日签订的租船合同，并应与该租船合同同时使用。

涉案提单条款第一条约定：所有在本提单正面所标注日期的租约里的条款、条件和例外规定以及任何附件都被视为并入本提单，效力如同其被完整记载于本提单上，提单上任何与之矛盾的条款均无效，但提单条款第八条规定的仲裁除外。该条款表明双方之间按照涉案提单第八条约定，存在仲裁协议。涉案提单第八条（b）项系关于伦敦仲裁的约定。

结合上述定期租船合同与航次租船合同，从双方约定情况可知，双方有意选择伦敦仲裁。并入涉案提单的航次租船合同第四十四条（b）项约定了双方之间的争议应适用英国法，应在伦敦进行仲裁。此外，定期租船合同第四十二条也约定了类似的伦敦仲裁和适用英国法条款。

2015 年 10 月 14 日，涉案船舶抵达广州黄埔港并开始卸货。同年 11 月 21 日，中牧公司称卸货时发现货物结块、变色，主张货物受损。在中牧公司要求下，帕尔默公司向其提供了西英船东互保协会签发的保函，担保金额为 260 万美元。帕尔默公司依据涉案提单约定在伦敦提起仲裁，并指定 Patrick O'Donovan（以下简称 Donovan）为涉案纠纷的仲裁员，因中牧公司未在规定期限内指定仲裁员，故 Donovan 为本案独任仲裁员，组成仲裁庭。

2016 年 9 月 9 日，仲裁庭作出《仲裁裁决书》，并于同年 9 月 30 日向中牧公司送达。按照案涉《仲裁裁决书》，帕尔默公司对中牧公司所声称的有关货物损坏的索赔不承担责任，且中牧公司应：1. 返还西英船东互保协会于 2015 年 10 月 23 日签发的保函；2. 支付仲裁费用 7770 英镑、帕尔默公司为仲裁支出的其他费用及利息。利息按年利率 4.5% 或以每三个月为基础按比例计算复利，自仲裁作出之日计算。截至帕尔默公司提交本案申请书之日，中牧公司尚未支付款项给帕尔默公司，也未退还保函。

帕尔默公司认为，英国与中国均为 1954 年《承认及执行外国仲裁裁决公约》的成员国,案涉《仲裁裁决书》应在中国法院予以承认和执行。中牧公司住所地为北京,天津海事法院为中牧公司财产所在地海事法院,依照《中华人民共和国海事诉讼特别程序法》第十一条规定对本案具有管辖权。

(二) 被申请人的答辩意见

中牧公司提交意见称:1. 中牧公司既不是定期租船合同,也不是航次租船合同的当事人,上述合同的仲裁条款均对中牧公司无约束力。2. 涉案提单正面记载"与北美谷物1973格式航次租船合同同时使用"应理解为涉案提单与租约一起使用,翻译件有误导。3. 涉案提单中虽明确记载租约时间,但不能说明涉案提单并入了2015年3月11日签订的航次租船合同。涉案提单记载的是:运费按照租船合同,租船合同日期是2015年3月11日。帕尔默公司的理解与涉案提单记载不一致。4. 涉案提单背面第一条无实质意义,中牧公司不知道哪个租约条款并入涉案提单,所谓并入不对提单持有人产生约束力。5. 提单中的仲裁条款有选择在纽约或伦敦的选项,连提单签发人都未进行选择,说明各方并没有选择仲裁的意思表示,更不能认定各方已经同意在伦敦仲裁。6. 涉案提单条款中的"合同"并非海上货物运输合同,只是租船合同。7. 相关仲裁文书并未有效送达给中牧公司。相关仲裁文书最初发给恒福律师事务所,该所并非中牧公司代理人,该次送达无意义。中牧公司及其代理人均未收到相关文书。送达相关仲裁文书并不符合法律程序。中牧公司已在中国对帕尔默公司提起诉讼,帕尔默公司提出管辖权异议。

三、案件的基本事实

帕尔默公司系涉案船舶的光船承租人。2015年2月19日,帕尔默公司与嘉吉公司签订定期租船合同,约定将涉案船舶期租给嘉吉公司。2015年3月11日,嘉吉公司与中粮美国公司签订航次租船合同,约定以涉案船舶用于从密西西比河一个安全港口/区域至中国一个安全泊位/港口的航程。

中粮美国公司与中牧公司签订买卖合同,由中粮美国公司向中牧公司销售美国玉米酒糟粕,由涉案船舶承运。

2015年8月26日,南港代理公司代表涉案船舶船长签发涉案提单。

该提单名称为"北美谷物提单"（North American Grain Bill of Lading），并于标题下记载"与北美谷物 1973 格式航次租船合同同时使用"（To be used with "Norgrain" Charter Party 1973）。涉案提单记载装船由兰新贸易集团公司（Lansing Trade Group, LLC.）代表中粮美国公司、收货人凭指示或者经过背书，通知方中牧公司、货品名、重量等事项。涉案提单同时还记载"运费：按照租约"（Freight payable as per Charter Party）、"租约日期：2015 年 3 月 11 日"（Charter Party dated March, 2015）、"运输条款见背面"（For Conditions of Carriage See Overleaf）等事项。涉案提单背面为运输条款（Conditions of Carriage），其中首要条款规定为：所有在本提单正面所标注日期的租约里的条款、条件和例外规定以及任何附件都被视为并入本提单，效力如同其被完整记载于本提单上，提单上任何与之矛盾的条款均无效，但提单条款第八条规定的仲裁除外。此外，运输条款第八条系对仲裁的规定，该条（a）项、（b）项分别为在纽约、伦敦仲裁的规定。其中，（b）项内容为：所有因本合同产生的争议应该在伦敦进行仲裁，并且除非双方当事人毫不迟延地同意由一个仲裁员独立进行仲裁，否则争议应提交由两名在伦敦工作的仲裁员组成的仲裁庭作出终局裁决且仲裁员应该是波罗的海商业及航运交易所的成员并且从事于航运和/或谷物贸易领域。由双方当事人各指定一名仲裁员，该两名被指定的仲裁员有权共同指定一名首席仲裁员，任何裁决不得因仲裁员不符合上述资格而被质疑或使之无效，除非在裁决作出之前对该仲裁员提出了异议。所有产生于本租约项下的争议应该适用英国法。该条款注明根据需要删除（a）项或（b）项，但涉案提单未进行删除。

航次租船合同第四十四条（b）项规定了双方之间的争议应适用英国法，应在伦敦进行仲裁："仲裁……四十四（b）伦敦。所有因本合同产生的争议以及共同海损应该在伦敦进行仲裁，并且除非双方当事人毫不迟延地同意由一个仲裁员独立进行仲裁，否则争议应提交由两名在伦敦工作的仲裁员，该两名被指定的仲裁员有权共同指定一名首席裁决员组成的仲裁庭作出终局裁决。该两名仲裁员由双方当事人各指定一名，均应该是波罗的海商业及航运交易所的成员并且从事航运和/或谷物贸易领域。除非在裁决作出之前对该仲裁员提出异议，任何裁决不得因仲裁员不符合上述资格而被质疑或使之无效，所有产生于本租约项下的争议应该适用英国法。"此外，定期租船合同第四十二条也约定了类似伦敦仲裁和适用英国法条款。

2015年10月14日，涉案船舶抵达中国黄埔港并开始卸货。同年10月21日，中牧公司作为提单持有人称卸货时发现货物结块、变色，主张货物受损。据案涉《仲裁裁决书》记载，中牧公司"通过他们的代表人恒福律师事务所，声称有30000公吨的货物发生变色并威胁要扣押该船"。10月23日，帕尔默公司的保险人西英船东互保协会向中牧公司签发了担保金额为260万美元的保函。

帕尔默公司于2016年3月16日通过信件和电子邮件提交了仲裁申请书，在伦敦提起仲裁，并指定了Donovan为仲裁员。2016年9月9日，案涉《仲裁裁决书》作出。

中牧公司于2016年5月13日以帕尔默公司为被告向广州海事法院提起诉讼，请求判令帕尔默公司向中牧公司赔偿损失14395969元人民币及相应利息，并承担诉讼费用。该案于同年7月11日由广州海事法院立案受理，案号为（2016）粤72民初705号。帕尔默公司于同年12月1日以双方存在仲裁协议且依照英国法该仲裁协议有效为由向广州海事法院提出管辖权异议。

四、中牧公司的委托代理人情况及相关仲裁文书的送达情况

（一）中牧公司的委托代理人情况

2015年10月13日中牧公司委托授权广东恒福（上海）律师事务所及广东恒福律师事务所庄东晓、皮龙超（其英文记载的任职单位均为Yang & Lin Co Law Firm）在中牧公司与涉案船舶所有人和/或光船承租人和/或船舶经营人和/或本案货物承运人、实际承运人之间因该轮承运的中牧公司美国干酒糟货物于2015年10月新沙港卸货时发现受损引起的货物运输合同纠纷一案中，为中牧公司之诉讼代理人。委托权限为特别授权代理，其中包括：代为申请诉前和（或）诉讼财产保全、代为起诉、参与一审、二审诉讼、代为接受有关法律文书的送达等事项。帕尔默公司主张，在中牧公司获得担保函时，上述两名律师系中牧公司委托代理人。

2015年12月21日，中牧公司委托广东正大联合律师事务所黄灼律师、陈肖律师就受损玉米酒糟粕销售发出《竞价招标公告》，帕尔默公司主张，广东正大联合律师事务所被列为中牧公司新的委托代理人。

(二) 相关仲裁文书的送达情况

2015年11月26日，Robert Blake通过电子邮件致信庄东晓、皮龙超等（电子邮箱guang××@ynlco.com），该邮件具体内容为：就涉案船舶所称黄埔港货损，由于涉案提单通过3月11日的租约并入了仲裁条款，因此指定了船东一方的仲裁员Donovan，请收货人于2015年12月1日18时前同意Donovan作为独任仲裁员或告知收货人指定的己方仲裁员。如收货人既未同意指定Donovan也未能指定其他仲裁员，将采取行动使Donovan被任命为独任仲裁员。

2015年12月11日，John Hicks通过电子邮件致信庄东晓（电子邮箱guang××@ynlco.com），该邮件具体内容为：如果收货人未能在7天内同意Donovan作为独任仲裁员，也未能指定仲裁员，则Donovan将被指定为本案独任仲裁员。

2015年12月11日，庄东晓等通过电子邮件（电子邮箱guang××@ynlco.com）致信John Hicks，表示其现在没有得到"货主"（cargo interest）授权可以代表其就仲裁问题作出回复，并表示下面及之前的邮件已经向"货主"转发。该邮件同时抄送给了ipsfen××等电子邮箱。

2015年12月21日，Robert Blake通过电子邮件请求Donovan接受指定成为仲裁独任仲裁员，在该邮件中提及：通过向船东互保协会联系人询问得知，收货人的地址为ipsfen××@sina.com，与前一邮件庄东晓等抄送的邮件名称一致。

2015年12月22日，Robert Blake致信ipsfen××@sina.com、guang××@ynlco.com两个电子邮箱，通知Donovan已被指定为仲裁独任仲裁员。

2016年3月16日，John Bignall向仲裁员Donovan发送仲裁索赔申请及证据材料，该电子邮件同时抄送给ipsfen××@sina.com、guang××@ynlco.com两个电子邮箱。

2016年3月17日，John Bignall向电子邮箱1360971××@139.com发送仲裁索赔申请及证据材料，该电子邮箱系黄某邮箱。

2016年4月14日，John Bignall向电子邮箱ipsfen××@sina.com、guang××@ynlco.com发送电子邮件，表示中牧公司提交答辩的时间于该日届满，中牧公司需要尽快就其提交答辩书的相关事宜作出确认。

2016年4月18日，John Bignall向××@cahg.com.cn发送仲裁索赔申

请及证据材料。帕尔默公司主张,该电子邮箱系中牧公司官方网站显示的联系邮箱。

2016年4月19日,杨某福等通过电子邮箱guang××@ynlco.com向John Bignall等发送电子邮件,告知其现在不再是本案任何一方当事人的代理人,因此请不要再向其发送任何通信函件。该邮件同时发送给ipsfen××@sina.com、1360971××@139.com等电子邮箱。

2016年6月24日,John Bignall向仲裁员Donovan发送电子邮件,同时抄送ipsfen××@sina.com、1360971××@139.com、××@cahg.com.cn等电子邮箱,请求仲裁庭命令中牧公司于7日内向仲裁庭呈交答辩状或反申请书,否则应根据1996年《英国仲裁法》规定,作出终局且有约束力的仲裁裁决书。同日,仲裁员Donovan通过电子邮件向ipsfen××@sina.com、1360971××@139.com、××@cahg.com.cn、guang××@ynlco.com等电子邮箱作出终局且是强制的命令,要求中牧公司于2016年7月1日前呈交答辩状或任何反申请书,否则将根据现有材料作出终局且有约束力的仲裁裁决。

2016年7月20日,John Bignall通过电子邮件请求仲裁庭依据1996年《英国仲裁法》作出终局且有约束力的仲裁裁决,该邮件发送给ipsfen××@sina.com、1360971××@139.com、××@cahg.com.cn、guang××@ynlco.com等电子邮箱。

2016年9月15日,Donovan通过电子邮件向ipsfen××@sina.com、1360971××@139.com、××@cahg.com.cn、guang××@ynlco.com等电子邮箱发送案涉《仲裁裁决书》。

中牧公司主张,ipsfen××@sina.com并不是中牧公司员工的电子邮箱;经核实,××@cahg.com.cn并不是中牧公司的电子邮箱;guang××@ynlco.com虽为广东恒福律师事务所电子邮箱,但中牧公司并没有委托过广东恒福律师事务所代理过仲裁案件,且广东恒福律师事务所也没有向中牧公司转发过电子邮件;1360971××@139.com是中牧公司委托代理人黄灼的电子邮箱,但中牧公司亦未委托黄灼代理仲裁案件,且由于该邮箱权限的限制,未曾受到伦敦仲裁案件中伦敦律师发来的电子邮件。

五、案涉《仲裁裁决书》的主要内容

案涉《仲裁裁决书》在"鉴于"(WHEREAS)部分明确记载,定期

租船合同第四十四条（b）项规定仲裁在伦敦进行。涉案提单第八条（b）项若结合定期租船合同中的仲裁条款理解，规定了仲裁在伦敦进行。案涉《仲裁裁决书》认可帕尔默公司的观点，即任何宣称货物受到损失且帕尔默公司对该损失需要承担责任的主张都是没有依据的。案涉《仲裁裁决书》认为这显然单纯是中牧公司对托运人提供的货物质量和规格感到不满而寻求让船舶的船东承担责任的情况。没有证据证明在航行过程中货物的颜色发生改变，也没有理由推定对于货物"清洁装船"或"运载时表面状况良好"的陈述，与货物在装运时就发生了如卸载时颜色改变的情况是不符的。提单中没有关于货物颜色的陈述。卸货时的货物在各方面都处于正常的状况，并不是变色而是有不同的颜色。船舶上的储货空间结构良好，适货也适宜装载和运输该货物，其整体水密性也处于非常良好的状态。双方检验员观察到的少量结块，仅仅是由于货物在航程中受到挤压而导致的。

案涉《仲裁裁决书》最终裁决：1. 裁决并宣告帕尔默公司对中牧公司在黄埔港卸货的谷物货物或其任何损失或宣称的损失不承担责任。2. 裁决并命令立即将帕尔默公司的保赔协会即西英船东互保协会于 2015 年 10 月 23 日提供的担保书退还于西英船东互保协会。3. 其他裁决包括：（1）中牧公司应承担自己的损失并且支付帕尔默公司的仲裁费用（帕尔默公司的前述费用可由 Donovan 或由伦敦高级法院确定，帕尔默公司依据 1996 年《英国仲裁法》第六十三条（5）节享有选择权），Donovan 对一系列仲裁的费用保留管辖权；（2）中牧公司应进一步承担并支付 Donovan 的该最终仲裁裁决费用，共计 7770 英镑，若在一审中，帕尔默公司支付了该最终裁决的相关费用则其有权要求中牧公司立即补偿其已支付的费用；且（3）中牧公司应支付上述 3（1）和 3（2）项下应付金额的相应利息，以年利率 4.5% 或以每三个月为基础按比例复合计算，从 Donovan 的该最终裁决作出之日起计算至支付或补偿之日止，以具体适用的为准。

六、天津海事法院审查意见

本案所涉仲裁裁决系在英国伦敦作出，该裁决为外国仲裁裁决。我国和英国均是《承认及执行外国仲裁裁决公约》的缔约国，依照《中华人民共和国民事诉讼法》第二百八十三条之规定，案涉仲裁裁决是否予以承认和执行，应当依照《承认及执行外国仲裁裁决公约》的规定进行审查。

(一)关于双方之间是否存在仲裁协议

仲裁协议应当为当事人在自愿协商的基础上对于请求仲裁直接达成的合意。根据仲裁自愿原则,选择仲裁这一限制诉权行使的意思表示应当是明示的、确定的。帕尔默公司称双方依据提单背面仲裁条款存在仲裁协议。对此,天津海事法院认为,该仲裁条款系承运人预先拟定且记载于提单背面,并未采取合理的方式提请对方注意,提单持有人接受提单的行为不意味着同时接受仲裁条款,不能认定提单持有人与承运人之间就仲裁达成了协议。故,帕尔默公司与中牧公司之间不存在仲裁协议。

(二)关于仲裁通知是否有效送达

广东恒福律师事务所邮件告知帕尔默公司将邮件转发至货物利益方,并未指出货物利益方就是中牧公司。依据现有证据,帕尔默公司不能证明ipsfen××@sina.com、××@cahg.com.cn是中牧公司的电子邮箱。中牧公司对此亦予以否认。guang××@ynlco.com、1360971××@139.com分别为广东恒福律师事务所、广东正大联合律师事务所律师使用的邮箱,两所律师均未得到中牧公司关于仲裁事项的委托,无权代中牧公司接收仲裁通知,向该两所律师发送的关于仲裁程序的电子邮件不能视为向中牧公司进行了通知。因此,应当认定中牧公司未收到指定仲裁员及其他仲裁程序的通知。

综上,天津海事法院认为本案帕尔默公司与中牧公司之间不存在有效的仲裁协议,依据《纽约公约》第五条第(1)款第(一)项的规定,应裁定不予承认和执行案涉仲裁裁决。

七、我院审查意见

案涉《仲裁裁决书》在英国伦敦作出,中国与英国均系《承认及执行外国仲裁裁决公约》成员国,因此,依照《中华人民共和国民事诉讼法》第二百八十三条的规定,本案应依照《承认及执行外国仲裁裁决公约》相关条款审查是否应对案涉仲裁裁决予以承认及执行。

中牧公司的意见可归纳为:第一,定期租船合同、航次租船合同中的仲裁条款对中牧公司无约束力;第二,相关仲裁文书并未有效送达给中牧公司,即:本案应审查案涉《仲裁裁决书》是否符合《承认及执行外国仲裁裁决公约》第五条第（1）款第（一）项后段、第（二）项之规定。

（一）本案是否符合《承认及执行外国仲裁裁决公约》第五条第（1）款第（一）项后段规定

《承认及执行外国仲裁裁决公约》第五条第（1）款第（一）项后段规定："第二条所述的协议的双方当事人……根据双方当事人选定适用的法律，或在没有这种选定的时候，根据作出裁决的国家的法律，下述协议是无效的……"根据上述规定，在审查仲裁协议效力之前，还应审查当事人是否达成《承认及执行外国仲裁裁决公约》第二条规定的"协议"。《承认及执行外国仲裁裁决公约》第二条第（2）款规定："书面协议"包括当事人所签署的或者来往书信、电报中所包含的合同中的仲裁条款和仲裁协议。第（3）款规定：如果缔约国的法院受理一个案件，而就这案件所涉及的事项，当事人已经达成本条意义内的协议时，除非该法院查明该项协议是无效的、未生效的或不可能实行的，应该依一方当事人的请求，令当事人把案件提交仲裁。依照《承认及执行外国仲裁裁决公约》上述规定，结合钧院（2015）民四他字第29号复函精神，人民法院在审查国外仲裁裁决承认和执行案件时，有权依据相关证据对当事人之间是否签订仲裁协议及仲裁协议是否有效等进行审查并作出认定，而该问题属于事实认定问题。因此，我院认为不必再适用"作出裁决的国家的法律"来判断仲裁协议效力。

依照我国司法实践中长期确立的规则，认定租约中的仲裁协议并入提单应当同时具备下列条件：1. 提单正面通过载明编号、签订日期、当事人等方式明示特定租约并入提单；2. 提单正面明示该特定租约中的仲裁协议并入提单；3. 该仲裁协议为有效；4. 按照该仲裁协议的表述，提单持有人受其约束。涉案提单正面仅记载"运费：按照租约""租约日期：2015年3月11日""运输条款见背面"等事项，对此，我院认为：第一，涉案提单相应记载并未在提单正面使并入租约发生"特定化"，不能确定欲并入的租约为嘉吉公司与中粮美国公司签订的航次租船合同；第二，涉案提单仅载明运费按照租约，并没有明示该租约"并入"提单；第三，涉案提单虽记载了租约，但并未明示租约中的仲裁协议是否并入提单。综上，应不予认定航次租船合同中的仲裁协议并入提单。另外，涉案提单背面《运输条款》中虽约定了仲裁协议，但该仲裁协议系承运人预先拟定且记载于提单背面，并未采取合理的方式提请对方注意，并不对提单持有人中牧公司发生约束效力。

综上，因帕尔默公司与中牧公司之间不存在《承认及执行外国仲裁裁决公约》第二条规定的"书面协议"，本案存在《承认及执行外国仲裁裁决公约》第五条第（1）款第（一）项后段规定的不予承认及执行事由。

（二）本案是否符合《承认及执行外国仲裁裁决公约》第五条第（1）款第（二）项规定

《承认及执行外国仲裁裁决公约》第五条第（1）款第（二）项规定："作为裁决执行对象的当事人，没有被给予指定仲裁员或者进行仲裁程序的适当通知，或者由于其他情况而不能对案件提出意见。"

依照钧院（2006）民四他字第34号复函精神，1996年《英国仲裁法》第十四条第（4）款规定，如果仲裁员需由当事人指定，仲裁程序以及指定仲裁员的通知可以由一方当事人向对方当事人送达。该法第七十六条规定：当事人可以通过仲裁协议对送达的方式进行约定；没有约定的，通知或者其他文件可以任何有效的方式送达个人。因此，在仲裁过程中，申请人根据1996年《英国仲裁法》的规定，采用电子邮件方式向被申请人送达，该送达方式并非我国所禁止，在申请人能够证明被申请人已收悉送达通知的情况下，该送达应为有效送达。但申请人应提供被申请人确认收到电子邮件或者能够证明被申请人收到电子邮件的其他证据。据此，本案案涉仲裁庭采取电子邮件送达相关仲裁文书本身并不违反我国禁止性规定，但帕尔默公司应证明中牧公司确认收到电子邮件或者能够证明中牧公司收到电子邮件的其他证据。

相关仲裁文书的送达过程中，涉及四个相关电子邮箱：ipsfen××@sina.com、××@cahg.com.cn、guang××@ynlco.com、1360971××@139.com。按照现有证据，不能确认 ipsfen××@sina.com、××@cahg.com.cn 系中牧公司邮箱。关于1360971××@139.com 邮箱，该电子邮箱系广东正大联合律师事务所黄某使用，但按照现有证据，黄某并未获得接收法律文书的授权。不过，就 guang××@ynlco.com 邮箱而言，该邮箱为广州恒福律师事务所使用，广州恒福律师事务所相关律师持有中牧公司出具的授权委托书，且授权事项中包括代为接受有关法律文书的送达在内。帕尔默公司相关代理人或仲裁员向该电子邮箱发送相关仲裁文书，应视为对中牧公司进行了送达,且广州恒福律师事务所庄东晓等于 2015 年 12 月 11 日致信 John Hicks 的电子邮件亦表明其收到了之前的邮件,虽该电子邮件同时表示现在没有得到"货主"授权可以代表其就仲裁问题作出回复,但在广东恒福律师事务所相关律师当时具有中牧公司的特别授权委托书,且该委托书未撤销的情形下,应认定其具有接收法律文书送达的权限。本案中,无任何证据表明广东恒福律师事务所相关律师持有的授权委托书已被撤销,因此,帕尔默公司相关人员或仲裁员对广东恒福律师事务所电子邮箱发送相关仲裁文书,应认定系对中牧公司的送达。

综上,案涉仲裁采用电子邮件送达相关仲裁文书本身并不违法,同时广东恒福律师事务所又具有中牧公司关于接收法律文书送达的授权,故本案难以认定存在《承认及执行外国仲裁裁决公约》第五条第(1)款第(二)项规定的不予承认及执行的事由。

综上所述,我院认为,虽然按照现有证据,难以认定中牧公司没有被给予指定仲裁员或者进行仲裁程序的适当通知,本案不适用《承认及执行外国仲裁裁决公约》第五条第(1)款第(二)项予以拒绝承认及执行,但案涉《仲裁裁决书》因帕尔默公司与中牧公司不存在《承认及执行外国仲裁裁决》第二条规定的"书面协议",故本案存在《承认及执行外国仲裁裁决公约》第五条第(1)款第(一)项后段规定的事由,应依照该项规定予以拒绝承认及执行。同意天津海事法院的处理结果,但理由、依据仅为《承认及执行外国仲裁裁决公约》第五条第(1)款第(一)项后段规定。

以上意见当否,请示复。

最高人民法院
关于广西壮族自治区高级人民法院就黎某九申请承认和执行外国仲裁裁决一案请示的复函

2018年3月20日　　　　　　　　　　（2018）最高法民他9号

广西壮族自治区高级人民法院：

你院（2017）桂民他8号《关于黎某九申请承认和执行外国仲裁裁决案的请示》收悉。经研究，答复如下：

本案系申请承认和执行越南国际仲裁中心在越南社会主义共和国（以下简称越南）作出的仲裁裁决案件。由于我国和越南均为《承认及执行外国仲裁裁决公约》（以下简称《纽约公约》）缔约国，根据《中华人民共和国民事诉讼法》第二百八十三条以及《最高人民法院关于执行我国加入的〈承认及执行外国仲裁裁决公约〉的通知》的规定，对本案所涉仲裁裁决的审查应适用《纽约公约》的相关规定。

根据《纽约公约》第五条第一款（乙）项的规定，如果仲裁裁决存在"受裁决援用之一造未接获关于指派仲裁员或仲裁程序之适当通知，或因他故，致未能申辩者"的情形，则可拒绝承认及执行仲裁裁决。因此，在北海新中利贸易有限公司（以下简称新中利公司）依据上述规定以其未接获适当通知提出抗辩的情形下，应当重点考察仲裁庭采取的送达方式是否达到适当通知的效果并是否影响新中利公司申辩权的行使。

根据你院请示报告所述事实，越南国际仲裁中心的仲裁规则第三条规定："通告、资料的发送；时限计算方式：……2.中心可直接或者通过挂号信、电子信件、传真或者确认寄送一事的形式的任何其他方式按照各方提供的地址给各方寄送通告、资料。3.中心给各方寄送的通告、资料在已经寄达的通告、资料符合本条第2款时视为已经在各方已经收件或者视为已经在送件日期收件。"虽然邮寄方式为仲裁规则所许可,但寄送结果仍应实际达到或足以推定达到使接受邮寄一方获得"适当通知"的标准。新中利公司的登记注册地址和争议合同中所载地址是同一的,即广西壮族自治区北海市北京路57号。越南国际仲裁中心仲裁庭有机会亦有可能按照正确地址送达。仲裁庭第一次以邮寄方式向新中利公司寄送有关仲裁程序启动的通知,但没有证据表明上述材料已经向正确的地址适当送达。第二、三、四次寄送地址为"广西壮族自治区北海市北京路50号",均存在错误。现有证据表明,仲裁庭仅在送达裁决书的第五次寄送中正确书写了被申请人新中利公司的地址。

鉴于2013年7月19日进行的第二、三次寄送内容为开庭通知、仲裁庭组成通知,2013年7月23日进行的第四次寄送内容为要求双方当事人提交案件材料,上述寄送内容均为当事人在仲裁程序中应当享有的重要程序权利并直接影响其申辩权的行使。结合本案仲裁被申请人在仲裁程序中没有应诉、没有选择仲裁员等实际情形,仲裁庭在送达方面未尽谨慎义务并已实际造成剥夺当事人申辩权的结果。第五次送达尽管地址正确,但因仲裁程序已经终结,无法构成对上述重大程序瑕疵的有效弥补。

综上,案涉仲裁裁决存在《纽约公约》第五条第一款(乙)项规定之情形,越南国际仲裁中心仲裁庭于2013年9月13日作出的仲裁裁决不应予以承认和执行。

此复

附:

广西壮族自治区高级人民法院
关于申请人黎某九申请承认和执行
外国仲裁裁决案的请示

2017年11月21日　　　　　　　　　　(2017)桂民他8号

最高人民法院:

北海市中级人民法院受理申请人黎某九申请承认和执行越南国际裁判

中心裁判委员会作出的05/13HCM号仲裁裁决一案，北海市中级人民法院经审查后，拟裁定不予承认和执行越南国际裁判中心裁判委员会作出该仲裁裁决效力。根据《最高人民法院关于人民法院处理与涉外仲裁及外国仲裁事项有关问题的通知》第二条的规定，北海市中级人民法院报我院请示。我院经审查，拟同意北海市中级人民法院的审查意见，拒绝承认和执行该仲裁裁决，故向贵院请示。

一、当事人的基本情况

申请人：黎某九（Le Viet Chinh），男，1963年12月23日出生，越南社会主义共和国国籍，越南社会主义共和国富利私人企业（Phu Loi Private Enterprise）所有者，住越南社会主义共和国嘉莱省雷古市埵杜坊。

委托诉讼代理人：潘海清，广西万益律师事务所律师。

委托诉讼代理人：李金晟，广西万益律师事务所律师。

被申请人：北海新中利贸易有限公司（Beihai New China Land Trading Co., Ltd）。住所地：中华人民共和国广西壮族自治区北海市北京路57号新中利大厦。

法定代表人：陈某强，该公司董事长。

委托诉讼代理人：唐程，广西唐程律师事务所律师。

三、当事人的申请、答辩及举证

黎某九向北海市中级人民法院提出申请，请求：1. 依法承认和执行越南国际裁判中心裁判委员会（Vietam International Arbitration Center，以下简称VIAC）作出的05/13HCM号裁判判决的决定事项；2. 本案的诉讼费用由被申请人承担。事实和理由：黎某九与北海新中利贸易有限公司（以下简称新中利公司）国际货物买卖合同纠纷一案，因新中利公司未能按时支付货款，黎某九于2013年4月11日向VIAC提出裁决申请，经VIAC立案并依法通知新中利公司参加仲裁活动，新中利公司经依法通知缺席庭审活动。VIAC审理后，于2013年9月13日作出05/13HCM号裁判判决。VIAC作出05/13HCM号裁判判决后，新中利公司没有向有关部门提出任何异议，但至05/13HCM号裁判判决履行期届满，新中利公司并没有根据05/13HCM号裁判判决按时履行义务，故提出上述申请。

新中利公司答辩称：1. 作为仲裁裁决书的被申请人，没有收到仲裁庭的应诉通知选择仲裁员的通知,根据《纽约公约》第五条第一款的规定,仲裁庭没有保障新中利公司应有的权利。仲裁条款约定仲裁又约定诉讼,不清楚越南的法律,所以参考中国的相关规定,既约定仲裁又约定诉讼,该仲裁机构没有管辖权,该仲裁条款无效。2. VIAC 没有按照仲裁规则,向被申请人送达仲裁的文书,仲裁程序不当。仲裁庭将被申请人的地址写错,被申请人的地址为北海市北京路 57 号,而不是裁决书写的 50 号。因送达错误导致被申请人无法知道被申请仲裁,所以新中利公司未应诉,没有参加庭审,失去抗辩权利,现有的证据来看,新中利公司没有看到仲裁庭向被申请人有效送达仲裁文书,仲裁裁决没有生效,对新中利公司没有约束力。根据《纽约公约》第五条规定,请求法院驳回申请人的申请,不予承认和执行该裁决书的内容。

申请人黎某九提交以下证据:1. 私人企业之业务登记证明书;2. VIAC 作出的 05/13HCM 裁判判决;3. 胡志明市人民法院关于提供案件受理信息,证明申请人及被申请人在 05/13HCM 号裁判判决;4. 邮寄送达回执;5. 合同译文,证明申请人与被申请人之间签订的合同;6. 附录,证明合同的履行情况;7. 会议记录;8. 被告工商登记电子单;9. 出席召集书翻译;10. 合同漏页翻译,证明被申请人原翻译文本;11. 相关材料。

四、案件基本事实

2012 年 3 月富利私人企业(Phu Loi Private Enterprise,企业所有者为黎某九)作为卖方与新中利公司作为买方签订买卖合同,约定:由富利私人企业向新中利公司出售越南木薯片,数量为 15000 吨,单价为 233 美元/吨,交货日期不迟于 2012 年 5 月 10 日,付款方式自合同签订之日起 7 个银行工作日内直接从中国一家银行用美金以不可撤销信用证给卖方支付发票金额的 90%。自 B/L 日起 18 天内以美金向卖方账户支付发票金额的 10%。该合同第十条约定:"在发生争议的情况下,双方将尽可能以合作精神协商解决。如果经协商不能解决的,争议将委托越南国际仲裁中心按照越南工商会规定或者越南法院按照越南法律解决。这些机关的决定是最终决定且对双方有约束力。诉讼费及有关费用由败诉方承担。"

合同签订后,富利私人企业向新中利公司提供了货物,新中利公司支付了 90% 的货款,尚有 10% 的货款未支付。

2013 年 4 月 11 日,黎某九向 VIAC 提出裁决申请。2013 年 9 月 13 日,

VIAC作富利私人企业之主黎某九与新中利公司之05/13HCM号争执案裁判判决,裁决:1.准许申请人(富利私人企业之主—黎某九)对被申请人(新中利公司)的要求,具体如下:(1)被申请人应向申请人支付未支付的10%的货款,即美金302206.73元。(2)被申请人应向申请人支付逾期付款利息,即美金24988.90元。2.要求被申请人承担全部裁判费越盾287759299元(大写:贰亿捌仟柒佰柒拾伍万玖仟贰佰玖拾玖元整)。因申请人已预付裁判费,所以被申请人应将该裁判费退还给申请人。3.本裁判判决书作出之日起30天内,被申请人有责任一次性付清第1项和第2项所列的款项给申请人。此期限过后,若被申请人不执行付款义务,则还应按付款时市场上逾期债务平均利息向申请人支付逾期执行支付第1项(1)款所列的款项相对应的利息及按付款时越南国家银行的基本利息支付第2项所列的款项相对应的利息。4.本裁判判决于2013年9月13日在越南胡志明市作出。本裁判判决是最终判决,约束双方执行,自签发之日起生效。

该裁决书在裁判诉讼过程演变中写明:2013年5月17日,VIAC已向被申请人寄出通知书和申请人的起诉文件,建议被申请人选择或要求VIAC主席指定裁判员。2013年5月24日,被申请人收到VIAC的通知。2013年7月18日,VIAC向双方发出公文通知裁判委员会之成立。2013年7月18日,VIAC发出召集书召集双方参与2013年8月17日的执案处理会议。2013年7月23日,VIAC发出公文要求双方补充裁判委员会要求的资料证据。

申请人黎某九向一审法院提交了VIAC在仲裁过程中向新中利公司送达的相关文仲裁文件及四份邮件凭证,其中2013年7月19日两份邮件凭证,送达文件分别为召集通知、仲裁庭组成通知;2013年7月23日一份邮件凭证,送达文件内容为要求双方当事人提交相关材料通知;2013年9月16号邮件凭证,送达仲裁裁决书。但前三份邮件凭证上写明的企业名称为"北海新中利贸易有限公司"(Beihai New China Land Trading),地址为"7/F New China Land Building 中国广西北海北京路50号"。最后一份邮寄凭证(9月16日)地址为"7/F New China Land Building 中国广西北海北京路57号"。四份邮寄凭证上均没有写明收件人的电话号码。

富利私人企业与新中利公司签订的买卖合同中写明买方地址为中华人民共和国广西壮族自治区北海市北京路57号(7/F New China Building, No. 57 Beijing Road, Beihai, Guangxi, China)。新中利公司提交的2016年6月24日的营业执照记载公司的住所地在北海市北京路57号新中利大厦。

越南国际仲裁中心的仲裁规则第三条规定：通告、资料的发送；时限计算方式：……2. 中心可直接或者通过挂号信、电子信件、传真或者确认寄送一事的形式的任何其他方式按照各方提供的地址给各方寄送通告、资料。3. 中心给各方寄送的通告、资料在已经寄达的通告、资料符合本条第2款时视为已经在各方已经收件或者视为已经在送件日期收件。

五、北海市中级人民法院审查意见

北海市中级人民法院认为，中国和仲裁裁决作成国越南均为1958年6月10日联合国国际商事仲裁会议通过的《承认和执行外国仲裁裁决公约》（以下简称《纽约公约》）的缔约国，因此，应依据该公约的规定判断是否承认和执行该仲裁裁决。被申请人以其未被给予指定仲裁员或者进行仲裁程序的适当通知，未能有机会出庭申辩以及仲裁裁决书没有向被申请人送达应被申请人无约束力为由，主张被申请人被剥夺了参加仲裁的权利，未得到进行仲裁程序的有效通知以及仲裁裁决书对其应当无约束力。

黎某九与新中利公司签订的买卖合同中已明确载明新中利公司的地址为中华人民共和国广西壮族自治区北海市北京路57号（7/F New China Building, No. 57 Beijing Road, Beihai, Guangxi, China），而根据黎某九提交的邮寄凭证载明，VIAC邮寄送达仲裁通知书的地址为广西北海北京路50号（7/F New China Land Building），明显与双方买卖合同中约定的地址不符，故新中利公司抗辩主张其未收到VIAC的通知书，未能出庭参加仲裁的理由成立；2. 本案无证据证明VIAC已将仲裁裁决书送达新中利公司，新中利公司未收到仲裁裁决书则该裁决当然对其没有约束力，故新中利公司的该项抗辩意见亦成立。综上，新中利公司抗辩仲裁程序存在严重错误的理由成立，应予支持。依照《纽约公约》第五条第一款（乙）（戊）项，《中华人民共和国民事诉讼法》第二百八十三条的规定，该院拟裁定：不予承认和执行VIAC作出的05/13HCM号仲裁裁决。

六、我院审查意见

我院经审查认为，本案系申请承认和执行外国仲裁裁决案件，根据《中华人民共和国民事诉讼法》第二百八十三条的规定，应当依照我国缔结或者参加的国际条约办理。案涉仲裁裁决在《纽约公约》的缔约国越南领土内作出，故本案审查应当适用《纽约公约》的相关规定。

《纽约公约》第五条第一款规定"裁决唯有于受裁决援用之一造向声请承认及执行地之主管机关提具证据证明有下列情形之一时,始得依该造之请求,拒绝承认和执行"、第一款(乙)"受裁决援用之一造未接受获关于指派公断员或公断程序之适当通知,或因他故,致未能申辩者",本案被申请人新中利公司以其没有收到仲裁庭的应诉通知、没有收到选择仲裁员的通知为由抗辩认为不能承认及执行 VIAC 作出的仲裁裁决,即本案的当事人一方已经以《纽约公约》第五条第一款(乙)为由而提出拒绝承认和执行的请求,故应对仲裁程序中是否存在该情形进行审查。虽然在案涉仲裁裁决书中记载 VIAC 多次向被申请人送达相关文书,VIAC 的仲裁规则也规定可以通知信件的方式按照各方提供的地址进行送达,但申请人黎某九并没有提交证据证明 VIAC 已经如仲裁裁决书所载于 2013 年 5 月 17 日发出通知书及起诉文件、建议选择或要求指定仲裁员的文件,虽然申请人提交了 VIAC 分别于 2013 年 7 月 19 日、7 月 23 日发出的关于召集会议、仲裁庭组成人员及提交材料通知的三份邮件,但三份邮件中所写明的地址为广西北海北京路 50 号,与双方当事人在买卖合同中所载明的买方新中利公司的地址广西北海北京路 57 号(7/F New China Building, No. 57 Beijing Road, Beihai, Guangxi, China)及被申请人新中利公司在审查过程中提交的营业执照所载明的公司现登记住址北海市北京路 57 号新中利大厦不符,而申请人黎某九亦没有提交证据证实相关邮件已经送达了位于北海市北京路 57 号的新中利公司,因此,被申请人新中利公司抗辩认为其未能收到仲裁庭的应诉及选择仲裁员通知的抗辩理由成立。根据《纽约公约》第五条第一款(乙)项的规定,本院同意北海市中级人民法院的审查意见,拟对 VIAC 作出的 05/13HCM 号仲裁裁决不予承认及执行。(但北海市中级人民法院认为仲裁裁决尚未生效的理由不成立,因送达仲裁裁决邮件单的地址与合同及新中利公司登记的地址相符,仲裁裁决应当已经送达新中利公司。且越南仲裁法规定,仲裁裁决作出即生效,并不以送达双方当事人才生效。)

以上意见当否,请批复。

最高人民法院
关于广东省高级人民法院就派视尔有限责任公司申请承认和执行韩国商事仲裁院仲裁裁决一案的请示的复函

2018 年 3 月 29 日　　　　　　　　　　（2018）最高法民他 15 号

广东省高级人民法院：

你院（2014）粤高法仲复字第 11 号《关于派视尔有限责任公司申请承认和执行韩国商事仲裁院仲裁裁决一案的请示》收悉。经研究，答复如下：

本案系当事人申请承认及执行外国仲裁裁决的案件，案涉仲裁裁决由韩国商事仲裁院在韩国境内作出，我国和韩国均为《承认及执行外国仲裁裁决公约》（以下简称《纽约公约》）的缔约国，根据《中华人民共和国民事诉讼法》第二百八十三条的规定，案涉仲裁裁决的承认及执行应当依照《纽约公约》的相关规定进行审查。

韩国商事仲裁院是依据派视尔信息科技（上海）有限公司以派视尔有限责任公司名义与亿威利（香港）有限公司签订的《分销协议》中的仲裁协议对仲裁案件行使管辖权。深圳市亿威利科技有限公司并非《分销协议》的签署人，故其不受《分销协议》中仲裁协议的约束。案涉仲裁裁决涉及仲裁协议当事人之外的深圳市亿威利科技有限公司的付款责任，裁决所处理之争议超出仲裁协议的范围，构成了《纽约公约》第五条第一款丙项规定的情形。根据《纽约公约》第五条第一款丙项的规定，应不予承认和执行案涉仲裁裁决。

此复

附：

广东省高级人民法院
关于派视尔有限责任公司申请承认和执行韩国商事仲裁院仲裁裁决一案的请示

2017年12月27日 　　　　　　　　（2014）粤高法仲复字第11号

最高人民法院：

广东省深圳市中级人民法院（以下简称深圳中院）受理关于派视尔有限责任公司申请承认和执行韩国商事仲裁院仲裁裁决一案，深圳中院审查后拟不予承认和执行韩国商事仲裁院作出的第11113-0032号仲裁裁决，故向我院请示。我院经审查，拟同意深圳中院的意见。依据钧院《关于人民法院处理与涉外仲裁及外国仲裁事项有关问题的通知》的规定，向钧院请示。

一、当事人的基本情况

申请人（仲裁申请人）：派视尔有限责任公司（Pixelplus Co., Ltd，以下简称派视尔公司）。住所地：大韩民国京畿道水原市鳌通区二仪洞906-5京畿R&DB中心6楼。

被申请人（仲裁被申请人）：深圳市亿威利科技有限公司（以下简称深圳亿威利公司）。住所地：中华人民共和国广东省深圳市福田区农林路竹子林建业工业区4号厂房二楼西。

二、案件的基本事实

派视尔公司和派视尔信息科技（上海）有限公司（以下简称上海派视尔公司）因买卖合同纠纷向深圳市福田区人民法院（以下简称福田法院）起诉亿威利（香港）有限公司（以下简称香港亿威利公司）和深圳亿威利公司，2010年11月4日福田法院受理，案号为（2009）深福法民二初字第5149号。在该案中，派视尔公司和上海派视尔公司起诉的依据是2006年12月1日的《分销协议》，该《分销协议》盖有上海派视尔公司和香港亿威利公司的公章和相关人员签名。

该协议第13.6条约定仲裁条款："双方因本协议而引起、与本协议有关或因违约而引起的任何争议、争论或分歧，必须只能在韩国首尔解决。仲裁适用的语言须为英语，且必须依照韩国最高法院批准的商业仲裁规则和韩国商业仲裁委员会采纳的规则进行。韩国商业仲裁委员会须由三（3）名仲裁员组成，其中一名由供应商任命，一名由分销商任命，另一名由前两（2）名仲裁员任命。倘若在任命前两（2）名仲裁员之后一（1）个月内未能任命第三名仲裁员，则韩国商业仲裁委员会须依照其规则选择第三名仲裁员。仲裁员做出的裁决乃终结性的，且对双方均具有约束力，可以在具有适当的司法管辖权的任何法院执行。无论上文如何规定，双方都有权在仲裁尚未作出之前的任何时间，提起司法诉讼程序，以获得禁令救济，惟有此类禁令救济须受限于最终的仲裁裁决。"

2011年6月10日，福田法院作出了（2009）深福法民二初字第5149号民事裁定书，认为上海派视尔公司以派视尔公司的名义与香港亿威利公司签订的《分销协议》约定了韩国仲裁机构仲裁的条款，本案应由韩国仲裁机构管辖，裁定驳回了派视尔公司和上海派视尔公司的起诉。裁定作出后，各方均未上诉，该裁定已生效。

之后，派视尔公司以深圳亿威利公司为仲裁被申请人向韩国商事仲裁院（The Korean Commercial Arbitration Board）申请仲裁，2011年10月26日韩国商事仲裁院正式受理。

2012年5月23日，韩国商事仲裁院作出编号为No.11113-0032的仲裁裁决，裁决内容为：A. 仲裁庭有本仲裁的管辖权。B. 深圳亿威利公司对未付款有责任，因此应向派视尔公司支付50万美元。C. 深圳亿威利公司应从2008年1月1日开始到2011年10月31日为止的判定费用的按6%的年利率来计算的利息和2011年11月1日开始到所有赔偿金的实际支付日为止的判定费的按20%年利率来计算的利息支付给派视尔有限责任公司。D. 深圳亿威利公司应按照韩国商事仲裁院的仲裁规定第61条应负担所明示的所有费用。韩国商事仲裁院No.11113-0032的仲裁裁决载明：深圳亿威利公司没有参加仲裁庭审。2012年5月10日韩国商事仲裁院收到深圳亿威利公司于2012年4月27日提出的仲裁庭管辖权异议答辩材料。仲裁庭认为深圳亿威利公司的答辩书延迟了很久因此决定以自由裁量权不采用此次答辩书。仲裁庭认为即使考虑到深圳亿威利公司的答辩书，也不会影响仲裁庭对管辖权及仲裁的判定。

深圳亿威利公司收到了进行仲裁程序和指定仲裁员的通知，并已收到该仲裁裁决。2012 年 6 月 26 日，深圳中院受理深圳亿威利公司提出的确认仲裁协议无效的申请，案号为（2012）深中法涉外仲字第 149 号，该案目前尚在审查中。

派视尔公司向深圳中院申请承认本案仲裁裁决，称：2006 年 12 月 1 日，派视尔公司和其关联公司上海派视尔公司与深圳亿威利公司及其关联公司香港亿威利公司签署《分销协议》。协议约定了仲裁条款。协议签订后，由于深圳亿威利公司和香港亿威利公司不履行订单的剩余 50 万美元的支付义务，为此派视尔公司曾向福田法院提出起诉，要求深圳亿威利公司支付拖欠货款。后该院以"本案应由韩国仲裁机构管辖。本院对该协议项下的争议无管辖权"为由，裁定驳回派视尔公司的起诉。嗣后，派视尔公司按照协议中有关仲裁管辖的约定，向韩国商事仲裁院申请仲裁，韩国商事仲裁院依法受理。深圳亿威利公司在规定时间内，没有参加仲裁活动。现该裁决书依法生效，深圳亿威利公司未履行上述仲裁裁决内容。据此，派视尔公司依据《承认及执行外国仲裁裁决公约》（以下简称《纽约公约》）及《中华人民共和国民事诉讼法》的有关规定，请求：1. 依法裁定承认和强制执行韩国商事仲裁院作出的第 11113－0032 号生效仲裁裁决；2. 依法裁定本案所有受理费和执行费由深圳亿威利公司承担。

深圳亿威利公司提交意见称：韩国商事仲裁院的仲裁裁决提到仲裁协议以外的争议，属于超裁。1. 派视尔公司仅与香港亿威利公司签署了包含有仲裁条款的《分销协议》，深圳亿威利公司不是签署方。上述《分销协议》及仲裁条款自始对深圳亿威利公司不产生法律约束力。因此，本案仲裁裁决要求深圳亿威利公司向派视尔公司偿付货款及利息，涉及仲裁协议所没有提到的民事主体，属于超裁。2. 裁决事项上，香港亿威利公司是否属于深圳亿威利公司的皮包公司，香港亿威利公司的法人人格是否应当被否定等实体性的法律问题不属于仲裁条款所规定的双方因本协议而引起、与本协议有关或因违约而引起的事项。本案仲裁裁决属于超裁。3. 本案仲裁裁决，根据揭开公司面纱的法理，扩张仲裁协议效力至未签署协议的第三方，这种做法并不为我国法院的司法实践所承认。如果承认和执行本案仲裁裁决必然与我国的公共秩序相抵触，此前派视尔公司已经向福田法院提起诉讼，福田法院作出的生效裁定认定《分销协议》是由派视尔公司与香港亿威利公司签署，因此驳回派视尔公司的起诉。我国的司法应该得到外国裁决的尊重，但韩国商事仲裁院的裁决通过否认香港亿威利公司的法人人格，裁决由未签署仲裁协议的深圳亿威利公司承担责任，明显是我国司法主权和公共秩序所不允许的，根据《纽约公约》的规定，请求对韩国商事仲裁院的裁决不予承认和执行。

三、深圳中院的意见

深圳中院认为，中国和韩国均为《纽约公约》缔约国，本案应按照该公约的规定进行审查。本案争议的焦点是涉案仲裁裁决是否具有公约第五条第一款第三项规定的情形，即涉及仲裁协议所没有提到的争执或者裁决内含有对仲裁协议范围以外事项的决定。

韩国商事仲裁院仲裁系依据2006年12月1日上海派视尔公司以派视尔公司名义与香港亿威利公司签订的《分销协议》中的仲裁条款对案件进行仲裁。该协议约定协议双方因协议而引起、与协议有关或因违约而引起的任何争议提交仲裁。韩国商事仲裁院认定深圳亿威利公司是履行《分销协议》的实际当事人，但深圳亿威利公司未签署《分销协议》中的仲裁条款。关于《分销协议》中的仲裁条款对非签署方深圳亿威利公司是否具有约束力的问题，在（2012）深中法涉外仲字第149号案的意见为：根据专家意见以及依职权查明的《韩国仲裁法》，韩国法律并没有仲裁协议效力对未签字的当事人约束力的规定，而《韩国仲裁法》第8条规定，"仲裁协议应当为书面形式"。该条为韩国法律对仲裁协议形式方面的一般规定。根据该条对仲裁协议的书面要求，深圳亿威利公司不是《分销协议》的签字人，《分销协议》的仲裁条款对深圳亿威利公司不具有约束力。

在深圳亿威利公司不是仲裁协议当事人的前提下，仲裁庭作出的第11113-0032号裁决涉及仲裁协议外当事人深圳亿威利公司的付款责任。该裁决符合《纽约公约》第五条第一款第三项情形，含有仲裁协议范围以外事项的决定，应不予承认。

四、我院的意见

本案系申请承认外国仲裁裁决案。中国和韩国均为《纽约公约》的缔约国，因此，涉案仲裁裁决是否可以得到承认和执行，应当按照《纽约公约》的规定进行审查。

本案仲裁裁决作出地为韩国,根据《纽约公约》第五条第一款第一项规定,本案仲裁条款的效力应依据裁决作出地即韩国的法律作出认定。依据《韩国仲裁法》第8条规定,仲裁协议应当为书面形式。本案仲裁条款为派视尔公司与香港亿威利公司所签订,深圳亿威利公司未签署该仲裁条款。结合深圳中院另案请示中的专家意见,深圳亿威利公司不是本案仲裁条款的当事人,不受本案仲裁条款的约束。本案所适用仲裁规则及韩国法律亦均未规定"迟延提交管辖抗辩导致默认管辖权"。故派视尔公司依据本案仲裁条款以深圳亿威利公司为仲裁被申请人申请仲裁,韩国商事仲裁院据此作出的第11113-0032号裁决存在《纽约公约》第五条第一款第一项规定的情形,应不予承认和执行。

综上,本院拟同意深圳中院的请示意见,对韩国商事仲裁院作出的第11113-0032号裁决不予承认和执行。

以上意见妥否,请批示。

（三）关于内地仲裁裁决的撤销和不予执行

最高人民法院
关于广东省高级人民法院就申请人富建集团有限公司申请撤销深圳仲裁委员会[2015]深仲裁字第2475号仲裁裁决一案的请示的复函

2018年6月20日　　　　　　　　（2018）最高法民他34号

广东省高级人民法院：

你院（2017）粤民他10号《关于申请人富建集团有限公司申请撤销深圳仲裁委员会[2015]深仲裁字第2475号仲裁裁决一案的请示》收悉。经研究，答复如下：

根据你院请示所述事实，公安机关的侦查结果、检察院起诉意见以及人民法院生效刑事判决充分证明案涉深圳仲裁委员会受理的仲裁案件所涉事实是富建集团有限公司非法吸收公众存款犯罪事实的组成部分，案件为刑事案件。《中华人民共和国仲裁法》第二条规定："平等主体的公民、法人和其他组织之间发生的合同纠纷和其他财产权益纠纷，可以仲裁。"根据该条规定，仲裁机构无权受理刑事案件。同意你院根据《中华人民共和国仲裁法》第五十八条第一款第二项的规定撤销案涉仲裁裁决的请示意见。

此复

附：

广东省高级人民法院
关于申请人富建集团有限公司申请撤销深圳
仲裁委员会［2015］深仲裁字第 2475 号
仲裁裁决一案的请示

2018 年 1 月 26 日　　　　　　　　　　　　（2017）粤民他 10 号

最高人民法院：

　　深圳市中级人民法院受理申请人富建集团有限公司申请撤销深圳仲裁委员会［2015］深仲裁字第 2475 号仲裁裁决一案，经审查认为申请人富建集团申请撤销仲裁裁决理由成立，拟撤销该裁决。鉴于目前对于涉及犯罪嫌疑的民商事纠纷仲裁机构是否有权仲裁问题未有法律上的明确规定，本案较为典型，故向我院请示。我院经审查认为，涉案仲裁裁决属于仲裁委员会无权仲裁的事项，应予以撤销。因需明确相关法律适用问题，且本案当事人住所地跨省级行政区域，根据《最高人民法院关于仲裁司法审查案件报核问题的有关规定》（法释〔2017〕21 号）第三条第一项之规定，特向钧院请示。

一、当事人的基本情况

　　申请人（仲裁被申请人）：富建集团有限公司。住所地：江苏省盐城市阜宁县阜城大街 118 号。

　　法定代表人：姜某标。

　　被申请人（仲裁申请人）：孙某欣，女，1977 年 10 月 28 日出生，汉族，住广东省深圳市福田区香梅路。

　　其他仲裁被申请人：富建林海国际饭店有限公司、上海慈航控股（集团）有限公司、上海富建酒店有限公司、上海江苏饭店有限公司、姜某标、姜某、富建集团有限公司阜师分公司。

二、案件的基本事实

(一)[2015]深仲裁字第 2475 号仲裁案件审理情况

1. 孙某欣提出如下仲裁请求:(1)裁决富建集团有限公司(以下简称富建集团)偿还孙某欣借款本金人民币 5000 万元及至清偿日止的利息、违约金(按合同约定暂计至 2015 年 3 月 25 日,拖欠利息 651 万元、违约金 976.5 万元);(2)裁决第二至七被申请人承担连带保证责任;(3)裁决孙某欣对富建集团有限公司阜师分公司提供的抵押物享有优先受偿权;(4)裁决被申请人承担本案全部仲裁费用及保全费、执行费用等。

2. 仲裁审理查明:2014 年 7 月 18 日,孙某欣与富建集团签订了《借款合同》,孙某欣借款人民币 5000 万元给富建集团,借款期限 6 个月,借款利率为月息 1.86%。在放款当日,由富建集团向孙某欣支付一个月的资金利息,实际借款期限满一个月的当日,支付下一个月的利息,借款到期一次性归还本金。未按时归还每一期借款本息或全部借款本息的,每逾期一日,应按未偿还借款本息总额的 0.93% 向孙某欣支付违约金。2014 年 7 月 18 日,富建林海国际饭店有限公司、上海慈航控股(集团)有限公司、上海富建酒店有限公司、上海江苏饭店有限公司分别签署了《不可撤销担保合同书》。2014 年 7 月 18 日,姜某标、姜某向申请人出具了《担保保证书》。2014 年 7 月 18 日,富建集团有限公司阜师分公司签署了《抵押合同》,富建集团有限公司阜师分公司提供其位于江苏省阜宁县阜城镇阜城大街阜宁师范都市壹号·尚城的 100 套房产作抵押,并办理了抵押登记手续。2014 年 7 月 25 日,孙某欣将人民币 5000 万元转给富建集团。截止到 2015 年 1 月 30 日,富建集团已付息人民币 1400 万元。至 2015 年 3 月 25 日,富建集团仍欠申请人借款本金人民币 5000 万元及利息。各担保人均未承担担保责任。

3. 仲裁阶段阜宁县公安局与仲裁庭函件往来情况:2015 年 6 月 13 日,江苏省盐城市阜宁县公安局致函给仲裁委员会,并附阜公(经)立字[2015]1703 号《阜宁县公安局立案决定书》,称富建集团单独或以其下属子公司长期以口口相传等方式向社会不特定对象吸收资金,数额巨大,已于 2015 年 6 月 12 日以富建集团涉嫌非法吸收公众存款案进行刑事立案侦查。根据《最高人民法院、最高人民检察院、公安部关于办理非法集资刑事案件适用法律若干问题的意见》的相关规定，请求对本案裁定驳回起诉或中止执行，并将有关材料移交阜宁县公安局并案处理。2015年6月16日，阜宁县公安局再次致函仲裁委员会，要求将本案裁定驳回起诉或中止执行，并将有关材料移交阜宁县公安局并案处理。2016年1月6日深圳仲裁委员会向江苏省盐城市阜宁县公安局去函，要求该公安局于收到该函之日起五个工作日内告知影响本案继续审理的情形是否已经消失。2016年1月12日，阜宁县公安局在回复深圳仲裁委员会的《复函》中，认为"申请人经他人介绍分两次借资5000万元给富建集团，月息4%，已获利息1400万元，该人作为集资参与人参与富建集团非法集资事实清楚，我局认为该案事实应涵盖于富建集团非法吸收公众存款的违法事实之内。根据2014年3月25日《最高人民法院、最高人民检察院、公安部关于办理非法集资刑事案件适用法律若干问题的意见》的相关规定，请贵委员会依法裁定驳回申请人的起诉，并及时将有关材料移交我局并案处理。"

4. 仲裁庭对案件处理意见：关于本案应否移送阜宁县公安局并案处理。仲裁案件的八被申请人认为，本案涉及非法吸收公众存款罪，阜宁县公安机关已经立案侦查，按照先刑后民的原则本案应移交阜宁县公安机关处理或者中止审理。仲裁庭认为：（1）本案申请人与八被申请人之间的《借款合同》及担保合同意思表示真实。（2）所谓先刑后民是一种司法处理方式，而非一项司法原则。即使主张先刑后民，至少也应考虑以下条件：第一，主体关联。即民事案件中的当事人，同时又是刑事案件中的犯罪嫌疑人或被害人。但本案中仅富建集团涉嫌非法吸收公众存款案，其他当事人并未必然关联。第二，事实关联。即民事案件、刑事案件的产生基于同一法律事实。阜宁县公安局以富建集团单独或以其下属子公司长期以口口相传等方式向社会不特定对象吸收资金，数额巨大而对其以涉嫌非法吸收公众存款立案，而本案中申请人与八被申请人之间的借贷关系与阜宁县公安局立案依据从庭审事实看难以认定完全基于同一事实。（3）根据《最高人民法院、最高人民检察院、公安部关于办理非法集资刑事案件适用法律若干问题的意见》第七条"对于公安机关、人民检察院、人民法院正在侦查、起诉、审理的非法集资刑事案件，有关单位或者个人就同一事实向人民法院提起民事诉讼或者申请执行涉案财物的，人民法院应当不予受理，并将有关材料移送公安机关或者检察机关。人民法院在审理民事案件或者执行过程中，发现有非法集资犯罪嫌疑的，应当裁定驳回起诉或者中止执行，并及时将有关材料移送公安机关或者检察机关"的规定，本案与阜宁县公安局所立案件也应基于同一事实，但如前所述，并非如此。（4）根据 2015 年 8 月 6 日《最高人民法院关于审理民间借贷案件适用法律若干问题的规定》第六条，人民法院立案后，发现与民间借贷纠纷案件虽有关联但不是同一事实的涉嫌非法集资等犯罪的线索、材料的，人民法院应当继续审理民间借贷纠纷案件，并将涉嫌非法集资等犯罪的线索、材料移送公安或者检察机关。从本案看，更有可能属于与刑事案件有关联但不属于同一法律事实的范畴。因此，本案八被申请人的要求难以获得支持。

仲裁裁决结果：（1）富建集团向孙某欣偿还借款本金人民币 4650 万元及自 2015 年 3 月 1 日起以本金人民币 4650 万元为基数按年利率 24% 计算至所有款项还清之日的利息和违约金；（2）本案仲裁费人民币 474000 元，由富建集团承担，孙某欣已预交，富建集团径付申请人；（3）孙某欣对富建集团有限公司阜师分公司提供的其位于江苏省阜宁县阜城镇阜城大街阜宁师范都市壹号•尚城的 100 套房产（详见附件：深仲受字〔2015〕第 472 号抵押房产明细）享有抵押权，并有权就抵押物拍卖或变卖所得享有优先受偿权；（4）富建林海国际饭店有限公司、上海慈航控股（集团）有限公司、上海富建酒店有限公司、上海江苏饭店有限公司、姜某标、姜某、富建集团有限公司阜师分公司对富建集团的上述债务承担连带保证责任；（5）驳回孙某欣的其他仲裁请求。

（二）申请人富建集团申请撤销仲裁裁决的理由

1. 仲裁案件仲裁庭组成不符合法律规定，程序违法。仲裁案件除富建集团收到深圳仲裁委员会寄送的仲裁申请书副本、仲裁员名册、仲裁规则等资料，其他被申请人均未收到上述材料。仲裁员组成情况也未书面告知其他被申请人。

2. 深圳仲裁委员会无权仲裁。仲裁案件是 2015 年 4 月 15 日深圳仲裁委员会受理立案的，6 月 13 日、6 月 16 日阜宁县公安局两次出函告知深圳仲裁委员会，借款人富建集团涉嫌非法吸收公众存款罪被立案侦查。根据《最高人民法院、最高人民检察院、公安部关于办理非法集资刑事案件适用法律若干问题的意见》第七条第二款"人民法院在审理民事案件或者执行过程中，发现有非法集资犯罪嫌疑的，应当裁定驳回起诉或者中止执行,并及时将有关材料移送公安机关或者检察机关"的规定,在收到阜宁县公安局的函件后,深圳仲裁委员会对该案就没有仲裁的权力了,该案不应再由深圳仲裁委员会处理,应移交阜宁县公安局按刑事案件程序处理。而深圳仲裁委员会在仲裁案件八被申请人当庭提出移送要求的情况下,仍于2015年7月9日强行开庭审理,明显程序错误,于法无据。深圳仲裁委员会于2016年1月6日去函阜宁县公安局,要求告知影响仲裁案件继续审理的情形是否消失,阜宁县公安局《复函》明确答复:本案事实涵盖于富建集团非法吸收公众存款的违法事实之内,要求深圳仲裁委员会依法驳回孙某欣的仲裁申请,并将有关材料移送公安机关并案处理。

3. 深圳仲裁委员会适用《最高人民法院关于审理民间借贷案件适用法律若干问题的规定》(以下简称《规定》)第六条认为其有权仲裁,是罔顾事实,有意错误适用法律以达到其枉法裁判的目的。该《规定》适用的前提是借贷案件和非法集资不是同一事实,阜宁县公安局在《复函》中明确告知深圳仲裁委员会"本案事实涵盖于富建集团有限公司非法吸收公众存款的违法事实之内",而深圳仲裁委员会在其裁决书中却认定"仲裁案件更有可能属于与刑事有关联但不属于同一法律事实的范畴"。以自己认为来否定阜宁公安局作出的侦查结论,是罔顾事实。此外,《最高人民法院关于认真学习贯彻适用〈最高人民法院关于审理民间借贷案件适用法律若干问题的规定〉的通知》第三条第三项明确规定:"本《规定》施行后,尚未审结的一审、二审、再审案件,适用《规定》施行前的司法解释进行审理,不适用本《规定》。"原仲裁案件是2015年4月15日立案受理的,后延期至2016年5月10日作出裁决,而《规定》是2015年9月1日起施行的,属《规定》施行后未审结的案件,故深圳市仲裁委员会引用《规定》进行仲裁是错误适用法律,于法无据。

4. 仲裁裁决明显违背社会公共利益,理应予以撤销。孙某欣收取的1400万元利息,是富建集团通过非法吸收公众存款的方式向不特定的公众,以高息揽储的手段吸取的,孙某欣通过富建集团非法吸收公众存款的行为赚取高额利息,严重损害了广大公众的利益,深圳仲裁委员会作出的裁决书支持其以犯罪手段赚取高额利息,损害广大集资群众的利益,明显违背社会公共利益,应予以撤销。

(三)被申请人孙某欣的答辩意见

1. 本案仲裁程序合法。2. 孙某欣未涉及富建集团的非法集资案。非法吸收公众存款罪的犯罪对象是公众存款。存款和借款和两个不同的概念,存款是指存款人在保留所有权的情况下把资金暂时转让或储存于银行或其他金融机构,而借款是出借人将资金的所有权转移给借款人,出借人享有到期向借款人追偿本息的债权。本案中,孙某欣并不是将资金存入富建集团处,而是将资金出借给富建集团。双方不仅签署了规范的借款合同,并且办理抵押登记手续,富建集团提供了抵押担保,正是作为借款到期后孙某欣对富建集团享有的债权的担保措施。因此,孙某欣与富建集团之间是典型的借款关系,而不是存款关系,孙某欣从未涉及富建集团的非法吸收公众存款活动。3. 根据法律规定,民事案件应当分开审理。本案的借款关系与富建集团涉嫌的非法吸收公众存款刑事案件依据的是不同的法律事实。因此,与富建集团涉嫌的非法吸收公众存款刑事案件不发生交叉。即使发生交叉,根据相关规定也应当按照先民后刑的原则处理。《最高人民法院关于在审理经济纠纷案件中涉及经济犯罪嫌疑若干问题的规定》第一条规定:"同一公民、法人或其他经济组织因不同的法律事实,分别涉及经济纠纷和经济犯罪嫌疑的,经济纠纷案件和经济犯罪嫌疑案件应当分开审理。"4. 司法实践中涉及富建集团的大量民事案件并未移交。富建集团涉嫌的非法吸收公众存款案至少在2015年6月18日之前已刑事立案,但在该日期之后,全国各地法院涉及富建集团的民事案件仍有许多判决,从被执行人信息网中也可以查询到许多在这段时间立案的案件,并按民事程序继续推进,充分说明各地民事案件并未移交。5. 仲裁裁决并未违背社会公共利益。高息揽储是富建集团的行为,并不是孙某欣的行为。因此认为孙某欣的行为违背社会公共利益没有事实依据。民间借贷是受国家法律保护和鼓励的。

(四)相关刑事案件的处理情况

阜宁县公安局的起诉意见书中载明:

犯罪嫌疑单位:富建集团;犯罪嫌疑人:姜某标。依法侦查查明:2008年至2015年3月,富建集团董事长姜某标明知公司不具备吸收公众存款业务经营权的情况下,为筹集公司周转资金,以集团公司名义或下达融资任务给关联公司、职工,以旗下四十余家分公司、关联公司及单位职工名义,通过他人介绍、口口相传的形式面向社会广为宣传,并许以月息1.5%至27%不等的高息作为回报,大肆向徐某、刘某、李某、孙某欣等

6741个自然人以及江苏中兴博盈商贸集团有限公司等33个法人单位,共计6774户社会不特定群体非法收存款,共吸取存款本金950052163元用于公司周转和偿还债务,其中已归还本息7698139529元,尚欠1802382101元未能归还。综上,富建集团涉嫌非法吸收公众存款罪,姜某标作为直接负责的主管人员和直接责任人应追究刑事责任。阜宁县协助富建集团债务处置及企业重组工作办公室交办及阜宁县公安局委托,阜宁县审计局对富建集团及其关联单位涉嫌非吸情况进行了专项审计,其中孙某欣所出借的款项被列入了非吸资金。本案所涉100套抵押房产已被公安机关查封。

该刑事案件于2016年12月7日提起公诉,江苏省阜宁县人民法院于2017年12月6日作出(2016)苏0923刑初461号刑事判决,第三判项为:"继续追缴被告单位富建集团有限公司非法吸收公众存款犯罪所得中尚未退还的部分,退还相关集资参与人(详见附表)",附表6029号集资参与人为孙某欣,非法吸收公众存款金额为5000万元。该刑事判决已发生法律效力。

三、深圳中院的审查意见

深圳中院经审查形成以下两种处理意见。

多数意见认为:本案最初是属于平等民事主体之间的合同纠纷,仲裁机构有权进行仲裁。但是在公安机关对于仲裁被申请人富建集团涉嫌非法吸收公众存款罪进行立案侦查后,纠纷的性质就发生了变化,根据公安、检察机关的起诉意见,案涉仲裁纠纷所涉及的借款涵盖于富建集团的犯罪事实之内,故可以认定案涉纠纷与富建集团涉嫌的非法吸收公众存款罪属于同一事实。仲裁申请人与仲裁被申请人之间不再是单纯的合同纠纷,双方之间的借贷关系应在富建集团非法吸收公众存款罪刑事案件中一并处理。《中华人民共和国仲裁法》第二条的规定:"平等主体的公民、法人和其他组织之间发生的合同纠纷和其他财产权益纠纷,可以仲裁。"既然本案当事人之间的关系不属于平等民事主体之间的合同纠纷,那么仲裁机构就无权对该纠纷进行仲裁,依据《中华人民共和国仲裁法》第五十八条第一款第二项的规定,仲裁机构无权仲裁,仲裁裁决应予撤销。

少数意见认为:仲裁案件所涉纠纷是否属于犯罪事实的一部分,仲裁庭有权对此作出认定,仲裁庭经过审查认为不属于同一犯罪事实,那么仲裁庭有权决定继续审理,不移送公安机关。对于撤销仲裁裁决案件的审查应严格依据《中华人民共和国仲裁法》第五十八条所规定的几种情形，在法律未明确规定仲裁机构无权仲裁涉及非法吸收公众存款罪的民间借贷纠纷的情况下，本案不存在应撤销仲裁裁决的法定事由，应驳回申请人的撤裁申请。

四、我院的审查意见

本案经我院审委会讨论，一致意见认为：根据阜宁县公安局的侦查结果、检察院的起诉意见及法院的判决结果，涉案仲裁纠纷所涉及的借款涵盖于富建集团涉嫌非法吸收公众存款的犯罪事实之内，故可以认定涉案借款合同纠纷与富建集团涉嫌的非法吸收公众存款罪属于同一事实。除富建集团作为刑事案件被告单位、姜某标作为刑事案件被告人以外，涉案借款的担保人（即涉案仲裁的被申请人）上海富建酒店有限公司、上海江苏饭店有限公司、富建集团有限公司阜师分公司等也涉及该犯罪事实之中。《最高人民法院、最高人民检察院、公安部关于办理非法集资刑事案件适用法律若干问题的意见》（公通字〔2014〕16号）第七条第一款规定："对于公安机关、人民检察院、人民法院正在侦查、起诉、审理的非法集资刑事案件，有关单位或者个人就同一事实向人民法院提起民事诉讼或者申请执行涉案财物的，人民法院应当不予受理，并将有关材料移送公安机关或者检察机关。"因此，深圳仲裁委员会无权对孙某欣与富建集团之间的借款合同纠纷进行仲裁。根据《中华人民共和国仲裁法》第五十八条第一款第二项的规定，涉案仲裁裁决属于仲裁委员会无权仲裁的事项，故应予以撤销。

以上意见妥否，请批示。

最高人民法院

关于北京市高级人民法院就申请人德邦基金管理有限公司与被申请人上海汇雷投资管理中心(有限合伙)申请撤销(2016)中国贸仲京(沪)裁字第193号仲裁裁决一案的请示的复函

2018年6月21日　　　　　　　　　(2018)最高法民他43号

北京市高级人民法院：

你院京高法（2018）100号《关于申请人德邦基金管理有限公司与被申请人上海汇雷投资管理中心（有限合伙）申请撤销（2016）中国贸仲京（沪）裁字第193号仲裁裁决一案的请示》收悉。经研究，答复如下：

仲裁裁决是否违背社会公共利益，应当结合具体裁项作出认定。本案当事人签订的《资产计划管理合同》中约定的操作细节违反了《中华人民共和国证券法》《中华人民共和国证券投资基金法》的相关规定，德邦基金管理有限公司（以下简称德邦基金）冻结相关账户，拒绝执行投资顾问北京富邦百瑞投资管理有限公司交易指令的行为并无不妥。但由于德邦基金冻结相关账户的行为，使得上海汇雷投资管理中心（有限合伙）（以下简称汇雷投资）无法使用德邦基金的配资进行交易，德邦基金不应再收取限制交易期间该配资的利息，故仲裁庭裁决德邦基金向汇雷投资支付多付的利息120万元并无不当。另，虽然德邦基金冻结相关账户，拒绝执行投资顾问北京富邦百瑞投资管理有限公司交易指令的行为并无不妥，但仲裁庭认为德邦基金作为资产管理人，按照《资产计划管理合同》的约定以及行业习惯，在限制交易期间应当采取审慎的、合理的投资措施以获得保本的现金收益，而德邦基金采取放任态度，没有尽到资产管理人的合理注意义务，致使汇雷投资的损失进一步扩大，因此裁决其承担相应的损失赔偿责任，亦无不当。仲裁裁决并未对违反《中华人民共和国证券法》《中华人民共和国证券投资基金法》等法律规定的行为予以肯定。案涉仲裁裁决不存在违背社会公共利益的情形。不同意你院根据《中华人民共和国仲裁法》第五十八条第三款以违背社会公共利益为由撤销案涉仲裁裁决的请示意见。

此复

附：

北京市高级人民法院
关于申请人德邦基金管理有限公司与被申请人上海汇雷投资管理中心（有限合伙）申请撤销（2016）中国贸仲京（沪）裁字第193号仲裁裁决一案的请示

2018年3月7日　　　　　　　　　　京高法〔2018〕100号

最高人民法院：

北京市第二中级人民法院（以下简称二中院）立案受理了德邦基金管理有限公司申请撤销中国国际经济贸易仲裁委员会（以下简称仲裁委）（2016）中国贸仲京（沪）裁字第193号仲裁裁决一案，该院拟撤销该裁决并依规定向我院请示。经研究，现将该案有关情况报告并请示如下：

一、当事人基本情况

申请人（原仲裁被申请人）：德邦基金管理有限公司。住所地上海市虹口区吴淞路218号宝矿国际大厦35层。

法定代表人：姚某平，该公司董事长。

委托代理人：杨培明，上海市通力律师事务所律师。

委托代理人：张移，上海市通力律师事务所律师。

被申请人（原仲裁申请人）：上海汇雷投资管理中心（有限合伙）。住所地：上海市青浦区公园路348号7层A区746室。

执行事务合伙人：黄某，该公司董事长。
委托代理人：韦红松，上海中隆律师事务所律师。

二、申请撤销案涉仲裁裁决的理由及答辩意见

（一）德邦基金管理公司的申请意见

德邦基金管理有限公司（以下简称德邦基金）的申请意见为：仲裁裁决存在法定撤销情形，具体有五点。

1. 本案存在《中华人民共和国仲裁法》（以下简称《仲裁法》）第五十八条第一款第（二）项"裁决的事项不属于仲裁协议的范围或者仲裁委员会无权仲裁的"情形，仲裁裁决应予撤销。

（1）仲裁事项涉及依法应当由行政机关处理的行政争议。根据《中华人民共和国证券法》第八十条和第一百六十六条的规定，证券账户实行实名制，禁止法人非法利用他人账户从事证券交易；禁止法人出借自己或者他人的证券账户。根据《中华人民共和国证券投资基金法》，证券投资基金应当由基金管理人管理。本案资产管理计划的投资顾问北京富邦百瑞投资管理有限公司（以下简称富邦百瑞公司），不是证监会核准的公开募集基金的基金管理人，也不是依法在中国证券投资基金业协会登记的非公开募集基金的基金管理人。投资顾问通过德邦基金系统直接下达投资指令的行为，实际行使只有基金管理人才能依法拥有的投资决策权，属于非法借用本案资产管理计划账户从事证券交易，也不符合实名制，违反了《中华人民共和国证券法》和《中华人民共和国证券投资基金法》的规定，德邦基金应当按照法律规定和《中国证监会关于清理整顿违法从事证券业务活动的意见》的要求予以纠正。资产计划管理合同当事人对证监会的清理整顿要求存在争议，依法应当由行政机关处理，上海汇雷投资管理中心（有限合伙）（以下简称汇雷投资）如认为该等清理整顿侵害其权益，应当通过行政诉讼途径给予救济，本质上不属于民事仲裁事项的范围。

（2）仲裁过程中，汇雷投资曾将仲裁请求的"德邦基金向汇雷投资归还多付的利息120万元"变更为"德邦基金向汇雷投资赔偿多付的利息120万元"，性质并不一样，而仲裁裁决为"德邦基金向汇雷投资支付多付的利息等人民币120万元"，超越了仲裁请求范围，属于无权仲裁。

2. 仲裁程序违反法定程序。根据《最高人民法院关于适用〈中华人民

共和国仲裁法〉若干问题的解释》第二十条的规定，违反法定程序包括违反仲裁法规定的仲裁程序和违反当事人选择的仲裁规则的情形。本案适用的《中国国际经济贸易仲裁委员会仲裁规则》（以下简称《仲裁规则》）第十二条规定："仲裁申请书应写明：1. 申请人和被申请人的名称和住所，包括邮政编码、电话、传真、电子邮箱或其他电子通讯方式。"本案仲裁中，由于汇雷投资在仲裁申请时未依据仲裁规则的上述规定提供德邦基金的邮政编码、电话、传真、电子邮箱等通讯方式，进行故意隐瞒，导致仲裁委无法通过电话与德邦基金取得联系，直接影响了EMS的送达，也影响了德邦基金的仲裁权利的行使。仲裁委未纠正汇雷投资仲裁申请书的上述错误也存在一定过错。该情形应当被认定为"仲裁的程序违反法定程序"情形。

3. 汇雷投资向仲裁机构隐瞒了足以影响公正裁决的证据。根据仲裁裁决记载的事项，德邦基金有理由相信汇雷投资隐瞒了包括但不限于如下重要证据，足以影响公正裁决：

（1）投资顾问在系争时段所下的交易指令，以及德邦基金执行上述交易指令的证据，证明德邦基金一直在执行投资顾问的交易指令。比如，9月22日专户持有永艺股份334270股，市值23522579.9元；23日减持至230000股，市值15258200元；9月25日再次减持至0股，市值0元；再比如，根据投资顾问9月28日16：51的电子邮件指令"请于每个交易日的14点整，将剩余资金全部买入国债逆回购（204001）"，自9月29日开始德邦基金均全盘买入国债逆回购。上述证据足以证明，汇雷投资所称"2015年9月21日，德邦基金单方面违反资产管理计划条款的约定，拒不执行投资顾问的交易指令，并且对资产管理计划的账户限制买卖交易"及仲裁庭查明的"德邦基金于2015年9月21日对汇雷投资的资产管理计划的专项银行账户采取了限制交易的措施，冻结了该账户的交易权限，致使投资顾问无法利用汇雷投资的用户名和账户进行交易"与事实不符。德邦基金限制了投资顾问客户端买入权限，并通过电子邮件方式通知投资顾问改用合法交易方式下达投资建议。由于汇雷投资和投资顾问的特殊关系，其显然掌握上述证据，其隐瞒上述证据的行为导致仲裁庭认定事实错误。

（2）发生合同约定的免责事由的证据。本案《德邦基金—光大银行—富邦百瑞1号资产管理计划资产计划管理合同》（以下简称《资产计划管理合同》）第二十三节第（一）条约定："发生下列情况，当事人可以免责",其中第 1 项约定:"资产管理人(德邦基金)或/和资产托管人按照中国证监会的规定或当时有效的法律法规、本合同约定的作为或不作为而造成的损失等。"《资产计划管理合同》第十一节第(八)条约定:"在投资咨询顾问所提出的具体投资建议不违反法律法规、本合同、监管要求以及资产管理人内部制度的前提下,资产管理人将予以执行。"2015 年 7 月 12 日《中国证监会关于清理整顿违法从事证券业务活动的意见》指出:"一段时期以来,部分机构和个人借助信息系统为客户开立虚拟证券账户,借用他人证券账户、出借本人证券账户等,代理客户买卖证券,违反了《证券法》、《证券公司监督管理条例》关于证券账户实名制、未经许可从事证券业务的规定,损害了投资者合法权益,严重扰乱了股票市场秩序。"2015 年 9 月 17 日,中国证监会证券基金机构监管部又下发《关于继续做好清理整顿违法从事证券业务活动的通知》,内容为:"根据《关于清理整顿违法从事证券业务活动的意见》(证监会公告〔2015〕19 号,以下简称 19 号公告)的要求,在各证监局共同努力下,清理整顿工作有序进行。截至 9 月 16 日,完成了 3577 个资金账户的清理,占全部涉嫌违法从事证券业务活动账户的 64.30%。在完成清理账户中,84.96% 以取消信息系统外部接入权限并改用合法交易的方式进行清理,1.01% 账户仅余停牌股票,其他账户已无资产余额或采取产品终止、销户等方式处理。为确保场外配资清理整顿工作有序开展,现就有关事项通知如下:一、各证监局应当督促证券公司根据 19 号公告的要求,仔细甄别、确认涉嫌场外配资的相关账户。信托产品账户清理的范围:一是在证券投资信托委托人份额账户下设子账户、分账户、虚拟账户的信托产品账户;二是伞形信托不同的子伞委托人(或其关联方)分别实施投资决策,共用同一信托产品证券账户的信托产品账户;三是优先级委托人享受固定收益,劣后级委托人以投资顾问等形式直接执行投资指令的股票市场场外配资。二、各证监局应当督促证券公司按既定部署开展清理整顿工作,积极做好与客户沟通、协调,不要单方面解除合同、简单采取'一断了之'的方式。证券公司应当与客户协商采取多种依法合规的承接方式,可以采取将违规账户的资产通过非交易过户、'红冲蓝补'等方式划转至同一投资者的账户,或者取消信息系统外部接入权限并改用合法交易方式等方法处理。三、对于符合业务合规性要求的证券账户,各证监局应当督促证券公司持续做好客户服务。"本案中,德邦基金正是按照证监会上述规定限制了投资顾问部分信息系统外部接入权限并改用合法交易方式进行处理，不应被认定为违约行为，且符合《资产计划管理合同》第二十三节约定的免责事由。汇雷投资隐瞒了上述关键证据，以致仲裁庭未能作出公正裁决。同时，汇雷投资还隐瞒了汇雷投资与富邦百瑞公司之间的关联关系的证据，汇雷投资法定代表人，同时也是投资顾问富邦百瑞公司的指令发送人、下单人，属于典型的应当被清理的场外配资行为，汇雷投资的该等隐瞒行为，足以影响仲裁庭查明汇雷投资属于场外配资的违法行为，直接影响公正裁决。

（3）有关保本基金真实收益率的证据，证实汇雷投资的真实损失。仲裁中，汇雷投资主张按照保本基金市场的平均收益率3%来计算损失。汇雷投资提交的证据是15家保本基金平均收益率，但当时存在着50余家保本基金，汇雷投资提交的15家是收益率最高的，隐去了剩余的40余家，提交了3%的虚假数字，实际上年化收益率只有1.13%，到一个月的收益率只有千分之一，而且保本基金有封闭期，本案仅仅一个多月的时间，买入赎回的成本是很高的，汇雷投资隐瞒了赎回成本的费用，误导仲裁庭认为一个月的收益就达到3%。此外，由于账户资金一直在进行国债逆回购操作，并不存在汇雷投资诉称的资金闲置的情形。

4. 仲裁裁决所根据的证据是伪造的。汇雷投资提供的证据显示"登录失败：（-1）用户已经冻结！"，德邦基金认为，该份证据系伪造。经证实，汇雷投资的相关账号从未被冻结，且该时间段仍频繁进行登录及其他操作。仲裁裁决依据该汇雷投资伪造的证据，应予撤销。

5. 仲裁裁决违背社会公共利益。本案纠纷的发生存在着社会公共利益的大背景——2015年6月与7月中国股市遭遇了巨大震荡，其主要是高杠杆和流动性不足两个问题造成，监管一方面要求清理配资，一方面要求资管机构加强旗下产品的流动性风险管理。在该等情况下证监会果断公布了清理配资的规定，并不断加大清理配资政策力度。上述行为有力规范了市场，保障了广大股票投资者的根本利益。汇雷投资法定代表人黄某、合伙人韩某宇两人，同时也是投资顾问的指令发送人，正是证监会大力清理的所谓场外配资的嫌疑人，其不应从其损害公共利益的行为中获得利益。但仲裁裁决却助长了汇雷投资的不法行为，如果该等仲裁裁决未予撤销明显将违背社会公共利益。本案并非一般的民事经济纠纷。基金公司特定客户资产管理计划的投资顾问直接下单的行为，违反了《中华人民共和国证券法》第一百七十一条关于投资咨询机构及其从业人员不得代理委托人从事证券投资的规定，以及第八十条关于禁止法人非法利用他人账户从事证券交易的规定。投资顾问通过投顾端拥有的直接下单权，等于拥有投资决策权，属于违法，是2015年7月起清理争端的主要的违法从事证券业务活动之一。德邦基金限制投资顾问的直接下单权，积极响应监管要求，合法合规。仲裁裁决否定国家去年对非法证券业务活动的清理工作，可能冲击资本市场秩序。证券市场加强执法及清理整顿违法从事证券业务活动，是国家层面的重大决策，德邦基金配合监管主动纠偏，汇雷投资不但不予配合，反而以隐瞒证据、虚假陈述等手段蒙蔽仲裁庭，使仲裁庭裁决其获得了非法利益，将证监会明令要求清理整顿的劣后级投资人以投资顾问形式直接进行股票交易视为应当保护的合法行为，仲裁裁决将很可能成为恶例，引发系列案件、激化社会矛盾，危及股票市场平稳运行，违背社会公共利益。综上，德邦基金根据《仲裁法》第五十八条的规定，请求撤销仲裁裁决。

（二）汇雷投资公司的答辩

汇雷投资答辩称：

对于仲裁裁决的实体处理是否正确不是人民法院审查的内容，因此，德邦基金主张的仲裁裁决的内容与客观事实不符的理由不属于人民法院审理撤销仲裁裁决的范围，本案中应不予审查。关于德邦基金提出的程序问题，有关仲裁申请书的格式及是否书写邮编并不是法定的仲裁程序；关于德邦基金提出的仲裁送达问题，仲裁委以《资产计划管理合同》中约定的德邦基金的通讯地址为送达地址符合《仲裁规则》的规定，德邦基金未出庭参加仲裁庭审，放弃了答辩及举证质证等权利，仲裁裁决所依据的主要证据均真实无争议，德邦基金未对争议证据提出异议，且该证据是否真实不足以影响公正裁决，因此本案尚不构成《仲裁法》第五十八条第一款第（四）项情形。对于德邦基金现提出的证据，汇雷投资认为，双方签署的《资产计划管理合同》依据的是证监会部门规章，德邦基金提出的证监会于2015年7月12日的公告内容本质是违反实名制，双方合同的业务模式至今合法有效，合同并未违反实名制的要求，投资人是汇雷投资。而且证监会公告的内容表明规范的是证券公司，清理的是信托产品账户"子账户，伞形信托"，与本案的产品合法合规无关。德邦基金并无证据证明其提出的伪造证据的主张。德邦基金所提出的有关投资指令的电子邮件实际并未执行,其估值变化的表格系其自行编造的,没有进行国债逆回购的投资。德邦基金所谓隐瞒证据的理由,与其放弃于仲裁阶段放弃举证有关,并非汇雷投资故意隐瞒证据所致。富邦百瑞公司并不是《中华人民共和国证券法》第一百七十一条规定的证券投资咨询机构,并未持有证监会颁发的资格认证,也并无证据证明投资顾问拥有直接下单权。德邦基金违反行政管理秩序,其无权进行行政违法判断和实施处罚。富邦百瑞公司与汇雷投资是两个独立法人,富邦百瑞公司的股东及法定代表人均与汇雷投资没有关联关系。案涉仲裁裁决仅涉及双方当事人的利益,与社会公共利益无涉,仲裁裁决并未违背社会公共利益。正是德邦基金的具体行为过程是在违反监管部门的要求,侵害公共利益,德邦基金有关仲裁裁决冲击资本市场的主张不能成立。案涉产品合法,并非私募基金,证监会和中国证券投资基金业协会无权对本案出具任何参考意见。本案不存在非法利用他人账户情况,该账户管理人是德邦基金,账户是根据规定开设的,没有把账户借给他人,与投资顾问无关,是另外的法律关系。汇雷投资作为合同相对方,是资管计划的购买人和出资人,与德邦基金发生的合同违约纠纷,要求赔偿,与德邦基金主张的当事人对证监会清理整顿的要求存在争议完全不符。至于案涉争议是行政还是民事合同需要实体审理才能认定,此不在法院审查范围之内。具体的行政争议是有具体行政行为,中国证券投资基金业协会不是行政机构,证监会未有任何行政处罚行为。本案德邦基金一方面违约,另一方面还在收取管理费的利益,同时以发现自己违法了而要求不承担任何赔偿责任,这与法律的原则和精神不符。希望法院尊重事实,考虑证券投资行业自身特点,驳回德邦基金的撤销仲裁裁决的请求。

三、与案件相关的事实及裁决情况

(一) 仲裁案情况

1. 案情

2014年11月24日,汇雷投资与德邦基金签订《资产计划管理合同》。约定汇雷投资作为资产委托人,德邦基金作为资产管理人,中国光大银行股份有限公司作为资产托管人,富邦百瑞公司作为投资顾问,全体资产委托人授权投资顾问为本计划的投资、止损提供投资建议,资产管理人负责执行投资顾问的投资建议等事务性工作;案涉资产管理计划的类别是混合型分级特定多个客户资产管理计划；封闭运作；存续期自合同生效之日起1年；通过收益分配的安排，将本资产管理计划的份额分成预期收益与风险不同的三个级别，即优先级份额和进取级A份额和进取级B份额等。2014年9月，德邦基金与富邦百瑞公司之间签订《策略伙伴合作协议》，约定德邦基金系德邦基金—光大银行—富邦百瑞1号资产管理计划的发行人，富邦百瑞公司作为本计划的投资顾问，以本计划的保值和增值为目的提供投资指令，德邦基金执行投资指令。富邦百瑞公司使用德邦基金投资顾问系统或其他相关系统，根据德邦基金提供的账户用户名和密码下达委托，因网络、系统等原因，造成委托延误、错误、中断的，德邦基金不承担任何责任。富邦百瑞1号资产管理计划于2014年10月26日生效，合同于2015年10月25日终止，于2015年11月6日进行第一次清算。实际履行中，汇雷投资认购了上述资产管理计划中的进取级B份额，认购金额为3000万元，并且德邦基金为汇雷投资配资1500万元。2015年9月21日，德邦基金冻结了相关账户，限制了富邦百瑞公司的交易权限，拒绝执行富邦百瑞公司的指令，直接导致富邦百瑞公司无法通过远程客户端买卖股票。汇雷投资遂提起仲裁，请求：（1）德邦基金向汇雷投资赔偿多付的利息120万元；（2）德邦基金向汇雷投资赔偿无法进行现金管理的损失290万元；（3）德邦基金禁止汇雷投资账户交易，导致德邦基金的可得利益损失960万元；（4）承担仲裁费用。

2. 仲裁过程

2016年1月5日，仲裁委受理本案。根据汇雷投资提供的地址上海市虹口区吴淞路218号宝矿国际大厦35层（该地址为德邦基金的工商注册地址），仲裁委仲裁院以EMS方式向德邦基金寄送了仲裁通知、《仲裁规则》和《仲裁员名册》。经EMS查询：投递并签收。2016年2月19日，仲裁院又将组庭通知、开庭通知（第一次开庭）一并寄送德邦基金，经EMS查询：投递并签收（签收人：他人收，邮局代收下周一投递）。2016年4月29日，仲裁院向德邦基金寄送第二次开庭通知，经EMS查询：投递并签收（签收人：他人收，王代）。仲裁两次庭审之后，仲裁院又向德邦基金寄送了缺席审理情况通知，要求德邦基金如有意见于2016年5月25日之前书面提出。（就此，德邦基金提交了其他送达查询记录，有单位收发章签收的情况。对上述仲裁院的送达文件，德邦基金均称未能收到。）德邦基金未参加仲裁庭审及陈述意见。仲裁庭缺席审理本案并裁决。

3. 仲裁庭意见

仲裁庭认为，双方签订的《资产计划管理合同》使双方之间建立了资产管理委托合同法律关系，是一种商事行为，合同是双方当事人自愿的真实意思表示，各方均符合签署的主体资格，其内容不违反中国法律、行政法规关于合同效力的强制性规定，合法有效，对双方均具有约束力。

根据本案合同所涉及的交易结构，投资顾问通过德邦基金的网站上的客户端，以德邦基金提供的用户名和密码登录，直接进行股票交易，《资产计划管理合同》中有计划资产单位净值出现低于"预警线及平仓线"情形时德邦基金相关权利的专门约定，而实际履行中，该资产计划的净值没有出现低于预警线，更没有达到平仓线的情形，汇雷投资不曾收到德邦基金的任何书面要求追加增强资金（补仓）的通知，在所有条件均不满足的情形下，德邦基金于2015年9月21日对汇雷投资的资产管理计划的专项银行账户采取了限制交易的措施，冻结了该账号的交易权限，致使投资顾问无法利用德邦基金的用户名和账户进行交易。双方曾于2015年10月19日进行过磋商，德邦基金的项目负责人承认冻结了汇雷投资的账户，并申请请示了领导。从汇雷投资提交的电话录音内容看，德邦基金认为富邦百瑞1号产品比较特殊，停牌的股票资金量大，德邦基金测算认为这个股票跌6个板，就不够夹层的利息。仲裁庭认为，本案合同除了约定预警线、平仓线之外，没有约定德邦基金限制汇雷投资交易的其他条件与措施，依据商事交易的外观注意原则，为保护交易安全，交易各方应当严守契约精神，当交易主体的内部文件与合同约定发生冲突时，应当以对外前述的具有法律效力的合同为准。本案中，德邦基金单方限制汇雷投资账户交易权限的行为，从其属性上看，德邦基金的违约行为侵犯了汇雷投资的财产权益，构成损害行为，应对此承担相应的责任。根据富邦百瑞1号资金管理计划清算报告，从2015年9月20日德邦基金限制汇雷投资的交易权限时起，该账户被冻结，直到2015年10月25日富邦百瑞1号资金管理计划清算完成时止，汇雷投资的账户余额为96583461.77元，此间，汇雷投资还向德邦基金支付了配资的利息及费用121.96万元。

仲裁庭认为，德邦基金违反富邦百瑞1号资金管理计划的约定，限制汇雷投资的交易权限，致使汇雷投资无法进行交易，丧失交易机会，已经构成违约，该违约行为使其丧失了取得利息和其他费用的基础，对于汇雷投资向德邦基金多支付的部分，德邦基金应当返还，汇雷投资仅请求120

万元，仲裁庭予以支持。对于汇雷投资请求的因其无法进行现金管理的损失 290 万元和可得利益损失 960 万元，仲裁庭认为，本案合同是一个商事合同，应该按照商事规则和金融业的规则处理，商事案件的裁决中，应注重鼓励交易、增进财富，保证交易安全与快捷为目的，商事行业存在着高风险、高回报的现实，双方在缔约时所作出的商业判断应当得到尊重。本案中，双方签订的资金管理计划合同，其中涉及夹层及夹层利息问题，在此，德邦基金既是资产计划的管理人，又是配资资金的来源方，对配资资金要收取相应的利息。由于账户的冻结，使得投资顾问对账户内 96583461.77 元现金管理的操作也无法进行；本案《资产计划管理合同》约定了资产可进行现金管理，即当不能按照正常的资金安排进行操作时，按照《资产计划管理合同》的约定、行业习惯，都会购买上市或非上市保本基金产品或安排做国债回购，获得保本的现金收益，由于德邦基金没有采取审慎的、合理的投资措施，没有安排用该笔资金购买保本基金或国债回购等保本计划，致使汇雷投资的损失进一步扩大。德邦基金的放任态度，没有尽到资产管理人的合理注意义务，应承担相应的损失赔偿责任。对于损失与预期收益的具体计算，汇雷投资提出以上市保本基金的收益率 3%、或证券市场指数上涨的 10%、或按照投资指令决策人自己的证券账户在同期的收益率 4.87% 的三个标准来计算。仲裁庭认为，前述有关收益率为 4.87% 证明力较强，仲裁庭予以参考，据此酌定德邦基金应赔偿汇雷投资损失 290 万元。

裁决结果：（1）德邦基金向汇雷投资支付多付的利息 120 万元；（2）德邦基金向汇雷投资赔偿无法进行交易的损失 290 万元；（3）德邦基金承担本案仲裁费 151150 元。

（二）二中院审理中查明的情况

1. 关于仲裁送达程序

经查，"上海市虹口区吴淞路 218 号宝矿国际大厦 35 层"系德邦基金的注册地址，此与汇雷投资的仲裁申请书中记载的德邦基金的地址一致，仲裁委向德邦基金的该地址送达了相应的仲裁文件，查询送达状态为：邮件妥投，但详细信息显示："他人收，邮局代收下周一投递"和"他人收，王代"。

2. 关于德邦基金主张汇雷投资隐瞒的证据

德邦基金向二中院提交了如下证据：（1）黄某（汇雷投资的法定代表人）于2015年9月28日向德邦基金下达投资指令的电子邮件；（2）投资确认函；（3）2015年9月21日后的德邦基金向汇雷投资发送每日资产估值表的电子邮件及统计图表，证明汇雷投资账户并未冻结，账户内有交易发生，投资顾问与汇雷投资同一等；（4）证监会与其所属机构发布的《关于清理整顿违法从事证券业务活动的意见》、《关于继续做好清理整顿违法从事证券业务活动的通知》、证监会2015年9月25日新闻发布会；（5）2015年9月29日的电子邮件，证明汇雷投资作为劣后级委托人，代表投资顾问直接下单的行为涉嫌场外配资，属于证监会通知清理的对象等；（6）汇雷投资出具的《进取B份额委托人向优先级份额委托人支付持续清算期间补偿收益的说明函》等，证明双方已经就《资产计划管理合同》的结算协商一致；（7）保本基金真实收益率查询结果，证明仲裁庭计算损失受汇雷投资误导。

3. 需要说明的问题

德邦基金还向二中院提交了中国证券投资基金业协会出具的《关于对"富邦百瑞1号资产管理计划"仲裁事项予以行业认定的函》，该函中提到富邦百瑞公司通过德邦基金系统直接下达投资指令的行为违反了《中华人民共和国证券法》和《中华人民共和国证券投资基金法》的规定，应当按照法律规定和证监会的清理整顿要求予以纠正。具体包括：未经登记从事私募基金管理业务、非法利用他人账户从事证券交易、未经许可从事融资买卖股票业务（场外配资）。并认为"仲裁事项涉及清理整顿违反证券账户实名制和未经许可从事证券业务等违法行为。如果对违法者因清理整顿而收到的商业利益损失予以赔偿，将鼓励违法现象卷土重来，冲击清理整顿工作成果，危及股票市场平稳运行，违背了社会公共利益。"

就此，二中院承办人还向证监会北京监管局基金处进行咨询，答复如下：德邦基金限制汇雷投资账户的行为并没有错。案涉的投资顾问在电脑终端直接投资下单的行为在2016年是不被允许的，由于操作的即时性，德邦基金实质上提供了"一对多"的通道，不能有效控制风险，在2016年当年证监会出台了明确的规定，但在2015年尚属管理的"灰色地带"。

四、拟处理意见

（一）二中院拟处理意见：撤销案涉仲裁裁决

二中院认为：

第一，仲裁委向德邦基金注册地址发送仲裁文件的做法，符合《仲裁规则》的规定；而未在仲裁申请书中写明对方当事人的邮政编码、电话、传真、电子邮箱等，并不属于违反《仲裁规则》可能影响案件正确裁决的情形，故德邦基金提出的仲裁程序违反法定程序的理由，不能成立。

第二，本案系双方当事人因履行《资产计划管理合同》所产生的争议，属于仲裁事项；汇雷投资变更仲裁请求的内容，对于120万元部分，仅属表述不同，实质并未改变，仲裁裁决并未超请求范围。故德邦基金提出的无权仲裁的撤销理由亦不能成立。

第三，德邦基金提出的汇雷投资隐瞒证据和伪造证据的问题。该部分证据在仲裁阶段未能提交，与德邦基金缺席仲裁审理有直接关系，德邦基金自行放弃了举证权利。根据仲裁裁决内容，并综合德邦基金此部分举证和汇雷投资现阶段的意见，二中院合议庭认为，此系仲裁实体认定范围，在汇雷投资的账户确实受到德邦基金的限制的情况下，不能直接证明该等证据对仲裁裁决结果会产生必然的影响。

第四，关于仲裁裁决是否违背社会公共利益问题。二中院合议庭认为，《中华人民共和国证券法》第八十条规定证券账户实行实名制，第一百六十六条规定禁止法人非法利用他人账户从事证券交易、禁止法人出借自己或者他人的证券账户；《中华人民共和国证券投资基金法》中也明确规定证券投资基金应当由基金管理人管理。本案中，《资产计划管理合同》中约定的操作细节，违反了上述法律规定。虽然上述法律规定属管理性强制性规定，但因证券行业具有的高风险、涉众特点，且关系到国家资本市场的健康发展，并根据证监会的文件、中国证券投资基金业协会的意见和承办人向北京证监局咨询的结果，二中院合议庭认为，应认定仲裁裁决违背了社会公共利益，根据《仲裁法》第五十八条第二款的规定，仲裁裁决应予撤销。

（二）我院拟处理意见

经审查、研究，根据《中华人民共和国证券法》第八十条规定，即禁止法人非法利用他人账户从事证券交易,禁止法人出借自己或者他人的证券账户,本案《资产计划管理合同》中约定的操作细节,违反了相关法律规定。中国证券投资基金业协会对案涉富邦百瑞1号资产计划出具了行业认定意见,写明汇雷投资、富邦百瑞公司涉嫌违反《中华人民共和国证券法》《中华人民共和国证券投资基金法》《证券公司监督管理条例》等多项规定。综合上述情形,本院认为应根据《仲裁法》第五十八条第二款的规定,认定案涉仲裁裁决违背了社会公共利益,仲裁裁决应予撤销。

综上,我院同意二中院关于案涉仲裁裁决违背社会公共利益应予撤销及德邦基金提出的其他撤销案涉仲裁裁决理由不能成立的意见。

最高人民法院
关于对上海市高级人民法院就宋某申请撤销上海仲裁委员会（2015）沪仲案字第 0347 号仲裁裁决案件请示的复函

2018 年 10 月 12 日　　　　　　　　　　（2018）最高法民他 186 号

上海市高级人民法院：

你院（2018）沪民他 15 号《关于宋某申请撤销上海仲裁委员会（2015）沪仲案字第 0347 号仲裁裁决案件的请示》收悉。经研究，答复如下：

本案为申请撤销仲裁裁决案件。根据你院请示所述事实，仲裁庭依据案涉《保证合同》中的仲裁条款对宋某与上海同岳租赁有限公司之间的保证合同争议作出裁决，但包含有仲裁条款的《保证合同》中保证人宋某的签名并非宋某本人签署，宋某与上海同岳租赁有限公司之间并不存在仲裁协议。根据《中华人民共和国仲裁法》第五十八条第一款第一项的规定，应当撤销案涉仲裁裁决中有关宋某责任承担部分的裁决事项。同意你院的报核意见。

此复

附：

上海市高级人民法院
关于宋某申请撤销上海仲裁委员会（2015）
沪仲案字第 0347 号仲裁裁决案件的请示

2018 年 9 月 7 日　　　　　　　　　　　　（2018）沪民他 15 号

最高人民法院：

　　申请人宋某申请撤销上海仲裁委员会（2015）沪仲案字第 0347 号仲裁裁决一案，上海市第一中级人民法院（以下简称上海一中院）经审查拟撤销部分仲裁裁决事项。根据贵院法释（2017）21 号《最高人民法院关于仲裁司法审查案件报核问题的有关规定》第三条的规定，该案存在须上报最高人民法院的情形。现将案件情况报告如下：

一、当事人基本情况

　　申请人（仲裁被申请人）：宋某，男，1985 年 8 月 5 日生，汉族，住江苏省邳州市。

　　委托诉讼代理人：王丽丽，江苏好佳律师事务所律师。

　　委托诉讼代理人：刘云棣，江苏好佳律师事务所律师。

　　被申请人（仲裁申请人）：上海同岳租赁有限公司。住所地：中国（上海）自由贸易试验区民生路 1518 号 B 栋 403-A 室。

　　法定代表人：叶某，该公司董事长。

　　委托诉讼代理人：黄某根，男，该公司员工。

　　委托诉讼代理人：刘某岩，女，该公司员工。

　　原仲裁被申请人：王某新，男，1968 年 2 月 13 日生，汉族，住江苏省邳州市。

　　原仲裁被申请人：宋某静，女，1971 年 4 月 13 日生，汉族，住江苏省邳州市。

二、案件事实和仲裁审理经过

　　仲裁庭审理确认的案件事实：2013 年 4 月 12 日，上海同岳租赁有限公司（以下简称同岳公司）作为出租人与王某新作为承租人签订了《融资租赁合同》，约定由同岳公司根据王某新的要求，向案外人济南东岳起重通信设备有限公司购进塔机三台，然后出租给王某新使用，王某新同意向同岳公司承租上述租赁物并支付租金，并签署了《应付租金明细表》等文件。合同约定，租赁期限自租赁物的受领日起至《应付租金明细表》规定的期限届满日止；王某新应付租金合计为人民币379356.12元（以下币种同），租金分二十四期支付，每期租金的最后支付期限为每月15日，自2013年5月15日（含5月）起按月支付至2015年4月15日（含4月）止；根据《融资租赁合同》第4.3条约定，如有承租人未按时向出租人支付任何租金或其他款项的情形，承租人应就应付未付的任何租金或其他款项，按日利率千分之一的标准向出租人支付延迟利息；出租人就延迟利息可以选择从承租人每次支付的款项中先行抵扣或另行扣收，也可以从保证金中抵扣。第4.5.1条第（2）项约定，若承租人未能支付合同项下任何租金或其他款项，出租人有权选择以保证金冲抵该款项。第17条第（1）项约定，如承租人未能支付任何到期款项，即构成违约事件。第18.2条第（1）项约定，如有承租人未支付任何到期款项的情形，出租人有权向承租人追索合同项下的已到期租金、未到期租金、延迟利息及其他应付款项之和。《保证合同》约定，宋某静、宋某的保证范围为王某新在《融资租赁合同》项下应向同岳公司支付的已到期租金、未到期租金、延迟利息、违约金、租赁物的留购价款等；本担保是连续性的、不可撤销的担保，保证期间自主合同生效日开始计算至主合同项下所有支付义务履行期届满之次日起两年终止；当王某新不能按照《融资租赁合同》规定的期限、金额和币种向同岳公司支付租金和其他费用时，同岳公司无须先行向王某新追偿，即有权直接要求宋某静、宋某向同岳公司承担保证责任。

仲裁庭经审理认为，涉案《融资租赁合同》符合法律规定，自订立后即发生法律效力，对同岳公司与王某新均具有约束力，双方均应当按约履行。现同岳公司已履行了《融资租赁合同》项下出租人的义务，王某新未支付《应付租金明细表》中约定的相应租金，已构成违约。王某新受领租赁物后未支付相应的已到期租金，现全部租金均已到期届满，故同岳公司有权要求王某新支付全部未付的租金及根据《融资租赁合同》第4.3条约定的相应延迟利息。同岳公司与宋某静、宋某签订的《保证合同》系当事人的真实意思表示，各方均应恪守。现王某新未履行《融资租赁合同》项下支付租金和延迟利息的义务，宋某静、宋某作为保证人应当依照《保证合同》约定承担相应保证责任。据此，仲裁庭于2015年8月12日作出最终裁决：1. 王某新应于2015年8月12日起十五日内向同岳公司支付租金及延迟利息共计79400元；2. 宋某静、宋某对王某新上述第一项的支付义务向同岳公司承担连带清偿责任；3. 仲裁费6726元，由王某新、宋某静、宋某共同承担。

三、双方当事人的诉辩意见

申请人宋某依据《中华人民共和国仲裁法》第五十八条第四款之规定请求撤销涉案仲裁裁决中关于其本人责任承担的裁决事项。宋某主张，系争《保证合同》上的签名非其本人所签，该签名系伪造，指印亦非属其本人指印，故《保证合同》对其不具有法律约束力，据此其与被申请人间不存在仲裁协议。仲裁庭程序违法，未依法通知其出庭答辩，剥夺其答辩权及申请司法鉴定的权利。

被申请人同岳公司答辩称，不同意宋某的请求，理由如下：1. 仲裁庭仲裁的程序合法；2.《保证合同》上的签名系宋某本人所签，手印亦系其本人当场加盖。

两原仲裁被申请人均未到庭参加听证，亦未出具书面意见。

四、上海一中院处理意见

该院经审理查明，系争《保证合同》第七条约定，有关《保证合同》的任何争议，如果协商不成，则应提交上海仲裁委员会按其仲裁规则仲裁。

审理中，根据宋某本人申请，该院委托司法鉴定科学研究院对系争《保证合同》中保证人签章处所载"宋某"签名字样和红色指印进行鉴定。司法鉴定科学研究院鉴定认为：该《保证合同》上"宋某"签名字样与宋某本人签名不是同一人的笔迹；红色指印着墨过于浓重，纹线整体粘连，未能检见足够清晰的特征点，不具备鉴定条件，无法判断检材《保证合同》上的需检指印是否宋某捺印形成。

对于该鉴定结论，双方当事人均无异议。同岳公司表示同意撤销涉案仲裁裁决中关于宋某责任承担的裁决事项。根据《中华人民共和国仲裁法》第五十八条、《最高人民法院关于适用〈中华人民共和国仲裁法〉若干问题的解释》第十八条之规定，经审查核实仲裁裁决当事人之间没有达成仲裁协议的，应当裁定撤销。现经司法鉴定科学研究院鉴定，系争《保证合同》中，保证人签章处所载"宋某"签名并非宋某本人所签署，捺印亦无法判断其真实性，故应当认定宋某与同岳公司之间没有达成仲裁的合意，即双方之间不存在仲裁协议，宋某申请撤销涉案仲裁裁决中关于宋某责任承担的裁决事项符合法律规定，应当予以支持。

据此，该院认为，根据《中华人民共和国仲裁法》第五十八条第一款第一项规定的情形，上海仲裁委员会（2015）沪仲案字第 0347 号仲裁裁决第二项中裁决由宋某对王某新依仲裁裁决第一项的支付义务向同岳公司承担连带清偿责任的裁决事项，以及该仲裁裁决第三项中裁决由宋某承担仲裁费的裁决事项应当予以撤销。

五、我院的审查意见

我院经审查认为，同意上海一中院的处理意见。根据我国仲裁法的规定，当事人采用仲裁方式解决纠纷，应当双方自愿，达成仲裁协议。由于本案系争《保证合同》中保证人签字处的"宋某"签名，经司法鉴定并非宋某本人所签署，故应当认定宋某与同岳公司之间没有达成仲裁的合意，双方之间不存在仲裁协议。仲裁庭依据系争《保证合同》中的仲裁条款对宋某与同岳公司之间的保证合同争议作出裁决，缺乏事实和法律依据。故依据《仲裁法》第五十八条第一款第一项之规定，拟撤销涉案仲裁裁决中有关宋某责任承担部分的裁决事项。

以上意见妥否，请批复。

最高人民法院
关于上海豪生酒店管理有限公司申请执行仲裁裁决案请示的复函

2018年11月19日　　　　　　　　（2018）最高法民他176号

山西省高级人民法院：

你院（2018）晋执他1号《关于拟不予执行上海豪生酒店管理有限公司申请执行仲裁裁决案件的请示》收悉。经研究，答复如下：

本案中，应当适用的仲裁规则——《中国（上海）自由贸易试验区仲裁规则》（2015年版）第八十条"送达"第二款规定："向一方当事人及/或其仲裁代理人发送的有关仲裁的文书、通知、材料等，如经当面递交或投递至营业地、注册地、住所地、惯常居住地或通讯地址，或者经对方当事人合理查询不能找到上述任一地点，秘书处以挂号信或能提供投递记录的其他任何手段投递给受送达人最后一个为人所知的营业地、住所地、惯常居所地或通讯地址，即视为已经送达。"仲裁被申请人大同市中小企业信用担保有限责任公司（以下简称大同公司）工商登记信息中的注册地址以及其与上海豪生酒店管理有限公司签订的《大同金地豪生大酒店委托管理合同》中载明的法定地址均为"大同市城区御河北路甲1号雁北宾馆"，没有证据证明"大同市平城街88号"是大同公司的营业地、住所地、惯常居所地或通讯地址。上海国际经济贸易仲裁委员会秘书处在第一次向"大同市城区御河北路甲1号雁北宾馆"地址邮寄仲裁相关材料被退回后，改向"大同市平城街88号"地址邮寄送达，不符合上述仲裁规则的规定，可能影响案件公正裁决。根据法释〔2018〕5号《最高人民法院关于人民法院办理仲裁裁决执行案件若干问题的规定》第十四条第一款、第二款的规定，可以认定本案仲裁裁决存在《中华人民共和国民事诉讼法》第二百三十七条第二款第三项规定的"仲裁庭的组成或者仲裁的程序违反法定程序"的情形。根据《中华人民共和国仲裁法》第六十三条、《中华人民共和国民事诉讼法》第二百三十七条第二款第三项的规定，人民法院应当裁定不予执行上海国际经济贸易仲裁委员会（2016）沪贸仲裁字第267号仲裁裁决。同意你院的请示意见。

此复

附：

山西省高级人民法院
关于拟不予执行上海豪生酒店管理有限公司
申请执行仲裁裁决案件的请示

2018年8月6日　　　　　　　　　　　　（2018）晋执他1号

最高人民法院：

我省大同市中级人民法院（以下简称大同中院）执行的申请执行人上海豪生酒店管理有限公司（以下简称上海公司）申请执行大同市中小企业信用担保有限责任公司（以下简称大同公司）委托管理纠纷一案，大同中院经审查并经审判委员会讨论拟裁定不予执行，依照《最高人民法院关于仲裁司法审查案件报核问题的有关规定》第二条第二款向本院报核。

本院经审查认为：上海国际经济贸易仲裁委员会（以下简称上海仲裁委）在仲裁上海公司与大同公司一案中，上海仲裁委秘书处以"大同市城区御河北路甲1号雁北宾馆"（以下简称原址）向大同公司送达《仲裁通知》《SHIAC仲裁规则》《自贸区仲裁规则》《仲裁员名册》《调解员名册》及上海公司提交的《仲裁申请书》和证据材料时因"无此单位"被退回，之后变更地址为"大同市平城街88号"（以下简称新址）后妥投，但变更后的联系人身份不明；在此之后，上海仲裁委按照新址在送达《开庭通知》《取消开庭通知》及延迟开庭的《开庭通知》等文书时因"迁移新址不明"被退回。《中国（上海）自由贸易试验区仲裁规则》（以下简称《仲裁规则》）第八十条"送达"第（二）项规定："向一方当事人及/或其仲裁代理人发送的有关仲裁的文书、通知、材料等，如经当面递交或投递至营业地、注册地、住所地、惯常居住地或通讯地址，或者经对方当事人合理查询不能找到上述任意地点，秘书处以挂号信或者能提供投递记录的其他任何手段投递给受送达人最后一个为人所知的营业地、住所地、惯常地或通讯地址，即视为已经送达。"本案中，大同公司的住所地在工商登记中一直未变更，应视"大同市城区御河北路甲1号雁北宾馆"为大同公司"最后一个为人所知"的联系地点。而且上海公司与大同公司履行涉案合同多年，应当知道大同公司的准确的营业地、注册地、主要办事机构所在地或通讯地址，上海公司显然没有进行合理查询。仲裁委秘书处在第一次邮寄材料被退回后，再没有向大同公司该"最后一个为人所知"的联系地址进行送达，不符合《仲裁规则》第八十条"送达"的规定，不能视为已经送达。综上，上海仲裁委未能按照仲裁法或《仲裁规则》规定的方式送达法律文书，导致大同公司未能参与仲裁，可能影响案件公正裁决，属于《中华人民共和国民事诉讼法》第二百三十七条第一款第（三）项规定"仲裁庭的组成或者仲裁的程序违反法定程序的"情形，对仲裁裁决应当不予执行。

依据《中华人民共和国民事诉讼法》第二百三十七条、《最高人民法院关于审理仲裁司法审查案件若干问题的规定》第十七条之规定，本院拟同意大同中院不予执行的裁定。因本案申请执行人上海公司住所地在上海市，依据《最高人民法院关于仲裁司法审查案件报核问题的有关规定》第三条之规定，现向你院申请报核。

以上意见，请予审核。

最高人民法院
关于申请人天津昊泰土木工程建筑有限公司与被申请人中国一冶集团有限公司申请撤销仲裁裁决一案的请示的复函

2018 年 11 月 19 日　　　　　　　　（2018）最高法民他 187 号

湖北省高级人民法院：

你院（2018）鄂民他 120 号《关于申请人天津昊泰土木工程建筑有限公司与被申请人中国一冶集团有限公司申请撤销仲裁裁决一案的请示》收悉。经研究，答复如下：

根据你院请示报告查明的事实，天津昊泰土木工程建筑有限公司（以下简称昊泰公司）以《建设工程施工劳务分包合同》没有仲裁协议以及裁决的事项不属于仲裁协议的范围为由申请撤销武汉仲裁委员会（2017）武仲裁字第 000001241 号仲裁裁决。昊泰公司虽然对仲裁协议的存在提出异议，但其在中国一冶集团有限公司（以下简称一冶公司）申请仲裁后，不仅参加了仲裁程序且明确表示同意将案涉争议提交仲裁解决。武汉市中级人民法院对昊泰公司申请撤销案涉仲裁裁决案件进行审查期间，昊泰公司再次明确表示同意武汉仲裁委员会就《建设工程施工劳务分包合同》项下争议进行仲裁。其行为应当认为是在《建设工程施工劳务分包合同》之外与一冶公司另行达成仲裁协议，《建设工程施工劳务分包合同》的真实性是否为仲裁庭认可不影响当事人另行达成的争议解决方式的效力。

一冶公司向武汉仲裁委员会提起仲裁，请求昊泰公司退还一冶公司工程款人民币 4006830.06 元及利息人民币 285486.6 元（暂计算至 2017 年 3 月 20 日）并由昊泰公司承担仲裁费。武汉仲裁委员会驳回一冶公司的仲裁请求并就仲裁费的分担作出裁决不构成"裁决的事项不属于仲裁协议的范围"。但仲裁裁决认定一冶公司支付给昊泰公司的款项人民币 188 万元构成昊泰公司的不当得利,鉴于上述款项并非《建设工程施工劳务分包合同》项下争议事项,武汉仲裁委员会裁决昊泰公司返还一冶公司上述款项超出了仲裁协议的范围。

《最高人民法院关于适用〈中华人民共和国仲裁法〉若干问题的解释》第十九条规定:"当事人以仲裁裁决事项超出仲裁协议范围为由申请撤销仲裁裁决,经审查属实的,人民法院应当撤销仲裁裁决中的超裁部分。但超裁部分与其他裁决事项不可分的,人民法院应当撤销仲裁裁决。"因仲裁裁决第一项与其他裁决事项可分,本案可只撤销案涉仲裁裁决第一项内容。同意你院请示报告的处理意见。

此复

附:

湖北省高级人民法院
关于申请人天津昊泰土木工程建筑有限公司与被申请人中国一冶集团有限公司申请撤销仲裁裁决一案的请示

2018 年 8 月 31 日　　　　　　　　　　(2018)鄂民他 120 号

最高人民法院:

武汉市中级人民法院受理申请人天津昊泰土木工程建筑有限公司与被申请人中国一冶集团有限公司撤销仲裁裁决一案,武汉市中级人民法院向本院作出(2018)鄂01民特152号请示报告。该院拟作出撤销仲裁裁决的裁定,我院不同意该院的处理意见。现按照钧院《关于仲裁司法审查案件报核问题的有关规定》第三条的规定,报请如下:

一、当事人的基本情况

申请人:天津昊泰土木工程建筑有限公司。住所地:天津市滨海新区塘沽岷江里 16-4-102。

法定代表人:陈某军,该公司总经理。

委托诉讼代理人：李映霞，天津津港律师事务所律师。
委托诉讼代理人：王存忠，天津津港律师事务所律师。
被申请人：中国一冶集团有限公司。住所地：湖北省武汉市青山区36街坊。
法定代表人：宋某江，该公司董事长。
委托诉讼代理人：孙文楷，公司员工。
委托诉讼代理人：许良洲，公司员工。

二、案件的基本事实及武汉市中级人民法院请示意见

2017年4月11日，武汉市仲裁委根据中国一冶集团有限公司（以下简称一冶公司）与天津昊泰土木工程建筑有限公司（以下简称昊泰公司）于2010年6月签订的《建设工程施工劳务分包合同》中的仲裁条款和一冶公司提交的仲裁申请受理了双方的建设工程施工合同争议案。

一冶公司在仲裁中称：2010年一冶公司与秦皇岛市蓝色海岸房地产开发有限公司签订合同，承建该公司的戴河庭院二期D区工程，并为工程施工成立了中国一冶秦皇岛戴河庭院工程项目经理部。2010年6月，一冶公司与昊泰公司签订建设工程施工劳务分包合同，将上述工程分包昊泰公司施工，工程完工后一冶公司与昊泰公司办理结算，昊泰公司施工的工程结算值为17637750元。在施工过程中一冶公司支付昊泰公司工程款及各类费用17330089.06元；另昊泰公司在施工过程中，伪造一冶公司下属项目部印章与北京信宇达商贸有限公司签订合同，购买北京信宇达商贸有限公司的钢材后拖欠钢材款，导致一冶公司被法院扣划3552027元；工程完工后，因昊泰公司施工的工程质量存在问题，且昊泰公司拒不维修，由业主秦皇岛市蓝色海岸房地产开发有限公司委派维修，直至2015年8月15日才维修完毕，花费762464元，至此一冶公司共支付昊泰公司21644580.06元，超付4006830.06元。一冶公司多次要求昊泰公司退还超领的工程款，但昊泰公司拒不偿还。据此一冶公司请求：（一）裁决昊泰公司退还一冶公司工程款人民币4006830.06元及利息285486.6元（暂计算至2017年3月20日）；（二）本案仲裁费由昊泰公司承担。2017年9月12日本案第二次庭审时，一冶公司将上述第一项请求修正为"请求昊泰公司返还一冶公司款项4006830.06元及利息285486.6元（暂计算至2017年3月20日）"。

昊泰公司在仲裁中答辩称：昊泰公司未曾分包过一冶公司承包的工

程,也未曾授权过任何人分包一冶公司承包的工程,一冶公司未向昊泰公司支付过任何款项。昊泰公司认真核对了一冶公司向仲裁委提供的证据,其中《建设工程施工劳务分包合同》上的公章、合同章与法定代表人名章及《授权委托书》上的公章均为他人伪造,不是昊泰公司的印鉴,昊泰公司可以提供工商部门预留的印鉴予以核对,如有必要,可以委托相关部门对印鉴的真伪进行鉴定。另外一冶公司提供的营业执照等证照均为昊泰公司宣传册中的图片,不是昊泰公司的正式证照。双方不存在合同关系,一冶公司的损失应另行向他人主张,应驳回一冶公司的仲裁请求。

昊泰公司在仲裁中还主张,2009年在沈阳三一新天地项目双方有合作,2010年4月28日支付的188万,是一冶公司支付给昊泰公司的工程款,与本案无关。该笔款项188万元是2010年4月2日支付,而本案合同是2010年6月10日签订,签订合同前就支付百分之四十预付款不符合工程惯例,且合同第4.4条约定无预付款。且不存在劳务承包人承担材料款,所以北京法院判决的3552027元不应由昊泰公司承担,且判决书判决该款项由一冶公司自行承担,不牵扯昊泰公司。

经审查,仲裁庭对一冶公司提交的《建设工程施工劳务分包合同》真实性不予确认。对一冶公司关于被法院扣划3522027元钢材款,以及业主单位委派他人维修所花费的762464元应由昊泰公司承担的主张,仲裁庭认为没有事实和法律依据,不应得到支持。但仲裁庭另认定,昊泰公司在仲裁中主张的,一冶公司于2010年4月28日向其支付的188万,系为沈阳三一新天地项目双方合作所支付,没有充分证据证实,因此属于不当得利,应予返还。据此裁决:(一)昊泰公司返还一冶公司款项188万元;(二)驳回一冶公司其他仲裁请求;(三)本案仲裁费31341元,由一冶公司承担17550.96元,由昊泰公司承担13790.04元。

昊泰公司向武汉市中级人民法院提出申请,请求撤销武汉仲裁委员会(2017)武仲裁字第000001241号仲裁裁决。其理由为:(一)双方没有仲裁协议。一冶公司申请仲裁的依据是所谓的于2010年6月签订的《建设工程施工劳务分包合同》的仲裁条款,但昊泰公司提出该合同加盖的申请人的公章系伪造的,后仲裁庭对该合同的真实性不予确认,既然该合同不是真实的,那么,双方就不存在仲裁协议之说。(二)裁决的事项不属于仲裁协议的范围。仲裁裁决要求昊泰公司退还的款项,是2010年4月28日被申请人打入申请人账户,仲裁庭认为是不当得利,而包含仲裁条款的

《建设工程施工劳务分包合同》系 2010 年 6 月才签订的,上述款项并不在该合同时间范围内,因此,不属于仲裁协议的范围。

被申请人一冶公司答辩称:请求驳回昊泰公司撤销仲裁裁决的请求。(一)双方存在仲裁协议,合同中约定了仲裁条款。(二)一冶公司工程款进入昊泰公司账户,也证明合同生效且履行,因此双方争议属于仲裁裁决范围。

武汉市中级人民法院认为,关于昊泰公司主张的裁决违反了《中华人民共和国仲裁法》第五十八条第一款第(一)项的规定。经审查,昊泰公司虽认为双方并无仲裁协议,但在仲裁委 2017 年 7 月 26 日的庭审中,昊泰公司同意将该案所涉争议提交仲裁委仲裁,在本案调查中,昊泰公司也明确当时同意的是仲裁委对于涉及劳务分包合同的争议的仲裁,并非最终裁判的不当得利。因此,昊泰公司不能仅以仲裁庭未认可合同真实性,因而双方没有仲裁协议为由要求撤销仲裁裁决。

关于昊泰公司主张的裁决违反了《中华人民共和国仲裁法》第五十八条第一款第(二)项的规定。经审查,根据《中华人民共和国仲裁法》第五十八条第一款第(二)项的规定,裁决的事项不属于仲裁协议的范围,应当裁定撤销。本案中,一冶公司主张权利的《建设工程施工劳务分包合同》,即便认可真实性,也仅约定履行该合同时发生的争议,可提交仲裁。且一冶公司的仲裁申请,主张的是昊泰公司在施工过程中因伪造一冶公司下属项目部印章购买钢材后拖欠钢材款,以及因工程质量导致维修支出,从而造成一冶公司超付相应款项应当予以返还。仲裁庭在驳回一冶公司上述主张后,却认定发生于合同签订前的一笔 188 万的款项来往系不当得利,并据此作出裁决,既超出一冶公司申请仲裁的事实理由范围,也超出仲裁协议的范围。

综上,武汉市中级人民法院经讨论认为,(2017)武仲裁字第 000001241号仲裁裁决超出了仲裁协议的范围,应当予以撤销。

三、我院审查意见

昊泰公司申请撤裁有两项理由:第一是双方不具有有效的仲裁协议;第二是超裁,裁决的事项不属于仲裁协议的范围。关于有无有效仲裁协议的问题。昊泰公司虽提出仲裁协议无效,但该公司在仲裁庭审时明确同意通过仲裁解决劳务分包合同纠纷,故昊泰公司以仲裁协议无效申请撤裁,缺乏法律依据，不应得到支持。

关于超裁的问题。一冶公司申请仲裁，请求的是劳务分包合同项下的款项。仲裁裁决第二项驳回了一冶公司关于劳务分包合同的请求，不存在超裁的问题，不应撤销。裁决第三项是仲裁费用的分担问题，不应撤销。但是裁决第一项系昊泰公司返还一冶公司188万元。仲裁庭认为：一冶公司不能举证证实其系秦皇岛戴河庭院D区二期工程项目向昊泰公司支付，昊泰公司也不能举证证实其系沈阳三一新天地一期工程项目尾款由一冶公司支付，但本案证据证实，双方确认昊泰公司收到一冶公司支付的该笔188万元。仲裁庭根据《中华人民共和国民法通则》第九十二条关于不当得利的规定，裁决昊泰公司返还一冶公司188万元。对此，我院认为，昊泰公司同意仲裁，系同意就案涉劳务分包合同进行仲裁。该188万元的支付发生在案涉合同订立之前，一冶公司不能证实该188万元系秦皇岛戴河庭院D区二期工程项目的款项，也就是不能证实是案涉合同项下的款项，昊泰公司亦不认可该款项是案涉合同项下的款项，故而该款项上的权利义务问题不属于昊泰公司同意仲裁的范围。仲裁庭此项裁决构成超裁，应予撤销。

我院认为，本案仲裁裁决是可以分割的，处理的是不同法律关系下的款项，不可因其第一项裁决超裁而撤销整个裁决。《最高人民法院关于我国仲裁机构作出的仲裁裁决能否部分撤销问题的批复》亦规定，我国仲裁机构作出的仲裁裁决，如果裁决事项超出当事人仲裁协议约定的范围，或者不属当事人申请仲裁的事项，并且上述事项与仲裁机构作出裁决的其他事项是可分的，人民法院可以基于当事人的申请，在查清事实后裁定撤销该超裁部分。该批复虽已失效，但对本案的处理仍具有参考意义。故同意撤销案涉仲裁裁决第一项，不同意撤销该裁决第二项、第三项。

妥否，请批复。

最高人民法院
关于内蒙古自治区高级人民法院就申请人王某培与被申请人冯某明申请撤销仲裁裁决一案请示的复函

2018 年 12 月 28 日　　　　　　　　（2018）最高法民他 288 号

内蒙古自治区高级人民法院：

　　你院《关于申请人王某培与被申请人冯某明申请撤销仲裁裁决一案的请示》收悉。经研究，答复如下：

　　关于王某培在仲裁阶段的委托代理人杨扬律师不按规定接受当事人委托并参与仲裁活动，是否构成仲裁违反法定程序的问题。尽管经笔迹鉴定，授权委托书上的签名并非王某培本人所签署，但杨扬律师知晓仲裁庭开庭时间并出席庭审、向仲裁庭提交王某培身份证复印件以及王某培的相关证据进行举证质证，与常理不符。鉴于杨扬律师参加仲裁程序是否实际得到王某培的授权或追认，属于事实问题，应由受案法院查明。故请受案法院组织一次询问，询问王某培本人以及案外人杨扬律师，查明杨扬律师向仲裁庭提交的授权委托手续是否为王某培的真实意思表示。如查明杨扬律师系无权代理，因其行为剥夺了王某培参加仲裁程序及陈述相应意见的权利，并可能影响案件正确裁决，应当根据《中华人民共和国仲裁法》第五十八条第一款第三项的规定，裁定撤销案涉仲裁裁决。如查明授权委托书虽然签字虚假，但王某培授权委托杨扬律师代理仲裁程序的意思表示真实或事后有追认行为，则应驳回王某培的撤裁申请。

　　此复

附：

内蒙古自治区高级人民法院
关于申请人王某培与被申请人冯某明申请撤销
仲裁裁决一案的请示

2018 年 10 月 15 日　　　　　　　　　　（2018）内民他 16 号

最高人民法院：

　　内蒙古自治区鄂尔多斯市中级人民法院（以下简称鄂尔多斯中院）立案受理了申请人王某培与被申请人冯某明申请撤销仲裁裁决一案，该院拟撤销鄂尔多斯仲裁委员会（以下简称仲裁委）鄂仲裁字（2013）277 号裁决，并上报我院审查。我院审查后认为，拟同意鄂尔多斯中院意见。因冯某明住所地在四川省，依照《最高人民法院关于仲裁司法审查案件报核问题的有关规定》的规定，应报贵院审核。现将本案报告如下：

　　一、当事人基本情况

　　申请人（原仲裁被申请人）：王某培，男，1971 年 3 月 8 日出生，汉族，个体工商户，现住内蒙古自治区鄂尔多斯市。

　　委托诉讼代理人：陈华勇，河南广亚律师事务所律师。

　　被申请人（原仲裁申请人）：冯某明，男，1972 年 6 月 4 日出生，汉族，个体工商户，现住四川省合江县。

　　二、基本案情

　　2010 年 9 月 10 日，内蒙古包头兴业集团股份有限公司（以下简称兴业公司）、王某培与冯某明签订《建设安装工程扩大劳务合同书》（以下简称《合同书》），将彤云小区项目工程中的主体结构、二次砌体、内墙抹灰、洒水等劳务发包给冯某明，合同对价格及双方的权利义务进行了约定，并约定了仲裁条款。现冯某明依据《合同书》向仲裁委提出仲裁申请，请求判令兴业公司、王某培连带给付冯某明劳务费 2163700 元及退还劳动保证金 200000 元，并承担仲裁等相关费用。仲裁委根据《中华人民共和国合同法》第八条、第六十条第一款规定，裁决：（一）王某培向冯某明支付劳务费1839700元；（二）王某培向冯某明退还保证金200000元；（三）驳回冯某明要求兴业公司连带给付劳务费及退还劳动保证金的仲裁请求。后王某培就《授权委托书》上的签名提出异议，并通过媒体向社会公开，2017年3月15日内蒙古中泽司法鉴定中心出具《司法鉴定检验报告书》，证明《授权委托书》上的签名非王某培本人所签。2017年6月1日鄂尔多斯市律师协会作出鄂律纪处字（2017）2号《鄂尔多斯市律师协会处分决定书》，认为杨扬律师不按规定接受委托，代替当事人在相关法律文书上签名，违反了《律师执业行为规范》的相关规定，给予训诫处分。

三、双方当事人意见

申请人王某培称，仲裁委作出鄂仲裁字（2013）277号仲裁裁决书违反法定程序，存在徇私舞弊、枉法裁判的情形，应予撤销。（一）裁决书违反法定程序。仲裁庭的组成违法，冯某明申请首席仲裁员的选项空白，且从未通知王某培开庭时间。王某培并未委托赫扬律师事务所杨扬律师出席仲裁庭，其参与的仲裁活动并未经过王某培追认，代理行为应属无效。内蒙古中泽司法鉴定中心出具的《司法鉴定检验报告书》确定委托书不是王某培本人签字。（二）裁决书存在徇私舞弊、枉法裁判的情形。双方签订的合同为无效合同，裁决书认定涉案工程已完工，且以《会议纪要》为承担责任的依据错误。王某培不拖欠冯某明劳务费，相反还为工程垫资，冯某明应向王某培支付款项，仲裁委对此事实并未查清，属认定事实错误。

冯某明未提交答辩意见。

四、鄂尔多斯中院的处理意见和理由

《中华人民共和国仲裁法》第五十八条规定："当事人提出证据证明裁决有下列情形之一的，可以向仲裁委员会所在地的中级人民法院申请撤销裁决：（一）没有仲裁协议的；（二）仲裁裁决的事项不属于仲裁协议的范围或者仲裁委员会无权仲裁的；（三）仲裁庭的组成或者仲裁程序违反法定程序的；（四）裁决所根据的证据是伪造的；（五）对方当事人隐瞒了足以影响公正裁决的证据的；（六）仲裁员在仲裁该案时有索贿受贿、徇私

舞弊、枉法裁决行为的。人民法院经组成合议庭审查核实裁决有前款规定情形之一的，应当裁定撤销。人民法院认定该裁决违背社会公共利益的，应当裁定撤销。"本案中，王某培在仲裁阶段的委托代理人杨扬律师不按规定接受当事人委托，已经受到鄂尔多斯市律师协会作出的训诫处分。杨扬律师参与仲裁活动并未得到王某培的追认，属于无权代理行为。因此，仲裁程序违法，属于撤销仲裁裁决的法定理由。依照《中华人民共和国仲裁法》第五十八条、第五十九条、第六十条规定，拟裁定撤销鄂仲裁字（2013）277号裁决。

五、我院审查意见

王某培的委托代理人杨扬律师向仲裁庭提交的授权委托书非王某培本人签名，事后其参与仲裁事宜未得到王某培的追认，属于无权代理行为。杨扬律师已经受到鄂尔多斯市律师协会处分，故杨扬律师参与的仲裁过程因无权代理导致仲裁程序违法，仲裁裁决应予撤销。依照《中华人民共和国仲裁法》第五十八条第一款第三项，《最高人民法院关于仲裁司法审查案件报核问题的有关规定》第三条第一款第一项规定，拟同意鄂尔多斯中院撤销鄂尔多斯仲裁委员会鄂仲裁字（2013）277号裁决的意见。

特此请示。

【案例评析】

2018年全国海事审判典型案例

2018年,全国海事审判队伍以习近平新时代中国特色社会主义思想为指导,紧紧围绕"一带一路"建设、京津冀协同发展、长江经济带发展、加快建设海洋强国等党和国家工作大局,充分发挥海事审判职能作用,在提升新时代海事司法理念、维护国家海洋权益、规范航运秩序、统一裁判尺度等方面取得新的进展。为发挥典型案例的示范和引领作用,最高人民法院发布了2018年全国海事审判典型案例。

此次发布的十个典型案例,案件类型丰富,法律适用问题突出,社会示范效应明显。一是在统一裁判尺度方面。有涉及国际多式联运合同纠纷法律适用的问题;有涉及银行作为提单持有人向承运人主张无单放货的诉权及索赔范围的问题;有涉及由于多种原因造成保险事故时界定保险责任的问题;有涉及从事沿海货物运输船舶、内河船舶设立海事赔偿责任限制基金的问题;有涉及《国内水路货物运输规则》废止后适用实际承运人制度的问题;有涉及海商法与一般民事法律诉讼时效制度适用规则的问题。二是在规范航运秩序方面。有涉及为提高内河航行安全意识,认定船舶未配备持有适任证书的船员构成船舶不适航并导致保险事故发生时,依据保险条款免除保险人赔偿责任的问题;有涉及为规范无船承运人市场管理及航运交易安全,依法确认无船承运业务经营者保证金责任保险格式条款无效的问题。三是在加强新类型案件审理方面。有涉及为保护国家海洋环境,充分发挥海事司法职能,采取"裁执分离"方式恢复海域原状的问题。

三井住友海上火灾保险株式会社（Mitsui Sumitomo Insurance Company Limited）诉中远海运集装箱运输有限公司国际多式联运合同纠纷案

【基本案情】

2015年3月，案外人SONY EMCS（MALAYSIA）SDN BHD公司（以下简称索尼公司）委托中远海运集装箱运输有限公司（以下简称中远海运公司）运输一批液晶显示面板先经海运自马来西亚巴生港至希腊比雷埃夫斯港，再经铁路至斯洛伐克尼特拉。中远海运公司签发了4套不可转让已装船清洁联运海运单。货物在位于希腊境内的铁路运输区段因火车脱轨而遭受货损。三井住友海上火灾保险株式会社（以下简称三井保险公司）作为涉案货物保险人，在对索尼公司进行理赔取得代位求偿权后，向中远海运公司提出追偿。中远海运公司抗辩称，火车脱轨的原因是事故时段当地持续暴雨，引起地质塌陷，承运人可以免责；即使不能免责，其可依法享受承运人单位赔偿责任限制。

【裁判结果】

上海海事法院一审认为，三井保险公司注册成立于日本、运输目的地为斯洛伐克，事故发生地位于希腊，案件争议属于涉外民事法律关系下的纠纷，当事人可以选择解决纠纷适用的法律。庭审中，双方当事人达成一致，对于涉案货物铁路运输区段的责任认定、责任承担方式等选择适用希腊法律，其余争议问题选择适用中华人民共和国法律，法院对此选择予以尊重。

希腊是《国际铁路运输公约》（Convention concerning International Carriage by Rail）的成员国，《国际铁路货物运输合同统一规则》（Uniform Rules Concerning the Contract of International Carriage of Goods by Rail）是《国际铁路运输公约》的附件B。希腊在批准加入该公约时未作任何保留

声明，公约在希腊优先于其国内法适用。根据《国际铁路运输公约》第23.2条，若货物的灭失、损坏或迟延交付是由于承运人无法避免并且无法阻止其发生的原因所造成的，承运人无须承担赔偿责任。本案事故发生前虽有持续降雨，但比较事故地区历史降水数据，事故月份降水量仅处于历史中等偏上水平，并未出现明显异常。然而，本次列车脱轨并非遭受雨水直接冲击所致，而是事故区域常年频繁降雨侵蚀土壤后产生的地质作用引起地层塌陷的结果，是一个由量变到质变的过程，具体何时发生非人力所能预见和控制。铁路养护是否得当或可延缓此种地质变化的进程，但并无证据表明可以准确预计、控制和绝对避免。因此，中远海运公司可以援引《国际铁路运输公约》第23.2条的规定，对货损不负赔偿责任。三井保险公司不服一审判决，向上海市高级人民法院提起上诉。二审期间，三井保险公司撤回上诉。

【典型意义】

本案是一起含海运在内的国际多式联运合同纠纷。海运始于马来西亚，中途经希腊转铁路，目的地为斯洛伐克，是典型的通过"21世纪海上丝绸之路"，经由地中海转铁路将货物运送至中欧内陆国家的海铁联运。随着"一带一路"国家和地区间贸易往来的日益密切，国际贸易对多式联运的需求也呈现快速增长趋势。在跨越多国、涉及多种运输方式的国际多式联运合同纠纷中，对"网状责任制"与确定运输区段准据法之间的关系，存在认识不统一的情况。本案中法院坚持意思自治原则，充分尊重当事人的选择，铁路运输区段适用希腊法律，其余争议问题适用中华人民共和国法律，并根据希腊法下的法律渊源适用《国际铁路运输公约》《国际铁路货物运输合同统一规则》相关规定。此外，"一带一路"沿线国家和地区的自然气候状况、地理水文条件差别很大，基础设施的建设和养护水平也参差不齐，货运事故的发生又往往出现多种因素相互交织、并存的复杂局面，本案在评判风险责任承担时，较好地运用了原因力分析的方法，论证充分，说理透彻，为类似纠纷的处理提供了借鉴思路。

【一审案号】（2016）沪72民初288号
【二审案号】（2018）沪民终140号

中国银行股份有限公司日照岚山支行与天津西南海运有限公司等海上货物运输合同纠纷案

【基本案情】

中国银行股份有限公司日照岚山支行（以下简称岚山中行）根据授信长期为日照广信化工科技有限公司（以下简称广信公司）购买生产原料开立信用证，本案涉及岚山中行开立的3份90天远期不可撤销信用证，受益人均为发货人Marubeni Corporation（以下简称丸红公司）。鹰社海运公司代表承运人天津西南海运有限公司（以下简称西南公司）向丸红公司签发3套指示提单，均记载托运人为丸红公司，装货港韩国蔚山，卸货港中国连云港，货物品名聚合级丙烯，船名"HONG YU"轮。涉案货物于2017年3月27日运抵连云港，西南公司根据丸红公司出具的保函将货物存入广信公司指定的岸罐并由广信公司提取。岚山中行根据信用证贸易单证流程于4月14日取得涉案三套提单，三个月后因广信公司无力全额付款赎单，岚山中行垫付2033796.85美元。岚山中行后收回488086.33美元。为维护自身合法权益，岚山中行申请法院诉前扣押"HONG YU"轮，并依据所持有的涉案提单向西南公司主张无单放货，要求赔偿信用证项下实际垫付的款项及利息。西南公司抗辩称岚山中行明知依惯例广信公司必须无单提货，融资银行并非通常意义上的提单持有人，其所遭受的损失与无单放货行为之间无因果关系，西南公司不应承担赔偿责任。

【裁判结果】

宁波海事法院一审认为，岚山中行享有且未放弃海商法第七十一条规定的提单持有人权利，可以根据提单法律关系向承运人索赔，扣除岚山中行已收回的488086.33美元款项后，判决西南公司赔偿岚山中行经济损失1545710.52美元。西南公司不服一审判决，提起上诉。

浙江省高级人民法院二审认为，《最高人民法院关于审理无正本提单交付货物案件适用法律若干问题的规定》第二条并未将跟单信用证的开证行、具有商业利益的合作方等其他经合法流转持有正本提单的主体排除在外，岚山中行主张的垫付款项的实际损失金额未超出提单项下货物装船时的价值以及法律规定的无单放货的赔偿范围，判决驳回上诉，维持原判。

【典型意义】

本案是一起涉及信用证贸易融资因素的海上货物运输合同纠纷，具有三个方面的典型意义：一是从文义、目的解释角度对涉及提单持有人定义、承运人无单放货赔偿责任的法律、司法解释规定进行解读，确认信用证开证行可以享有正本提单人的法律地位和索赔权利。二是在认定无单放货导致损失上有所创新。海商法第五十五条仅规定了货物灭失赔偿额的上限和一般计算方法，银行在该规定限额以下主张实际垫付款损失，符合损失填补原则。三是对规范海上货物运输秩序具有积极意义。随着银行为企业提供贸易融资服务方式的变化，银行通过对提单的占有来维护自身的合法权益，符合商业需要，承运人对无单放货仍然应当承担赔偿责任。

【一审案号】（2017）浙72民初1601号
【二审案号】（2018）浙民终624号

曲某某诉中国大地财产保险股份有限公司威海中心支公司、中国大地财产保险股份有限公司石岛支公司海上保险合同纠纷案

【基本案情】

2011年5月25日，曲某某与中国大地财产保险股份有限公司石岛支公司（以下简称大地保险石岛支公司）就"鲁荣渔1813""鲁荣渔1814"船订立两份保险合同。两份合同均约定险别为《中国大地财产保险股份有限责任格式远洋渔船保险条款》综合险，渔船保险价值428.57万元，保险金额300万元。涉案保险条款第二条（责任范围）载明：该保险分全损

险和综合险，其中综合险承保以下3项原因造成被保险渔船的全部或部分损失以及该3项原因所引起的救助费用等6项责任和费用：1. 暴风雨、台风、雷电、流冰、地震、海啸、洪水、火山爆发、搁浅、触礁、沉没、碰撞、失火、锅炉或其他设备爆炸、油管破裂等自然灾害和意外事故；2. 船壳和机器的潜在缺陷；3. 船长、大副、船员、引水员或修船人员的疏忽。涉案保险条款第三条（除外责任）载明：保险人对所列8项损失、费用和责任不负责赔偿，其中第1项、第2项分别为：由于被保险渔船不具备适航条件所造成的损失；由于船东及其代表的疏忽，船东及其代表和船长的故意行为造成的损失。大地保险石岛支公司未提供证据证明其在订立保险合同时向曲某某明确说明保险条款中除外责任条款和保险单上的特别约定。两艘渔船于2011年6月1日后在山东省荣成市烟墩角北港渔码头进行维修保养。2011年6月25日，曲某某为避台风同部分船员试图单靠"鲁荣渔1814"船动力将两船（"鲁荣渔1813"主机已吊出船舱维修）驾驶至南码头，后在途中因舵机失灵，在台风大浪作用下，两船搁浅导致报废。

【裁判结果】

青岛海事法院一审认为，涉案船舶在避台风过程中全损，该原因属于保险合同约定的保险赔偿范围，判决大地保险石岛支公司给付曲某某保险赔偿款600万元及利息；中国大地财产保险股份有限公司威海中心支公司（大地保险威海支公司）对赔偿款承担补充给付责任。曲某某、大地保险威海支公司、大地保险石岛支公司均不服一审判决，提出上诉。

山东省高级人民法院二审认为，本案所涉事故，先有船舶所有人的疏忽，后有台风的影响，缺乏任何一个原因，事故均不会发生，直接、有效、起决定作用的原因难以确定，故大地保险威海支公司、大地保险石岛支公司应按照50%的比例，向曲某某支付保险金。二审判决大地保险石岛支公司给付曲某某保险赔偿款300万元及利息，大地保险威海支公司承担补充给付责任。曲某某不服二审判决，向最高人民法院申请再审。

最高人民法院再审认为，涉案事故系由台风、船东的疏忽、船长和船员的疏忽三个原因共同造成，其中台风是主要原因。涉案保险条款已明确约定船东疏忽不属其列明的承保范围。由于保险人未根据保险法第十七条第二款规定就免除保险人责任条款向曲某某明确说明，案涉除外责任条款不生效。案涉船舶在港内移泊不属于海商法第二百四十四条第一款第一项规定的"船舶开航",大地保险石岛支公司根据该条规定主张免除保险赔偿责任缺乏事实依据。在造成涉案事故的三个原因中,台风与船长船员的疏忽属于承保风险,而船东的疏忽为非承保风险。在保险事故系由承保风险和非承保风险共同作用而发生的情况下,根据各项风险(原因)对事故发生的影响程度,法院酌定大地保险石岛支公司对涉案事故承担75%的保险赔偿责任。最高人民法院再审判决大地保险石岛支公司给付曲某某保险赔偿款450万元及其利息,大地保险威海支公司承担补充给付责任。

【典型意义】

本案是一起典型的船舶保险合同纠纷案。该案再审判决在审理思路与实体规则适用方面均发挥了指导作用,主要体现在以下几个方面:一是保险赔偿责任的认定涉及的基本问题包括合同总体上的效力、事故原因、保险承保范围、除外责任、因果关系构成等,该案再审判决明确了有关基本问题的论证层次。二是关于多因一果的损害赔偿的处理,我国法律并没有规定保险赔偿的"近因原则",从《最高人民法院关于适用〈中华人民共和国保险法〉若干问题的解释(三)》第二十五条规定人身保险中按相应比例确定赔付的原则看,我国保险司法实践正在倾向采纳国际上逐步发展的比例因果关系理论,该案再审判决遵循了这一司法动向。三是该案再审判决明确了海商法第二百四十四条中"开航"的含义。

【一审案号】(2016)青海法商初字第240号
【二审案号】(2016)鲁民终1542号
【再审案号】(2017)最高法民再413号

中燃航运(大连)有限责任公司申请设立海事赔偿责任限制基金案

【基本案情】

2017年3月9日,中燃航运(大连)有限责任公司(以下简称中燃公司）所有的中国籍"中燃39"轮与朝鲜籍"昆山"轮（M.V KUM SAN）在中国连云港海域发生碰撞造成损失。"中燃39"轮为沿海运输船舶，总吨2548吨，中燃公司就船舶碰撞引起的可以限制赔偿责任的非人身伤亡海事赔偿请求，向大连海事法院申请设立海事赔偿责任限制基金，基金数额按照《关于不满300总吨及沿海运输、沿海作业船舶海事赔偿责任限额的规定》（以下简称《责任限额规定》），为254508特别提款权所换算的人民币数额及其利息。"昆山"轮所有人朝鲜金山船务公司没有向法院申请设立海事赔偿责任限制基金，其与"昆山"轮所载货物的收货人大连欧亚贸易有限公司就设立基金提出异议，认为应当按照海商法第二百一十条的规定确定基金数额。

【裁判结果】

大连海事法院认为，"中燃39"轮总吨2548吨，从事中国港口之间的运输，依照海商法第二百一十条第二款关于"总吨位不满300吨的船舶，从事中华人民共和国港口之间的运输的船舶，以及从事沿海作业的船舶，其赔偿限额由国务院交通主管部门制定，报国务院批准后施行"的规定，"中燃39"轮的赔偿限额应适用《责任限额规定》。但根据该规定第五条，同一事故中当事船舶的海事赔偿限额，有适用海商法第二百一十条或者本规定第三条规定的，其他当事船舶的海事赔偿限额应当同样适用。与"中燃39"轮发生碰撞的"昆山"轮所有人虽然没有向法院申请设立海事赔偿责任限制基金，但该轮总吨5852吨，从事国际运输，其海事赔偿限额应当适用海商法第二百一十条的规定，故"中燃39"轮作为同一事故的其他当事船舶，海事赔偿限额也应当同样适用海商法第二百一十条的规定。综上，法院裁定准许中燃公司设立海事赔偿责任限制基金，基金数额为非人身伤亡赔偿限额509016特别提款权所换算的人民币数额及其利息。一审裁定现已生效。

【典型意义】

依照国务院批准施行的《责任限额规定》，不满300总吨及沿海运输、沿海作业船舶的海事赔偿限额，为从事国际运输及作业船舶海事赔偿限额的50%，但也存在例外情形，即同一事故中的当事船舶应适用同一海事赔偿限额的规定，且以较高的限额规定为准。中燃公司主张，只有在同一事

149

故中的当事船舶权利人均主张享受海事赔偿责任限制或均申请设立海事赔偿责任限制基金时,才能适用上述"同一事故中的当事船舶适用同一规定"的规则。由于"昆山"轮所有人没有向法院申请设立海事赔偿责任限制基金,故本案不适用上述规则。法院认为,同一事故中当事船舶的海事赔偿限额有应当适用海商法第二百一十条规定情形的,其他当事船舶的海事赔偿限额也同样适用海商法第二百一十条的规定,而不考虑权利人是否实际申请设立海事赔偿责任限制基金。法院正确解读"同一事故中当事船舶适用同一规定"的规则,平等保护了中外当事人的合法权益,充分体现了中国法院公正审理涉外海事案件的态度。

【案号】(2017)辽72民特104号

韩某某申请设立海事赔偿责任限制基金案

【基本案情】

"湘张家界货3003"轮所有人为韩某某,总吨2071吨,该轮持有长江中下游及其支流省际普通货船运输许可证、内河船舶适航证书,准予航行A级航区,作自卸砂船用。2016年5月9日,"湘张家界货3003"轮在闽江口D9浮返航进港途中,与"恩基1"轮发生碰撞,造成"恩基1"轮及船载货物受损。韩某某向法院申请设立海事赔偿责任限制基金。

【裁判结果】

厦门海事法院一审认为,韩某某系"湘张家界货3003"轮的登记所有人,该轮虽为内河船舶,但根据其提供的《内河船舶适航证书》,该轮航行区域为长江中下游及其支流省际内河航线,而且发生涉案事故时,正航行于闽江口,属于国务院批准施行的《关于不满300总吨及沿海运输、沿海作业船舶海事赔偿责任限额的规定》(以下简称《责任限额规定》)第四条规定的"300总吨以上从事中华人民共和国港口之间货物运输或者沿海作业的船舶"。一审裁定准许韩某某提出的设立海事赔偿责任限制基金的申请。相关利害关系人不服一审裁定，提起上诉。

福建省高级人民法院二审认为，涉案船舶"湘张家界货3003"轮虽为内河船舶，但其在沿海海域从事航行作业属于《责任限额规定》第四条所规定的从事沿海作业的船舶，依法可以申请设立海事赔偿责任限制基金。二审裁定驳回上诉，维持一审裁定。相关利害关系人不服二审裁定，提起再审。

最高人民法院再审认为，"湘张家界货3003"轮持有长江中下游及其支流省际普通货船运输许可证、内河船舶适航证书，准予航行A级航区，为内河船舶。涉案船舶碰撞事故发生在福建闽江口，并非"湘张家界货3003"轮准予航行的航区。"湘张家界货3003"轮的船舶性质及准予航行航区不因该船实际航行区域而改变。"湘张家界货3003"轮作为内河船舶，不属于《责任限额规定》适用的船舶范围。再审撤销一、二审裁定，驳回韩某某设立海事赔偿责任限制基金的申请。

【典型意义】

海商法第三条规定的船舶仅限于海船，关于内河船舶在海上航行是否适用海事赔偿责任限制制度，司法实践中存在争议。国务院批准施行的《责任限额规定》源于海商法第二百一十条的授权，其规定的"从事中华人民共和国港口之间货物运输或者沿海作业的船舶"仍应限定为海船。受利益驱动，近年来内河船舶非法从事海上运输的问题非常突出，严重威胁着人员、财产和环境的安全。最高人民法院在该案中进一步明确，内河船舶性质及准予航行航区不因该船实际航行区域而改变，对于规范航运秩序、统一类似案件裁判尺度具有积极意义。

【一审案号】（2016）闽72民特90号
【二审案号】（2016）闽民终1587号
【再审案号】（2018）最高法民再453号

中国人民财产保险股份有限公司上海市分公司诉江苏华隆海运有限公司、宋某某通海水域货物运输合同纠纷案

【基本案情】

2017年5月27日,广州市海大饲料有限公司(以下简称海大公司)向案外人订购东北产玉米,拟运到湖南省进行销售。同年7月26日,海大公司委托江苏华隆海运有限公司(以下简称华隆公司)负责将案涉玉米由靖江码头分别运往湖南长沙、岳阳和汨罗。7月28日,华隆公司与宋某某所属"远东98"轮代表宋某(宋某某的女儿)约定由该轮将货物从靖江运至岳阳。8月3日,华隆公司与宋某共同签名签发相关货票(运单),载明托运人和收货人均为海大公司。该货票注明:本运单经承托双方签认后,具有合同效力,承运人与托运人、收货人之间的权利、义务关系和责任界限均按《水路货物运输规则》(以下简称《货规》)及运杂费用的有关规定办理。货物在起运港装船后准备盖帆布时突降暴雨,导致船头和货舱两侧玉米发霉。中国人民财产保险股份有限公司上海市分公司(以下简称人保上海分公司)作为货物保险人向海大公司赔付后取得代位追偿权,要求华隆公司与宋某某承担连带责任。

【裁判结果】

武汉海事法院一审认为,运单是托运人与承运人形成运输合同关系的表现形式。本案运单载明的托运人为海大公司,承运船舶为宋某某所属和经营的"远东98"轮,华隆公司与宋某某均在运单上盖章或者代表人签名。涉案运单上注明了关于托运人、承运人的权利、义务适用《货规》的相关规定,故《货规》的相关内容可视为华隆公司、宋某某与海大公司之间的运输合同关系的权利义务条款。华隆公司是合同承运人。宋某某答辩时对承担涉案货物运输事实并无异议,故宋某某实际承担了涉案货物运输义务,是本案实际承运人。一审判决华隆公司与宋某某对人保上海分公司承担连带赔偿责任。当事人不服一审判决提起上诉,湖北省高级人民法院维持一审判决。

【典型意义】

人民法院为减少当事人讼累，参照原交通部制定的《货规》，判决承运人与实际承运人承担连带责任，是我国海事司法实践长期形成的裁判规则。2016 年交通运输部宣布废止《货规》后，能否继续适用实际承运人制度，承运人与实际承运人是否承担连带责任，存在较大争议，导致司法裁判尺度不统一。本案中法院根据各方当事人约定，适用《货规》中承运人与实际承运人连带责任制度，有利于维护当事人的合法权益，有利于保持法律适用的稳定性，对于弥补现行法律漏洞具有积极意义。

【一审案号】（2018）鄂 72 民初 1177 号

【二审案号】（2018）鄂民终 1376 号

江门市浩银贸易有限公司与联泰物流（Union Logistics, Inc）海上货物运输合同纠纷案

【基本案情】

2014 年 9 月至 10 月间，江门市浩银贸易有限公司（以下简称浩银公司）向阿多恩时装有限公司（以下简称阿多恩公司）出售一批女裤。按照阿多恩公司的指示，浩银公司委托联泰物流（Union Logistics, Inc）将涉案货物自广东省深圳市盐田港运至美国加利福尼亚长滩港。联泰物流安排运输后，授权其代理人广州升扬国际货运代理有限公司（以下简称升扬公司）向浩银公司签发了全套正本提单，载明托运人为浩银公司，承运人为联泰物流。2014 年 12 月 26 日，涉案货物装船起运。2015 年 1 月 16 日，涉案货物由联泰物流在目的港美国长滩交付于阿多恩公司。而浩银公司仍持有全套正本提单。2015 年 10 月 21 日，浩银公司以升扬公司为被告提起诉讼，广州海事法院审理后认为，升扬公司为联泰物流的签单代理人，并非涉案运输承运人，遂判决驳回浩银公司的诉讼请求。2016 年 2 月 24 日，浩银公司以联泰物流为被告提起诉讼，请求联泰物流赔偿其遭受的货物损

失及利息。经公约送达，联泰物流到庭应诉，对无正本提单交付货物事实予以确认，但辩称浩银公司对其的起诉已超过海商法规定的一年诉讼时效，且本案不存在诉讼时效中止、中断的法定情形，请求法院依法驳回浩银公司诉讼请求。

【裁判结果】

广州海事法院认为，本案诉讼时效中断应适用海商法第二百六十七条的规定。该条规定"提起诉讼"可中断诉讼时效，但并未明确规定"提起诉讼"涵盖的具体情形，应适用其他法律、法规或司法解释的规定进行界定。根据《最高人民法院关于审理民事案件适用诉讼时效制度若干问题的规定》第十三条以及《最高人民法院关于贯彻执行〈中华人民共和国民法通则〉若干问题的意见（试行）》第173条第2款"权利人向债务保证人、债务人的代理人或者财产代管人主张权利的，可以认定诉讼时效中断"的规定，浩银公司于2015年10月21日以升扬公司为被告提起诉讼的行为可以认定为与提起诉讼具有同等诉讼时效中断效力的事项，该行为应被视为海商法第二百六十七条第一款规定的"提起诉讼"，即本案诉讼时效期间于2015年10月21日构成中断并重新开始计算。浩银公司于2016年2月24日提起诉讼，并未超过法定诉讼时效期间。联泰物流作为承运人，无正本提单交付货物，违反承运人法定义务，构成违约。该违约行为致使浩银公司丧失货物控制权，无法收回货款，联泰物流应赔偿损失。一审判决后，双方当事人均未上诉。

【典型意义】

我国海商法作为民法的特别法，规定了有别于一般民事法律的特殊诉讼时效制度。在涉及海商法调整的权利义务关系时，应优先适用海商法的相关规定。在海商法没有明确规定时，应适用民法通则等一般民事法律规定。海商法第二百六十七条第一款虽然规定了请求人提起诉讼方能中断诉讼时效，但该法并未明确规定"提起诉讼"的具体情形，此时应适用民法通则等法律及相关司法解释予以界定。此案对于处理海商法与一般民事法律诉讼时效制度的关系具有参考价值。

【案号】（2016）粤72民初311号

陈某某与中国人民财产保险股份有限公司高淳支公司等通海水域保险合同纠纷案

【基本案情】

自 2014 年起,陈某某为其所有的"宁高鹏 3368"轮连续四年向中国人民财产保险股份有限公司高淳支公司(以下简称人保高淳支公司)投保沿海内河船舶一切险,中国人民财产保险股份有限公司南京分公司(以下简称人保南京分公司)根据陈某某的投保签发保险单,收取保险费并开具保险费发票。其中 2015 年的保险单载明被保险人为陈某某,投保险别为沿海内河船舶一切险。保险条件及特别约定部分第九条载明:附加船东对船员责任险,投保三人,每人保额 10 万,并列明了三名船员的姓名和公民身份号码。第十条载明:除以上特别约定外,其他条件严格按照《中国人民财产保险股份有限公司沿海内河船舶保险条款(2009 版)》执行。该保险条款第三条第一款规定,由于船舶不适航、不适拖(包括船舶技术状态、配员、装载等,拖船的拖带行为引起的被拖船舶的损失、责任和费用,非拖轮的拖带行为所引起的一切损失、责任和费用)所造成的损失、责任及费用,保险人不负责赔偿。2016 年 3 月 13 日,"宁高鹏 3368"轮在运输过程中,触碰位于长江中的中海油岳阳油库码头,造成趸船及钢引桥移位。事发时在船船员三人,均无适任证书。岳阳海事局认定该轮当班驾驶员未持有《内河船舶船员适任证书》,违规驾驶船舶,操作不当是造成事故的直接原因,该轮对上述事故负全部责任。陈某某就事故损失向人保高淳支公司提出保险理赔。人保南京分公司认为,船员操作不当是导致发生触碰的直接原因,且船员没有适任证书、船舶未达最低配员,船舶不适航属于除外责任,故有权拒绝赔偿。陈某某遂起诉人保南京分公司、人保高淳支公司及中国人民财产保险股份有限公司。

【裁判结果】

天津海事法院一审认为,在航运实践中,船员取得适任证书是预防船舶驾驶操作不当、确保船舶安全的重要举措。根据海事行政部门的认定,船员操作不当是造成事故的直接原因。当班船员未持有《内河船舶船员适任证书》违规驾驶船舶是诱使该行为最主要的实质上的原因，故应认定当班驾驶员未持有《内河船舶船员适任证书》违规驾驶船舶对事故发生具有直接的因果关系，涉案船舶未配备适任船员，构成船舶不适航。根据《中国人民财产保险股份有限公司沿海内河船舶保险条款（2009 版）》第三条第一款，因船舶不适航造成的损失，保险人不负赔偿责任。故一审法院判决驳回陈某某的诉讼请求。当事人不服一审判决提起上诉，天津市高级人民法院维持一审判决。

【典型意义】

长期以来，很多从事内河货物运输的企业、个人为降低经营成本，雇佣不持有适任证书的船员或不按最低配员标准配备船员，给内河航行安全造成了严重隐患，损害了内河航运经济健康有序的发展。2016 年，最高人民法院出台《关于为长江经济带发展提供司法服务和保障的意见》，提出要引导各类市场主体展开有序良性竞争，指引港口、航运、造船企业切实增强安全意识、质量意识，为平安黄金水道建设提供有力司法支撑。在该案审理中，人民法院依法认定涉案船舶未配备持有适任证书的船员属于船舶不适航，在船舶不适航与保险事故有因果关系的情况下，依照保险条款免除保险人的赔偿责任。该案对于强化内河航行安全意识，促进内河航运经济高质量发展具有积极意义。

【一审案号】（2018）津 72 民初 53 号
【二审案号】（2018）津民终 392 号

中国平安财产保险股份有限公司上海分公司与中国太平洋财产保险股份有限公司镇江中心支公司等案外人执行异议之诉案

【基本案情】

中国平安财产保险股份有限公司上海分公司（以下简称平安上海分公司）为无船承运业务经营人上海旺嘉国际货运代理有限公司（以下简称旺嘉公司）签发限额为80万元的无船承运保证金责任保险单，保险条款约定："在保险期间或保险合同载明的追溯期内，被保险人在从事无船承运业务经营过程中，由于不履行承运人义务或者履行义务不当造成委托人的损失，经司法机关判决或司法机关裁定执行的仲裁机构裁决应由被保险人承担经济赔偿责任，并在保险期间内要求协助执行的，保险人负责赔偿。"旺嘉公司在保险期间内经营无船承运业务过程中发生货损，中国太平洋财产保险股份有限公司镇江中心支公司（以下简称太平洋镇江支公司）在向托运人赔付货物损失后，向旺嘉公司等提出索赔。上海海事法院于保险期间内作出一审判决。太平洋镇江支公司不服一审判决，提起上诉。上海市高级人民法院作出终审判决，判令旺嘉公司赔偿货物损失130余万元，但此时已经超出保险期间。在该案执行过程中，人民法院向平安上海分公司发出执行通知，要求将旺嘉公司的无船承运业务经营者保证金责任限额80万元划至法院账户。平安上海分公司提出执行异议，并在异议被驳回后提起执行异议之诉，认为该案终审判决做出的时间及当事人申请执行的时间均已经超出了保险期间，根据保险条款的约定其不应进行赔偿，故诉请确认其无须协助法院执行和支付保险赔款。

【裁判结果】

上海海事法院一审认为，涉案保险合同条款系平安上海分公司为了重复使用而预先拟定的合同条款，属于格式条款。平安上海分公司与旺嘉公司通过磋商订立合同，除遵循意思自治原则外，还应遵循公平原则确定双方的权利和义务。涉案合同条款中限制索赔权利人的内容，由于合同订立之时索赔权利人尚为潜在不特定对象,不具备磋商条件,应对相关条款的合理性提出更高要求,并要求合同订立人以诚实守信的原则拟定合同条款。涉案保险条款要求索赔权利人必须在保险期间内取得生效裁判并申请执行,系采取不合理方式免除保险人主要责任、加重索赔权利人责任、排除索赔权利人主要权利,违背了诚实信用原则,应为无效。据此判决驳回平安上海分公司的诉讼请求。平安上海分公司不服一审判决,提起上诉。

上海市高级人民法院二审认为,保险事故、保险责任的索赔和认定通常涉及多起相互关联的诉讼,前一个诉讼先确定被保险人是否承担责任,后一个诉讼才就该责任确定保险公司应否偿付保险金,多个诉讼前后相继。涉案格式条款规定保险赔付要同时满足多项索赔条件,即"司法机关判决＋保险期内＋通过司法程序要求协助执行"。上述情况都致使投保人、被保险人等发生保险事故后保险索赔难度明显加重,一定程度上排除了投保人、被保险人等依法享有的权利,一审法院对该条款的效力认定并无不妥,据此判决驳回上诉,维持原判。

【典型意义】

本案为依法确认无船承运业务经营者保证金责任保险格式条款无效的案例。无船承运业务经营者保证金责任保险制度,是无船承运业务经营保证金的一种替代形式,以保险的形式替代保证金,既减轻了无船承运业务经营者的现金压力,也可起到与保证金类似的效果。当前市场上很多无船承运业务经营者保证金责任保险采用类似格式条款,在保险责任条款中规定了索赔期间,要求索赔权利人必须在保险期间内起诉被保险人,且在保险期间内取得生效裁判文书并申请执行。类似条款为保险理赔设定了明显不合理的条件,实质上免除保险人的主要责任、加重索赔权利人的责任、排除索赔权利人的主要权利。该条款与合同目的明显背离,弱化了无船承运业务经营者责任保险的应有功能。本案判决认定涉案保险条款无效,既在个案中维护索赔权利人的合法权益,也发挥了司法裁判对社会行为的引导功能,对促进无船承运业务规范管理以及无船承运业务经营者保证金责任保险产品的健康有序发展均具有积极意义。

【一审案号】(2017)沪72民初2203号
【二审案号】(2018)沪民终81号

申请执行人福安市海洋与渔业局与被执行人陈忠义等海事行政非诉执行案

【基本案情】

福建宁德三都湾湿地是福建海湾型滨海湿地的典型代表，被列入《中国湿地保护行动计划》的"中国重要湿地名录"。宁德环三都澳湿地水禽红树林自然保护区是三都湾国家重要湿地的核心部分。陈某某、方某某、黄某某等多人未经海洋行政主管机关批准，擅自占用湿地海域实施围海养殖工程建设，严重侵害自然保护区，导致局部海洋生态系统遭受破坏，被中央环境保护督察组督察反馈列为整改对象。福安市海洋与渔业局于2016年8月31日作出行政处罚决定书，责令陈某某等退还非法占用的海域，恢复海域原状，并处以罚款。陈某某等在法定期限内未申请行政复议和提起行政诉讼。经福安市海洋与渔业局催告后，陈某某等仍拒不履行义务，该局向厦门海事法院申请执行行政处罚决定。

【裁判结果】

厦门海事法院认为，福安市海洋与渔业局是依法行使海域使用监督管理职能的行政机关，作出的行政处罚决定书主要证据确凿、认定事实清楚、适用法律正确、行政程序合法，裁定准予强制执行。随后，厦门海事法院启动非诉案件的"裁执分离"机制，确定由福安市海洋与渔业局负责具体组织实施退还海域、恢复原状，同时协调福安市人民政府组织多部门参与联合执法，并参照强制迁退不动产的执行程序，指导制定了《强制退海行动工作预案》《风险防控方案》等执行方案，明确实施强制执行的流程步骤和事前公告、第三人在场见证、执行笔录制作、执法活动视频记录、现场物品（养殖物）造册、保存、移交等工作规范和工作要点。2018年7月31日至8月3日，在法院监督下，相关行政部门组织1100余人、挖掘机12台，通过四昼夜强制执行，拆除了违建的养殖管理房，在围海长堤上开挖豁口4个、拆除闸门7座、清除淤泥数万方，引入海水令352.287亩被占海域恢复自然状态。以此案为示范和带动，最终将不符合生态自然保护区规划的170公顷养殖设施全部清退,实现了滩涂内外水源的有效交换,还原湿地。经定期生态监测,退养还湿后保护区自然生态环境进一步优化,生态物种进一步丰富,生态效益初步显现。

【典型意义】

非法占海、围海、填海是近年来我国近海海洋生态遭受破坏的重要原因,也是海洋污染防治攻坚战中的"痛点"和"顽症"。对责令退还非法占用海域、恢复海域原状的强制执行,由于涉及海域面积广,责任主体人数众多,构筑物拆除、土方清运工程量浩大,往往难以有效实施。人民法院从强化司法审查、严格执行程序和规范执行行为入手,统筹司法和行政资源,缜密组织实施"裁执分离",协调各方力量强力推进执行攻坚,拆塘清淤、退养还湿、还海洋以宁静、和谐、美丽,取得良好的生态效果。本案的圆满执结,为落实习近平生态文明思想中"用最严格制度、最严密法治保护生态环境"的要求,破解涉海洋生态司法"执行难"问题提供了可借鉴、可复制、可推广的样本。同时,通过监督支持海洋行政机关依法行政,健全完善环境司法与行政执法有效衔接机制,指引海事行政机关规范行政执法,提升海洋环境保护法治化水平。

【案号】(2018)闽72行审6号

【调查与研究】

"一带一路"国际商事争端解决实证研究

重庆市高级人民法院民三庭课题组[*]

通常而言,在涉"一带一路"跨境纠纷发生后,当事人会选择调解、仲裁、诉讼等方式予以解决。本文就"一带一路"合作倡议实施后发生的涉"一带一路"跨境纠纷解决的调解、仲裁、诉讼案例为蓝本,分析这三种争端解决方式在"一带一路"跨境纠纷解决中的优势及存在的问题,旨在为构建一套行之有效的"一带一路"跨境纠纷多元化争端解决机制提供相应启示。

一、涉"一带一路"国际商事调解的实证分析

(一)涉"一带一路"国际商事调解机构概况

"一带一路"沿线国家的国情不同,采用仲裁、诉讼等传统纠纷解决方式解决国际商事争端通常会面临司法管辖、法律适用等方面难题。"一带一路"建设中,开放合作、互利共赢、和谐包容的理念成为沿线各国的共识,"一带一路"沿线国家间的商业交往并不是一次性买卖,其商业关系需要长期维系下去,而调解所倡导的减少分歧、求同存异等价值理念符合各方利益。调解制度具有独特的优势,其比仲裁、诉讼更加快速高效、简单易行。通过法律程序对复杂的商事争端进行全面彻底的分析后予以解决,需要花费较长时间,这在很多情况下是不经济的。而成功的调解意味着没有明显的胜诉者和败诉者,双方当事人走出来的时候,常常都有某种

---

[*] 本文系重庆市高级人民法院承担的2017年最高人民法院司法研究重大课题《"一带一路"国际争端解决机制研究》的子课题,由重庆市高级人民法院民三庭课题组完成。

程度的满意感。① 2015 年，中共中央办公厅、国务院办公厅联合发布了关于完善多元化纠纷解决机制的政策性文件，为我国商事调解的发展指明了方向，并为后续商事调解的立法提供了政策性依据。2009 年出台的《最高人民法院关于建立健全诉讼与非诉讼相衔接的矛盾纠纷解决机制的若干意见》，2016 年出台的《最高人民法院关于人民法院进一步深化多元化纠纷解决机制改革的意见》和《最高人民法院关于人民法院特邀调解的规定》，为推动人民法院多元化纠纷解决机制建设提供指导，为特邀调解制度提供司法解释依据。与此同时，在经过 20 多年发展后，英美等发达国家运用 ADR 机制解决商事纠纷的经验越来越成熟，越来越多的商事争端通过调解得以圆满解决。随着"一带一路"倡议的不断推进，国际贸易往来日益频繁、交易架构日益复杂、商事争端也越发复杂，商事调解在未来必然会成为化解商事矛盾纠纷的重要渠道甚至是主要渠道。

在我国，商事调解有三种模式，即法院调解、仲裁调解、单独调解②。法院主持或委托的调解所达成的和解协议可以转化为调解书或判决书，从而取得强制执行力；仲裁机构主持的调解所达成的和解协议可以转化为仲裁调解书或裁决书，从而取得执行力；单独的商事调解所达成的和解协议只是一种合同，并不具有执行力。③ 对于前两种调解方式，前有最高人民法院成立的国际商事法庭④为代表，后有中国国际经济贸易仲裁委员会、国际商会仲裁院、深圳国际仲裁院等国际商事仲裁机构为代表。接下来，我们重点探讨单独调解在"一带一路"商事争端解决中的运用。

在我国，单独调解模式下形成的商事和解协议属于合同，并不具有强制执行力。根据我国相关法律的规定，和解协议可以转化为公证债权文书、支付令，或者要么通过仲裁机构要么通过司法确认程序得到执行，但

---

① See Michael Kerr, *Reflections on 50 Years' Involvement in Dispute Resolution*, 64 Arbitration (August 1998), p. 175.
② 单独调解是指专门调解组织主持的，达成的和解协议不当然具备强制执行力的调解方式。
③ 参见肖建国、黄忠顺：《调解协议向执行名义转化机制研究》，载《法学杂志》2011 年第 4 期；刘敏：《人民调解制度的创新与发展》，载《法学杂志》2012 年第 3 期；赵钢：《人民调解协议的效力辨析及程序保障》，载《法学》2011 年第 12 期。
④ 根据《中共中央办公厅、国务院办公厅关于建立"一带一路"国际商事争端解决机制和机构的意见》，最高人民法院于 2018 年 6 月成立国际商事法庭。该法庭支持当事人通过调解、仲裁、诉讼有机衔接的纠纷解决平台，选择其认为适宜的方式解决国际商事纠纷。

这几种方式都没有对和解协议的执行力予以确认。① 实践中，和解协议的执行主要靠当事人自愿。调解程序是否尊重当事人的意志，调解员是否与双方当事人进行了充分沟通与交流等，都会对当事人自愿履行和解协议产生影响。② 单独调解通常有专门的调解组织，部分省市设立专门涉"一带一路"国际商事调解组织，如北京多元调解发展促进会示范调解中心、北京融商"一带一路"国际商事调解中心、上海经贸商事调解中心（SCMC）、成都双流自贸试验区"一带一路"国际商事调解中心成都调解室等。此外，中国贸促会（中国国际商会调解中心）与国际知名的争议解决机构已经建立了8个联合调解中心，如中美商事调解中心、中意商事调解中心、北京—汉堡调解中心、中韩商事争端调解中心、中加联合调解中心、内地—澳门联合调解中心、内地—香港联合调解中心、中蒙商事调解中心。该中心还与11个国际调解机构进行业务合作，共同合作调解中外当事人之间的争议，如英国有效争议解决中心、香港和解中心、新加坡国际仲裁中心、希腊调解仲裁中心、日本自动车工业中心、中国黎巴嫩商贸协、中阿联合调解中心（黎巴嫩、约旦、埃及等7个国家）、中国—东盟联合调解中心（缅甸、菲律宾）。③ 这些调解组织通常有专门的调解流程和规范，程度灵活、简易、高效、便捷，减少对抗性，增加保密性，成本更为低廉，更易解决纠纷。

（二）涉"一带一路"国际商事调解机构的新发展

1. 前海诉调对接中心

2018年1月7日，广东省深圳市前海合作区举行了前海"一带一路"国际商事诉调对接中心揭牌仪式，并聘请了港籍调解员29名。

---

① 根据《最高人民法院关于建立健全诉讼与非诉讼相衔接的矛盾纠纷解决机制的若干意见》第12条、第13条的规定，经行政机关、人民调解组织、商事调解组织、行业调解组织或者其他具有调解职能的组织对民事纠纷调解后达成的具有给付内容的协议，当事人可以按照我国《公证法》的规定申请公证机关依法赋予强制执行效力；债务人不履行或者不适当履行具有强制执行效力的公证文书的，债权人可以依法向有管辖权的人民法院申请执行；对于具有合同效力和给付内容的调解协议，债权人可以根据《中华人民共和国民事诉讼法》和相关司法解释的规定向有管辖权的基层人民法院申请支付令，申请书应当写明请求给付金钱或者有价证券的数量及所依据的事实、证据，并附调解协议原件。祁壮：《"一带一路"建设中的国际商事调解和解问题研究》，载《中州学刊》2017年第11期。

② 张显伟、钟智全：《论中国—东盟自贸区商贸纠纷解决之商事调解及其作用发挥》，载《学术论坛》2015年第3期。

③ 王芳：《建设具有独特优势的商会调解机制》，载《人民法院报》2017年9月1日。

前海"一带一路"国际商事诉调对接中心是深圳前海合作区人民法院专门负责国际商事纠纷多元化解决相关工作的机构，通过加强与跨境商事调解仲裁的对接，发挥域外特邀调解员作用，完善涉外纠纷中立评估机制，拓展信息化涉外纠纷解决方式，为域内外商事主体提供便捷高效权威的纠纷化解服务。

前海法院诉调对接中心和诉调对接机制建设主要具有五个特点：一是国际化，在调解队伍建设和调解机制构建上着重强化国际化特色，聘任了港澳台籍以及外籍调解员，同时注重借鉴处理跨境商贸纠纷的先进理念和调解制度。二是专业化，调解人员绝大多数是来自金融、贸易、法律等方面的专家，合作共建调解组织也具有突出的行业优势和深厚的专业化背景，前海法院还设立了专职调解法官和司法辅助人员，与前海涉外、涉港澳台商事审判的特点相对应。三是多元化，既包括国际商事仲裁、商事调解，也包括行业调解、民间调解、行政调解，在调解方式上充分尊重当事人意愿，创新和推动在线多元纠纷解决方式，旨在着力推动调解主体的多元化和调解方式的多元化。四是法治化，在现有的法律框架内，充分遵循司法规律，确立调解前置、繁简分流、诉非衔接、无争议事实记载、涉港案件中立第三方评估，以及司法确认等九项工作机制，保证工作机制的高效有序衔接，增强诉调对接的法治化、规范化。五是市场化，充分尊重市场规律，推动调解组织的发育和成长，保障调解行业良性发展，进一步壮大社会自治组织。通过市场化模式推动各类调解组织服务质量和效率的提高，让当事人有更多可选择的纠纷解决渠道，享受到更加便捷、经济的服务，充分发挥其在社会治理体系中的作用，构建全民共建共享的社会治理格局。

诉调对接中心揭牌成立，是前海法院在经济社会发展新常态下，在全面推进依法治国的大背景下，在深化粤港澳合作新征程下，落实最高人民法院的部署要求，建设全国综合性司法改革示范法院建设的又一项重要探索，将进一步拓展司法职能，整合社会资源，强化矛盾纠纷化解的社会协同、优化了两地在涉港案件调解服务中的质量和效率，同时也为深港两地完善跨境商贸调解累积了经验，为国家在这方面的发展作出了贡献，有助于打造开放包容、公平正义的法治环境。这标志着深圳涉外、涉港澳台商事纠纷调解开启了崭新一页。

2. 北京融商一带一路法律与商事服务中心

2016年10月，北京融商一带一路法律与商事服务中心暨一带一路商事调解中心（以下简称"一带一路"商事调解中心）获得行政许可登记，该中心宣告成立。从名称中不难看出，该中心旨在以调解的方式为"一带一路"国际商事主体提供法律服务。①"一带一路"商事调解中心整合行业商会、国际商会、律师事务所、国际经济组织等力量，采用线上线下结合，诉讼调解对接的方式，成为"一带一路"商事纠纷化解的"新势力"。

"一带一路"商事调解中心非常重视线上线下结合的新形式。"在线调解"是该中心的特色之一，目前，网络调解系统已经正式运行，已有包括中国、意大利、美国、法国、德国、新加坡等国家和地区的 120 多名调解员登录国际商事在线调解系统。商事调解在线化已经成为势不可挡的趋势，以马鞍山中院开通的在线调解平台为例，运行仅 3 个月，首批进驻的 106 名在线调解员，在线受理纠纷 268 件，网上调解成功率达 95.1%。"一带一路"商事调解中心积极推行网络调解系统，充分回应了时代需求，也体现了其"独立、公正、自愿、高效、节俭、保密"的运行原则，能够有效化解通过传统方式解决跨境纠纷面临的时间长、成本高的问题。线下方面，该中心在英国、意大利、西班牙、巴西、奥地利等 63 个国家 170 多个城市和地区已经具备了展开线下调解的能力。② 此外，"一带一路"商事调解中心还非常重视诉调对接平台的搭建，目前已经和北京市第一中级人民法院、深圳前海合作区人民法院、成都双流区人民法院等签署了诉调对接合作协议。③

"一带一路"商事调解中心是我国国际商事调解事业发展迈出的极为重要的一步，截至 2018 年 3 月，已成功调解案件 3 起，涉及金额 2.1 亿元。更为重要的是，"一带一路"商事调解中心为我国商事纠纷多元化解提供了可行道路借鉴，相信随着该中心的不断发展和认同度逐步提升，势必将推动"一带一路"商事纠纷的多元化解和和商事调解的"线上运行"。

（三）"一带一路"国际商事调解组织的特点

一是理念创新。这些调解组织秉承"大胆想、大胆试、大胆闯"的创

---

① 孙航：《北京一中院搭建民商事纠纷多元化解平台》，载《人民法院报》2017 年 9 月 1 日。
② 北京仲裁委员会、北京国际仲裁中心：《中国商事争端解决年度观察（2017）》，中国法制出版社 2017 版，第 45 页。
③ 熊红祥：《深圳前海法院与一带一路国际商事调解中心签署诉调对接合作协议》，载 http://www.xinhuanet.com/local/2018-03/09/c_1122514491.htm，2018 年 6 月 6 日访问。

新理念,通过调解资源和司法资源的有效整合,线上线下平台整合,开放共享,通过内部架构改革和调解流程的有效设计,为纠纷当事人提供了新的解纷途径。

二是机制创新。这主要表现在诉调对接和线上线下平台整合。为解决调解协议的执行力问题,"一带一路"商事调解中心已与北京第一中级人民法院、北京第四中级人民法院、成都自贸区双流法院、深圳前海合作区法院、西安自贸区灞桥法院等签署了诉调对接合作协议,就案件导出、诉调对接、司法确认等问题达成一致,通过及时对调解书的司法确认,使调解书具有强制执行力,调解履行更为有效。同时,该中心还与温州市司法局、成都双流自贸试验区、西安国际港务区、珠海市律师协会等签署协议设立了调解室,构建具有中国特色又符合国际商事纠纷解决需要的调解制度与运行平台。该中心于2016年上线运行"一带一路国际商事调解中心网络调解系统"(www.bnrsc.com),根据《一带一路国际商事调解规则》,协助涉及争议的相关方,通过线下和线上调解等方式解决"一带一路"国际商事争端纠纷。在纠纷发生后,任何一方当事人均有权向调解中心和其他当事人,提出进入调解程序并提出相关要求。各方当事人可以选择调解中心提供的中立调解员,开始调解程序。目前已有包括中国、意大利、美国、法国、德国、新加坡等国家和地区的120多名调解员被纳入到国际商事在线调解系统中。

三是流程创新。以"一带一路"商事调解中心的调解流程为例,其在当事人自愿原则基础上,从调解程序的选择、调解员选任、正式调解、调解协议书拟定到确认,程序灵活,确保调解的高效率和执行力。在北京某钢铁公司与孟加拉国某钢铁公司出口贸易纠纷案[①]中,调解组织采取了发送国际商务敦促履约函的方式,敦促违约方企业履行合同或者提出抗辩理

---

① 该案的基本案情为北京某钢铁公司向孟加拉国某钢铁公司出口钢板材料。北京公司于2015年5月8日向孟加拉国公司开具商业发票,提单上注明付款方式为不可撤销即期信用证,国际贸易术语为CFR吉大港(孟加拉国)(INCOTERMS 2010)。信用证签发时间为2015年5月8日。货物于2015年5月26日运至目的港,孟加拉国公司直至11月仍未赎单付款,北京公司问询开证行,其拒绝付款的理由为合同项下单据有不符点,需要信用证受益人也就是孟加拉国公司指示银行接受不符点方可付款。开证行认为不符点有:(1)商业发票(Commercial Invoice)没有将运费与货值分别列开,不符合《信用证条款》46A第2款;(2)提单上并没有注明装船日期,不符合《跟单信用证统一惯例》(《UCP600》)第20条A款第Ⅱ条的规定;(3)开证人并没有提交速递单据,不符合《信用证条款》46A第4款的规定。北京公司将上述纠纷申请至中国贸促会调解中心进行调解。

由。发送国际商务敦促履约的方式是该调解组织创建的一种快速化解涉外经贸纠纷的争端解决机制，发送的同时抄送与中心有合作关系的违约方所在国商会组织，促使合同双方从维护双方合作关系和两国间经贸合作的大局出发，妥善解决纠纷。本案被申请人收到敦促履约函后，很快就以邮件回复表示正在安排付款。调解中心很快就收到了北京公司的收款确认，孟加拉国公司已经根据约定支付了全部货款。① 由此看出，调解较仲裁、诉讼而言，程序更为灵活，成本更为低廉。此外，调解组织还不断提升调解员的专业化水平和公信力，如北京多元调解发展促进会示范调解中心集中聘请了一批退休法官成为调解员，这些调解员的特殊工作经历和专业法律背景大大提升了调解的公信力，还有部分调解组织吸纳了一批职业律师，为调解工作提供坚强的法律支撑。

综上，尽管商事调解囿于其固有的弱执行力的局限，但调解组织通过机制创新，提供了优质高效的调解服务，打造创新的国际商事争端解决机制，提升中国在国际商事纠纷解决中的话语权和规则制定权，增强国家的软实力和国际影响力。由此，法院调解、仲裁调解、单独组织调解并驾齐驱，将在涉"一带一路"商事争端解决机制中发挥着重大作用。

二、涉"一带一路"国际商事仲裁的实证分析

与传统贸易纠纷相比，由于沿线国家众多、情况复杂，"一带一路"背景下的国际商事纠纷解决具有一定的特殊性和复杂性。其复杂性体现在，沿线国家的经济发展水平参差不齐，既包括发达国家又包括发展中国家。同时，各国间在政治、文化、宗教方面差异巨大，而各国法律建设情况繁杂，涵盖大陆法系、英美法系、伊斯兰法系等不同法系，这便要求纠纷解决机制选择中必须考虑更多的复杂因素。而其特殊性则主要是由于"一带一路"背景下的纠纷既包括传统商业纠纷，也包括援助性纠纷；既包括国家间的纠纷，也涵盖个人、企业间的纠纷，具有明显的个性特征。② 与诉讼相比，仲裁作为纠纷解决方式具有高效率性和保密性、低成本、仲裁员与仲裁规则

---

① 参考中国国际贸易促进委员会发布的《中国商事调解年度观察报告2017》，载http://www.ccpit.org/shangshifalv/shangshifalvtantao.htm，2018年9月10日访问。
② 王豪：《如何在"一带一路"背景下推我国商事仲裁纠纷解决机制发展》，载http://www.ccpit.org/Contents/Channel_3528/2018/0828/1053182/content_1053182.htm，2018年9月3日访问。

的可选择性等特点；与调解相比，由于《承认和执行外国仲裁裁决公约》（以下简称为《纽约公约》）这一多边公约存在，保证了仲裁裁决目前能在157个缔约国法院执行，仲裁裁决成了"硬通货"，具备更强的执行力。因此，国际商事仲裁作为解决国际商事争端的方式日益重要。

（一）"一带一路"沿线国国际商事仲裁概况

在"一带一路"沿线的65个国家中，"大部分沿线国家（35个）都根据《国际商事仲裁示范法》制定了本国的仲裁立法，这为我国与'一带一路'沿线国家通过仲裁解决民商事争端提供了非常便利的条件。"对于仲裁立法，存在"双轨制"和"单一制"两种模式。"双轨制"是指对国内仲裁和国际仲裁分别制定法律予以规制。目前世界上大多数国家采"双轨制"[1]，如新加坡，针对国内仲裁和国际仲裁分别适用《新加坡仲裁法》和《新加坡国际仲裁法》。"单一制"[2] 则是指国内仲裁和国际仲裁适用统一的法律。我国亦属此列，有关仲裁的法律即《中华人民共和国仲裁法》，其中对国际仲裁进行了专章规定。"一带一路"沿线仲裁机构众多[3]，很多国家国内司法机构中还设立了可提供调解和仲裁服务的法庭，如匈牙利的调解庭和仲裁庭，它们做出的裁决与普通法院判决具有同等效力。

从中国商事仲裁网公布的消息来看，我国国内仲裁机构目前已超过160家。最近几年，我国国际商事仲裁制度呈现快速发展趋势，出现了一系列的重大革新：（1）涉外仲裁机构大量涌现。除了中国国际经济贸易仲裁委员会和中国海事仲裁委员会以外，新兴的涉外仲裁机构（包括原国内

---

[1] "一带一路"沿线国家采用"双轨制"的国家包括新加坡、俄罗斯、菲律宾、越南、缅甸、文莱等国。

[2] "一带一路"沿线国家采用"单一制"的国家包括英国、荷兰、埃及、毛里求斯、马来西亚、泰国、印尼、老挝、柬埔寨等国。参考武汉大学海外投资法律研究中心撰写的《构建一带一路争端解决机制研究报告》（2017年5月发布），载 http://www.sohu.com/a/137850501_652123，2018年8月25日访问。

[3] 专门的仲裁机构主要包括新加坡国际仲裁中心、吉隆坡区域仲裁中心、泰国仲裁协会、泰国商事仲裁协会、柬埔寨国家商务仲裁中心、越南国际仲裁中心、黎巴嫩仲裁中心、阿布扎比商务调解仲裁中心、迪拜国际仲裁中心、迪拜国际金融中心—伦敦国际仲裁院、开罗国际商事仲裁区域中心、德里国际仲裁中心、俄罗斯工商会国际商事仲裁院、阿富汗商业纠纷仲裁中心、蒙古国国际及国内仲裁委员会、克罗地亚经济商会调解中心、罗马尼亚国际商业仲裁法院等。

仲裁机构的转型[①］）包括北京国际仲裁中心、上海国际经济贸易仲裁委员会、深圳国际仲裁院（即华南国际经济贸易仲裁委员会）、香港国际仲裁中心，以及由广州仲裁委员会、香港、澳门地区的仲裁机构及法律专家共同组建设立的南沙国际仲裁中心、中国重庆两江国际仲裁中心等。（2）临时仲裁得到承认。《中华人民共和国仲裁法》规定了严格的"选定仲裁委员会"的要求，因而长期以来我国是不承认临时仲裁的。但作为《纽约公约》的缔约国，我国在加入时仅对互惠保留和商事保留作出声明，因此对于公约中的临时仲裁制度我国是予以承认的。而《最高人民法院关于为自由贸易试验区建设提供司法保障的意见》的出台则为境内临时仲裁打开了一扇窗，也为我国商事仲裁与国际接轨作了铺垫。该《意见》指出："在自贸试验区内注册的企业相互之间约定在内地特定地点、按照特定仲裁规则、由特定人员对有关争议进行仲裁的，可以认定该仲裁协议有效。""三个特定"原则开启了我国临时仲裁的适用大门。2017年3月23日，《横琴自由贸易试验区临时仲裁规则》正式颁布，标志着临时仲裁在中国境内的真正落地。广州仲裁委员会随后发布了《临时仲裁与机构仲裁对接规则》。可以预见，临时仲裁将会逐渐在我国仲裁实践中得到推广。（3）国际商事仲裁机构的引入。国际上许多知名商事争端解决机构，如香港国际仲裁中心、新加坡国际仲裁中心和国际商会仲裁院都已在上海自贸区设立办事处。这将有助于我国对这些国际商事仲裁机构的利用，拓宽纠纷解决的选择渠道。

（二）涉"一带一路"国际商事仲裁实践

虽然"一带一路"沿线国家与中国交往密切，但是当出现商事纠纷

---

① 长期以来，我国受理涉外仲裁案件的仲裁机构只有中国国际经济贸易仲裁委员会和海事仲裁委员会，中国国际经济贸易仲裁委员会和海事仲裁委员会也因此成为专门受理涉外纠纷案件的常设仲裁机构。但自《中华人民共和国仲裁法》颁布实施以来，依照《中华人民共和国仲裁法》的规定在直辖市、省、自治区人民政府所在地的市和其他设区的市又设立或重新组建了一批常设仲裁机构，对这些仲裁机构能否受理涉外仲裁案件，《中华人民共和国仲裁法》并没有明确规定。1996年6月8日，发布了《国务院办公厅关于贯彻实施需要明确的几个问题的通知》，该通知规定，新组建的仲裁委员会的主要职责是受理国内仲裁案件；涉外仲裁案件的当事人自愿选择新组建的仲裁委员会仲裁的，新组建的仲裁委员会可以受理。据此，依照《中华人民共和国仲裁法》设立或重新组建的仲裁机构，如北京仲裁委员会、上海仲裁委员会等在涉外仲裁案件的当事人自愿选择其进行仲裁时，对该涉外仲裁案件具有管辖权。

后,司法管辖权的专有性会给诉讼管辖带来较大的麻烦。不同的法律制度与社会制度导致在国际民商事纠纷案件中对管辖权的认定存在冲突。而在国际商事合同中有关仲裁协议的条款,不仅明确有权利进行裁决的仲裁机构,也明确了可仲裁的纠纷范围,是双方当事人的共同意思表示,合同双方均受其约束。或者发生纠纷后达成临时仲裁条款,此时诉诸仲裁即能最大程度地予以高效解决。商事仲裁的一裁终局也极大地提高了商事纠纷解决的效率,降低了商事争端解决成本。[1] 我们从互联网及相关地方仲裁委员会处收集了近三年国际国内仲裁机构审理的我国涉"一带一路"商事纠纷仲裁案件[2](见表1),从纠纷的性质、发生原因、裁决结果、仲裁类型等方面对涉"一带一路"商事仲裁案件的特点加以分析。

表1 我国涉"一带一路"商事仲裁案件

申请人	案由	涉"一带一路"因素	纠纷发生原因	裁决结果	仲裁类型
中国平安保险(集团)股份有限公司、中国平安人寿保险股份有限公司	投资纠纷	被申请人系比利时王国	被申请人在2008年全球金融危机期间对富通集团(即申请人投资的比利时公司)干预不当,造成申请人巨额损失	无管辖权为由驳回请求	机构仲裁(国际投资争端解决中心即ICSID)
北京城建集团	投资纠纷	被申请人系也门政府	依据1998年中国与也门共和国签订的双边投资协定(BIT)主张其在也门的资产受到强制征收	管辖权阶段胜诉	机构仲裁(国际投资争端解决中心即ICSID)
黑龙江国际经济技术合作公司	投资纠纷	被申请人系蒙古国	蒙古国政府取消中国企业的采矿权	无管辖权为由驳回请求	机构仲裁(海牙常设仲裁院)

---

[1] 杨健:《"一带一路"战略下国际商事仲裁机制的优势与制度设想》,载《黑龙江省政法管理干部学院学报》2017年第6期。

[2] 案例来源于重庆仲裁委员会、武汉仲裁委员会、"一带一路"(中国)仲裁院和互联网。因仲裁裁决保密性要求,除互联网已公开的仲裁裁决外,其他裁决均隐去了当事人名称中的字号。

(续表)

申请人	案由	涉"一带一路"因素	纠纷发生原因	裁决结果	仲裁类型
西门子国际贸易（上海）有限公司	货物买卖合同	申请人与被申请人注册地均在上海自贸试验区	被申请人未支付货款	全部支持	机构仲裁（新加坡国际仲裁中心）
广州某房地产公司	项目投资合同纠纷	申请人与被申请人注册地均在广州自贸试验区	双方就如何付款、如何交付、产权转移及房屋质量等问题产生争议	部分支持	临时仲裁（与广州仲裁委员会对接）
上海某公司	银行汇票兑付纠纷	申请人注册地在上海自贸试验区，被申请人注册地在广州自贸试验区	被申请人未按约承兑银行汇票	调解	临时仲裁
重庆某运输集团有限公司	服务合同纠纷	被申请人系泰国公司	被申请人未按合同约定支付相关服务费用	全部支持	机构仲裁（重庆仲裁委员会）
重庆某运输集团有限公司	租赁合同纠纷	被申请人系泰国公司	被申请人未按合同约定支付相关租赁费用	部分支持	机构仲裁（重庆仲裁委员会）
重庆某进出口贸易有限公司	国际货物买卖合同纠纷	被申请人之一系香港公司	被申请人未按合同约定支付货款	全部支持	机构仲裁（重庆仲裁委员会）
重庆某股权投资基金管理有限公司	股权转让纠纷	被申请人之一系香港公司	被申请人未按合同约定支付股权收购款	全部支持	机构仲裁（重庆仲裁委员会）
新加坡某软件有限公司	计算机软件开发合同纠纷	申请人系新加坡公司	被申请人未按约履行合同，申请人请求解除合同并返还相关款项	调解	机构仲裁（重庆仲裁委员会）

(续表)

申请人	案由	涉"一带一路"因素	纠纷发生原因	裁决结果	仲裁类型
中国某工程集团有限公司	建设工程施工合同纠纷	涉案工程位于利比亚	被申请人未按约履行合同，申请人请求返还工程款	部分支持	机构仲裁（武汉仲裁委员会）
武汉某工程有限责任公司	建设工程施工合同纠纷	涉案工程位于印度哈兹罗	被申请人未按约支付工程款	全部支持	机构仲裁（武汉仲裁委员会）
安徽某技术合作有限公司	建设工程劳务合同纠纷	劳务履行地位于科威特	被申请人未按约支付劳务费	部分支持	机构仲裁（武汉仲裁委员会）

其一，国内仲裁机构在管辖权方面体现出较强确定性、仲裁程序及结构体现出较高的效率性，仲裁专业性突显。在上述国内机构仲裁案件中，当事人在合同中均明确约定选择国内仲裁机构仲裁作为纠纷解决方式。纠纷发生后，申请人到约定的国内仲裁机构提出申请，仲裁庭即按照仲裁机构既定的仲裁规则予以居中裁决，妥善高效解决相关纠纷。同时，国内仲裁专业性愈发突出，如武汉"一带一路"（中国）仲裁院自2016年10月28日设立以来，便以构建便利、快捷、低成本的"一站式"争端解决中心为目标，其专注于为"走出去"参与投资和建设的中国企业之间的合作投资合同争议、工程承发包合同争议及工程总分包合同争议提供优质高效的仲裁服务。上述后三个案例中，仲裁争议工程位于利比亚、印度、科威特等"一带一路"沿线国境内，仲裁机构有专业仲裁员居中解决企业之间的此类纠纷。

其二，商事仲裁规则和仲裁程序差异逐渐减小，当事人对于仲裁规则具有普遍认同感，使得仲裁规则下的裁决更容易被认可和执行。"一带一路"沿线国中有半数国家的国内仲裁法是以《联合国国际贸易法委员会国际商事仲裁示范法》为蓝本制定的，这表明各国的仲裁法更具有国际法意义上的特点。这使得当事人可自由约定任一仲裁机构为纠纷解决机构，同时当事人可依《纽约公约》相关规定在成员国申请承认和执行，促使纠纷得以真正有效解决。

其三，双边投资协定（BIT）下国际仲裁机构的"管辖权风险"。"中国平安诉比利时案"和"黑龙江公司诉蒙古国案"均以仲裁机构无管辖权而告败。从两案仲裁裁决来看，我国与沿线国签订的双边投资协定的部分条款使得仲裁庭至少有一定理由作出无管辖权的裁定并驳回投资者的仲裁请求，导致案件尚未进入实体审理阶段就被终止。以投资条约为基础建立的国际仲裁庭是否有权审理某一争端，取决于其是否同时拥有属事管辖权、属人管辖权和属时管辖权。① 具体而言，属事管辖权是指该争端属于投资条约的适用范围，包括争端属于投资条约项下可仲裁处理的对象、争端所涉投资属于适格投资等；属人管辖权是指争端双方符合投资条约项下适格当事人的条件；属时管辖权是指争端发生在投资条约已经生效且投资者已经完成投资行为后。任何一个条件的缺失都可导致仲裁庭无管辖权。现有的案例呈现出两个管辖权风险：一是我国与同一个国家签订的新旧BIT之间未做好衔接工作，或者说新约的过渡条款过于模糊，导致在新约生效前已经发生、尚未依据旧约启动仲裁程序的争端不能获得新约项下的可仲裁性，出现了新旧BIT之间的"仲裁空白"，导致仲裁庭以缺乏属时管辖权为由驳回投资者的诉求；二是中国于20世纪八九十年代中期签订的大量BIT在文本上将国际仲裁的受案范围限于"有关征收补偿额的争议"，就其字面意思而言，排除了仲裁庭对征收是否存在等其他事项的管辖权。一旦中国投资者未经东道国的国内司法程序就直接将东道国管制行为指控为征收并诉至国际仲裁，仲裁庭就可能以约文解释为由裁定其缺乏属事管辖权。以上两个管辖权风险事实上亦有关联之处，因为后一风险可能是导致前一风险的原因之一。② 例如，在"中国平安诉比利时案"中，尽管纠纷发生于2009年中国与比利时签订的BIT生效之前，但申请人仍然选择该BIT作为仲裁庭有管辖权的依据，原因之一就是本案首要的争议是比利时政府对富通集团的干预行为是否构成征收，而1986年中国与比利时签订的BIT规定的可仲裁的事项却仅限于"有关征收补偿额的争议"。因此，尽管面临属时管辖权缺失的风险，申请人仍然选择以2009年BIT为为由主张国际投资争端解决中心仲裁庭有管辖权，同时以1986年BIT为由提起了赔偿要求。

---

① See Tania Voon, Andrew Mitchell and James Munro, *Legal Responses to Corporate Manoeuvring in International Investment Arbitration*, Journal of International Dispute Settlement, 2014, No. 5, p. 44.

② 刘勇：《"一带一路"投资风险及其法律应对——以"尤科斯诉俄罗斯案"为视角》，载《环球法律评论》2018年第4期。

三、涉"一带一路"司法诉讼的实证分析

（一）司法管辖权冲突问题

依法积极行使司法管辖权，为中外市场主体提供及时有效的司法救济，是国家主权的重要体现，也是司法职能的重要体现。我国涉外民商事案件管辖权的原则比较系统地体现在《中华人民共和国民事诉讼法》和相关司法解释中，主要包括一般地域管辖原则、特殊地域管辖原则、专属管辖原则、协议管辖原则，但没有对如何解决跨境平行诉讼问题作出规定。随着基础设施建设、产业投资、能源合作、交通运输等方面的互联互通，涉外民商事关系的连接点将呈现出前所未有的多样化和跨多国性特点，司法管辖权的冲突在所难免。而管辖权冲突，无论是积极冲突还是消极冲突，都不利于民商事案件的顺利解决，不利于当事人合法权益的有效维护，也不利于"一带一路"沿线国之间民商事交往的正常开展。① 我们从中国裁判文书网、北大法宝及 Alpha 案例库中收集了近三年我国法院审理的涉"一带一路"司法管辖权案件（见表2），分析了我国对相关涉"一带一路"商事纠纷的司法管辖权行使情况。

表2 涉"一带一路"司法管辖权案件

案件	涉"一带一路"因素	我国法院是否有管辖权	所涉法条	备注
中国十七冶集团装备制造公司与哈尔滨锅炉厂有限责任公司定作合同纠纷管辖权异议案	涉案工程位于斯里兰卡	有	《中华人民共和国民事诉讼法》第二百六十五条	最密切联系原则
南京涅瓦公关礼仪服务有限公司与瓦利亚损害股东利益责任纠纷管辖权异议案	瓦利亚系乌克兰国籍	有	《最高人民法院关于涉外民商事案件诉讼管辖若干问题的规定》第一条	级别管辖

---

① 张勇健：《"一带一路"司法保障问题研究》，载《中国应用法学》2017年第1期。

（续表）

案件	涉"一带一路"因素	我国法院是否有管辖权	所涉法条	备注
金光农业国际私人有限公司申请承认涉外仲裁裁决管辖权异议案	申请人系新加坡公司	有	《中华人民共和国民事诉讼法》第二百八十三条	级别管辖
上海美匡矿业有限公司与郭建永、明驰贸易有限公司等合同纠纷管辖权异议案	标的物系运送至伊朗	有	《最高人民法院关于涉外民商事案件诉讼管辖若干问题的规定》第一条、第五条	集中管辖
富昌国际有限公司与宁波雅戈尔国际贸易运输有限公司国际货物买卖合同纠纷管辖权异议案	富昌国际系香港公司	有	《最高人民法院关于涉外民商事案件诉讼管辖若干问题的规定》第一条第一款	无仲裁约定
郑河元与马来西亚亚洲航空公司广州代表处、广州白云国际机场股份有限公司管辖权异议案	行李托运在马来西亚境内发生	有	《中华人民共和国民事诉讼法》第二十七条	地域管辖
萨普公共有限公司委托合同纠纷管辖权异议案	异议人系泰国公司	有	《中华人民共和国民事诉讼法》第二百六十五条	最密切联系原则
华泰财产保险有限公司广东省分公司与泛亚班拿中国有限公司、泛亚班拿国际运输代理（中国）有限公司合同纠纷案	涉案海上货物运输从香港运往南非德班港	无	《中华人民共和国民事诉讼法》第二十七条	裁定驳回原告起诉
燕丰进出口公司诉法国达飞轮船有限公司海上货物运输合同纠纷案	双方协议马赛法院为管辖法院	有	《中华人民共和国民事诉讼法》第二百六十五条	否认马赛法院为最密切联系地

(续表)

案件	涉"一带一路"因素	我国法院是否有管辖权	所涉法条	备注
兴科科技私人有限公司、新加坡及成有限公司股权转让纠纷管辖权异议案	被告系新加坡公司	有	《中华人民共和国民事诉讼法》第二百六十五条	平行诉讼
陈爱明与拉姆、第三人江苏省纯江环保科技有限公司国际货物买卖合同纠纷管辖权异议案	被告拉姆系尼泊尔国籍	有	《中华人民共和国民事诉讼法》第二百六十五条	最密切联系原则

一是最密切联系原则的运用及局限。2012年新修改的《中华人民共和国民事诉讼法》第三十四条统一了涉外民商事案件和国内民商事案件中的协议管辖规则，同时，该法二百六十五条规定也坚持了管辖法院地应与争议案件有牵连性的最密切联系原则。在涉"一带一路"案件中，国内法院的管辖权通常通过这一原则予以实现。从我国目前的司法实践来看，最密切联系原则的适用能够避免国内管辖权被不当排除，尤其在目前国际商事交往中我国当事人整体上居于弱势的情况下，坚持这一原则对于维护作为弱势方的我国商事主体之利益，是有一定积极意义的。① 但是，我国适用实际联系原则面临如下问题：其一，最密切联系原则的认定标准并不明确。从立法原文上来看，《中华人民共和国民事诉讼法》中列举了地点，只要选择的法院是位于这些客观标志地，就能被认为存在实际联系。但在司法实践中却不尽一致。在"燕丰进出口公司诉法国达飞轮船有限公司海上货物运输合同纠纷案"中，当事人约定由被告住所地马赛法院管辖，争议发生后，燕丰公司向天津海事法院起诉，对于该案中的管辖权条款效力的问题，天津海事法院认为，马赛虽是被告注册地，但因除此之外马赛与本案再无任何实际联系，因而认定该管辖条款对马赛法院的选择不符合最密切联系原则。而"温州市轻工工艺品对外贸易公司诉法国达飞轮船有限公司海上货物运输合同纠纷案"的案情与前案相似，厦门海事法院却作出

---

① 参见江必新：《加强理论研究，提升我国涉外商事审判的国际公信力——在中国审判研究会涉外专业委员会第三次会议上的讲话》，载郑鄂主编：《中国涉外商事审判研究》2014年第3辑。

了相反的判决。① 其二,从长远看,该原则也有可能成为未来我国法院提升涉外商事审判公信力的牵绊,在很大程度上限制了我国法院的司法管辖权。最密切联系的要求可能对当事人选择中立法院有所限制,还可能引起积极的管辖权冲突,导致平行诉讼而使得判决无法得到承认与执行。因此,我国坚持最密切联系原则的做法,是基于当前法制尚未完善情形下的"临时措施"。② 但与之不同的是,业已生效的海牙《选择法院协议公约》完全摒弃了协议管辖中的最密切联系原则,对被选择法院所在国与当事人或争议之间并没有实质牵连性的要求。而"一带一路"沿线国的黑山、捷克、土耳其等国家新近的立法也是如此。③ 实际上,我国的海事诉讼在这一方面有了新的尝试。④《中华人民共和国海事诉讼特别程序法》第八条规定:"海事纠纷的当事人都是外国人、无国籍人、外国企业或者组织,当事人书面协议选择中华人民共和国海事法院管辖的,即使与纠纷有实际联系的地点不在中华人民共和国领域内,中华人民共和国海事法院对该纠纷也具有管辖权。"业界的学者们对此看法不一。有学者认为,这一规定是我国对"最密切联系原则"的重大突破,符合国际潮流;亦有学者认为,此规定仅适用于当事人系外国人或组织的情形,反而在一定程度上扩张了我国法院的管辖权。⑤

二是宽泛的专属管辖权范围的影响。《中华人民共和国民事诉讼法》第三十三条规定,因不动产纠纷提起的诉讼、港口作业中发生纠纷提起的诉讼以及继承遗产纠纷提起的诉讼,均由我国相应的人民法院行使专属管辖权;《中华人民共和国民事诉讼法》第二百六十六条规定,因在我国履行中外合资经营企业合同、中外合作经营企业合同、中外合作勘探开发自然资源合同发生纠纷提起的诉讼,均由我国人民法院管辖。与其他法定管辖相比,专属管辖具有优先性、排他性和强制性,并不允许当事人协议变

---

① 案例源自北大法宝,载 http://www.pkulaw.cn/case,2018 年 8 月 25 日访问。
② 刘仁山:《关于我国加入海牙〈选择法院协议公约〉的评估报告》,载《〈海牙选择法院协议公约〉与中国立法和司法实践研讨会会议资料集》,第 61 页~64 页。
③ 2013 年《黑山共和国关于国际私法的法律》第 104 条、2012 年《捷克共和国关于国际私法的法律》第 86 条和 2007 年《土耳其共和国关于国际私法与国际民事诉讼程序法的第 5718 号法律》第 47 条。
④ 李军:《新〈民事诉讼法〉中涉外编的修改及适用探析》,载《中国海商法研究》2013 年第 4 期。
⑤ 王吉文:《"实际联系原则"的困境:废抑或留》,载《河南省政法管理干部学院学报》2011 年第 3 期。

更管辖。且该管辖权与法律适用相联系。其中，在上述"三类合同"中，中外双方当事人一旦发生合同纠纷不能通过协议的方式排除中国法的适用，否则会与中国的强制性法律相抵触。即使有这样的约定，也是无效的。比较我国的上述规定与国际上的一般做法，不难发现，《中华人民共和国民事诉讼法》第二百六十六条规定的专属管辖是中国特有的，在其他国家的立法和国际条约中找不到类似的条款。这种规定早已受到我国理论界的质疑。有学者认为这是计划经济的产物，只在特定时期具有价值，在现代市场经济尤其强调契约自由的环境下已无存在之必要。① 还有学者指出，随着香港回归，对中国内地与香港合资经营企业合同以及中国内地与香港合作经营企业合同等纠纷的专属管辖权规定应逐步放弃。② 就《中华人民共和国民事诉讼法》第二百六十六条来说，这种管辖权实质上并非专属管辖权，而是一种特殊地域管辖权。事实上，随着我国自贸试验区改革试点的逐步扩大，我国的外商投资政策逐步向准入前国民待遇和负面清单制度转变，对外商投资的限制措施也日益减少，我国已经没有必要再把中外合资、中外合作企业合同纠纷列为专属管辖权事项。③ 尤其是在当前倡导"一带一路"的背景下，我国每年吸收大量外资，并处于常态化的趋势，司法是否有必要继续对外商投资企业行使专属管辖权值得进一步商榷。

三是平行诉讼可能引发的管辖权冲突问题。《最高人民法院关于适用〈中华人民共和国民事诉讼法〉的解释》第五百三十三条规定④仍沿用了已被废止的《最高人民法院关于适用〈中华人民共和国民事诉讼法〉若干问题的意见》第306条之规定。该条规定只是规定了平行诉讼的一种，即对抗式平行诉讼。如在兴科科技私人有限公司、新加坡及成有限公司股权转让纠纷管辖权异议案中，被告在新加坡法院提起了对抗式平行诉讼，我国

---

① 何其生：《比较法视野下的国际民事诉讼》，高等教育出版社2015年版，第129页。
② 陈力：《内地与香港民事管辖权的冲突与协调》，载《中国国际私法与比较法年刊》第4卷，法律出版社2001年版，第465页。
③ 杜涛：《论选择法院协议的排他性——兼论我国批准〈选择法院协议公约〉的可行性问题》，载《〈海牙选择法院协议公约〉与中国立法和司法实践研讨会会议资料集》，第107页。
④ 该条规定："中华人民共和国法院和外国法院都有管辖权的案件，一方当事人向外国法院起诉，而另一方当事人向中华人民共和国法院起诉的，人民法院可予受理。判决后，外国法院申请或者当事人请求人民法院承认和执行外国法院对本案作出的判决、裁定的，不予准许；但双方共同缔结或者参加的国际条约另有规定的除外。"

法院以《最高人民法院关于适用〈中华人民共和国民事诉讼法〉的解释》第三百零六条为由认定我国法院具有管辖权。在对抗式平行诉讼中，我国法院通常是行使积极的管辖权。但这一做法也有诟病，即当事人就同一纠纷在不同法院涉诉，法院可能作出不尽相同的判决结果或相互矛盾的判决，当事人耗时费力，花费大量诉讼成本之后，他们之间的纠纷仍然无法解决。更有甚者，平行诉讼既浪费了相关国家的司法资源，也容易造成不同国家法院的对立，其结果必然是阻碍了国际司法合作的正常开展，并减少了彼此合作的机会。此外，平行诉讼还有另一种表现形式——重复式平行诉讼，即原告在一国法院提起诉讼后，又在另一国法院基于同一案由提起诉讼。① 按照先受理法院管辖原则，在一事多诉的情况下，后受案国应承认先受案国的管辖权，终止当事人在本国的诉讼的原则。即，相同当事人就同一涉外民事案件基于同一事实已在某国起诉的，他国一般应不再受理或停止诉讼；相同当事人间已由外国法院作出判决的案件，一般应由内国承认外国法院的判决。但在"一带一路"倡议下我国涉外民商事纠纷日益增加，在沿线一些国家尚未同我国缔结司法协助协定或共同加入有关双边和多边民商事条约的情况下，如果我国法院一概不予受理重复式平行诉讼的案件，可能也对我国当事人不利。例如，双方当事人均为我国公民，判决也需在我国境内执行，如果我国未与作出判决的外国达成司法协助的合意，势必影响该判决的承认和执行，从而损害我国当事人的权益。尽管最高人民法院一直以来特别重视和强调要妥善解决国际间平行诉讼问题，但因缺乏具体的可操作性的制度安排，导致司法管辖权的冲突不断。因此，在《最高人民法院关于人民法院为"一带一路"建设提供司法服务和保障的若干意见》原则精神指导下，我国有必要对来自"一带一路"沿线国法院的平行诉讼，在满足一定条件下可以裁定中止，再根据诉讼进展情况作出恢复诉讼或终结诉讼的决定，从而在某种程度上有助于平行诉讼问题的妥善解决。

综上，对于涉"一带一路"案件司法管辖权的冲突与协调问题，从国际社会协调和解决国际民商事诉讼管辖权冲突的情况看，海牙国际私法会

---

① 参见中非平行诉讼第一案——"刘少洋与施建娥、贺学飞买卖合同纠纷案"，浙江乐清市法院依据《最高人民法院关于适用〈中华人民共和国民事诉讼法〉若干问题的意见》第139条的规定，以案件不符合受理条件为由裁定不予受理此案，载 http://blog.sina.com.cn/s/blog_54246e330102vs3j.html，2018年8月3日访问。

议制定的《选择法院协议公约》已于 2015 年 10 月 1 日生效,公约成员国包括除丹麦以外的欧盟成员国、墨西哥和新加坡、乌克兰和美国。我国尚未加入《选择法院协议公约》,在与"一带一路"沿线国未形成一套获得普遍认可与遵行的管辖权调整规则之前,司法实践应确立尽量减少涉外司法管辖权的国际冲突、妥善解决国际间平行诉讼的意识。在依法行使司法管辖权的同时,通过司法判例平衡与协调管辖权冲突,坚持有效仲裁协议排除法院管辖原则,充分尊重当事人协议选择法院的权利,合理运用不方便法院管辖等制度,防止当事人恶意利用跨国诉讼制度滥诉,促进涉"一带一路"民商事案件的高效解决。①

(二)司法协助问题

《最高人民法院关于人民法院为"一带一路"建设提供司法服务和保障的若干意见》明确提出,要加强司法协助,促进沿线各国司法判决的相互承认与执行。"一带一路"沿线国家涵盖了人类文明的主要区域,几乎包含了现有的所有司法协助制度类型。为了同这些国家进行有效的国际司法合作,我国进行了诸多实践。

1. 上合组织框架内的司法协助机制

上合组织是我国当前参与主导的主要国际组织之一,在上合组织的框架下,对高水平司法协助制度协调机制的建立已经进行探索并成效显著。例如上合作组织已经建立成员国之间的司法交流平台,中国将利用这一平台为其他成员国培养司法人才。2018 年 5 月,上合组织成员国第十三次最高法院院长会议在北京召开,一致通过《第十三次上海合作组织成员国最高法院院长会议联合声明》,强调成员国最高法院应遵循"互信、互利、平等、协商,尊重多样文明,谋求共同发展"的"上海精神",相互借鉴有益经验,提升司法信息化水平,加强合作,巩固本地区和平、维护全球案例稳定。

2. 中非司法协助实践

中国同非洲之间并不存在类似上合组织内部的多边司法协助制度多边协议,双方的司法协助实践主要通过中国同非洲相关国家双边协议的方式展开。这些双边协议主要包括民事、商事,以及刑事司法协助方面的条

---

① 张勇健:《"一带一路"司法保障问题研究》,载《中国应用法学》2017 年第 1 期。

约。一是民、商事司法协助条约。如1996年与摩洛哥签订了《中华人民共和国和摩洛哥王国关于民事和商事司法协助的协定》，1999年与突尼斯签订了《中华人民共和国和突尼斯共和国关于民事和商事司法协助的条约》。二是刑事司法协助条约。如1999年与突尼斯签订了《中华人民共和国和突尼斯共和国关于刑事司法协助的条约》，2003年与南非签订了《中华人民共和国和南非共和国关于刑事司法协助的条约》，2001年与突尼斯签订了《中华人民共和国和突尼斯共和国引渡条约》，同年12月与南非签订了《中华人民共和国和南非共和国引渡条约》，2003年与莱索托签订了《中华人民共和国和莱索托王国引渡条约》等。三是民事、商事和刑事司法协助条约。如1994年与阿拉伯埃及签订了《中华人民共和国和阿拉伯埃及共和国关于民事、商事和刑事司法协助的协定》。①

3. 中国同区域内其他国家的司法协助实践

中国同区域内其他国家在司法协助领域，主要根据民事诉讼法关于司法协助的规定，主要按照我国同相关国家缔结的双边条约，或者参与的多边国际公约，或者是按照互惠原则等，人民法院和"一带一路"沿线国家在司法协助事务方面可以相互请求协助，包括代为文书送达、调查取证以及其他诉讼行为。② 对于没有双边条约和共同参与的国际公约的国家，在司法协助方面则较为麻烦，只能通过高成本低效率的外交途径予以解决。

虽然我国同"一带一路"沿线国家在司法协助制度国际合作方面已经取得了一定的成绩，但总体合作层次仍然停留在双边条约向多边公约过渡的阶段，整体合作效率较低，存在区域政治经济文化的复杂性、区域司法协助制度的多元性、区域司法协助国际合作水平较低等诸多制约国际司法合作的一系列问题。特别是现行双边司法协助条约无法满足涉"一带一路"国际司法合作的需求。截至2018年2月，我国对外已签订的民商事司法协助条约20项③，其中18项已生效。民刑事司法协助条约共19项④，

---

① 田雷：《中非司法协助初探》，载《湘潭大学学报（2008）》。
② 张勇健：《"一带一路"司法保障问题研究》，载《中国应用法学》2017年第1期。
③ 签约国家涉"一带一路"沿线的有土耳其、泰国、塞浦路斯、匈牙利、新加坡、科威特、伊朗、波黑8个国家。
④ 签约国家涉"一带一路"沿线的有波兰、蒙古、罗马尼亚、俄罗斯、土耳其、乌克兰、白俄罗斯、哈萨克斯坦、保加利亚、泰国、塞浦路斯、塔吉克斯坦、乌兹别克斯坦、越南、老挝、立陶宛、波黑17个国家。

已全部生效①。这些已签订的双边司法协助条约虽然基本都涉及判决的承认与执行的条款,但是其中多为原则性的规定,在实践中缺乏可操作性。此外,与我国签订此类条约的国家,大多局限在邻国或者与我国有着良好政治关系的国家。由此可见,我国所签署的双边司法协助条约不仅数量上相对较少,与大部分国家在司法协助方面基本呈现出无条约关系的状况;而且仍然有与我国有着密切民商事交往关系的国家未与我国缔结此类条约。加之我国尚未加入海牙国际私法会议《选择法院协议公约》,因而,现行双边司法协助条约无法满足我国推进"一带一路"国际司法合作的需求。此外,"一带一路"沿线国中加入《海牙域外送达公约》的国家有25个,加入《海牙域外取证公约》的国家有26个,域外送达司法文书和域外取证等双边司法协助合作还需加强。另外,审查制度应进一步规范,明确不予承认和执行的情形。从我国已签订的司法协助条约看,其较民事诉讼法更为详细地规定了不予承认和执行的具体情形,包括:判决未生效或不具有执行力;我国法院对案件有专属管辖权;缺席当事人未经合法传唤或无诉讼行为能力的当事人未得到适当代理;我国法院对该案已作出生效判决或正在审理或已承认第三国生效判决;损害我国主权、安全或公共秩序等等。上述情形涉及判决确定性、管辖权适格、正当程序、平行管辖权冲突、公共秩序保留等根本性问题,对今后规范承认和执行的审查规则有着重要的参考价值。②

长远来看,应以求同存异、合作双赢的原则作为区域司法协助制度构建的基础,以解决现实司法问题作为司法协助区域合作的出发点,构建以若干核心国家为中心的次区域多边司法协助合作试点,构建逐步推进的多元区域司法协助合作机制。当前在沿线一些国家尚未与我国缔结司法协助协定的情况下,根据国际司法合作交流意向、对方国家承诺将给予我国司法互惠等情况,可以考虑由我国法院先行给予对方国家当事人司法协助,由"事实互惠"向"法律互惠""推定互惠"的标准转化。互惠原则在外国判决承认与执行中的运用由来已久,早期大致来源于国家主权原则。然

---

① 参见我国外交部官网发布的《我国对外缔结司法协助及引渡条约情况》,载 https://www.fmprc.gov.cn/web/ziliao_674904/tytj_674911/wgdwdjdsfhzty_674917/t1215630.shtml, 2018年7月2日访问。

② 沈红雨:《"一带一路"建设与外国民商事判决的承认和执行》,载 http://www.sohu.com/a/158934625_480158, 2018年8月5日访问。

而，这一原则并不是人们所期待的那么完美无缺，因为其本身也存在诸多不可忽视的欠缺与不足：其一，该原则的启用往往是从国家利益出发，考虑对外国判决的承认与执行能否使该外国对本国法院的判决也采取同样的态度，而正是这样一种臆断的期待常常使决策者忽视了私人利益的保护，这样的做法也与国际社会所追求的自由、平等和法治不相融合；其二，在运用该原则对外国判决进行承认与执行时，法官实际上享有很大的自由裁量权，可根据案件的具体情况进行灵活地解释，由此该原则在运用上存在很大的不可预测性，进而对国家和私人的利益产生不利影响。互惠原则之所以存在上述问题，主要是因为"这种互惠缺乏制度上的保障，各国难以了解他国在互惠原则上的真实立场，又囿于国家主权观念"，[①] 使得互惠原则的实施不能实现较好效果。该原则在国内法体系下往往转变成了狭义上的"事实互惠"，即外国法院判决在本国法院得到承认与执行的前提是我国法院所在国已有承认和执行本国法院判决的先例，而不是以对方国家法律中存在互惠原则规定作为认定两国之间存在互惠关系基础的"法律互惠"。[②] 以我国法院为例，在 2004 年俄罗斯国家交响乐团与阿特蒙特有限责任公司向北京市第二中级人民法院申请承认英国高等法院于 2002 年和 2003 年作出的中间判决以及中间判决的补充判决的法律效力[③]、2006 年澳大利亚的弗拉西动力发动机有限公司向深圳市中级人民法院申请承认和执行澳大利亚法院判决[④]，以及 2011 年株式会社 SPRING COMM 向深圳市中级人民法院申请承认和执行韩国首尔西部地方法院判决[⑤]等案件中，我国法院均以我国与相关国家之间"没有缔结或者参加相互承认与执行法院判决、裁定的国际条约，亦未建立相应的互惠关系"为由拒绝承认与执行。

---

① 王吉文：《2005 年海牙〈选择法院协议公约〉研究》，东南大学出版社 2008 年版，第 123 页。

② 宋锡祥、朱伯燃：《"一带一路"战略下我国开展国际民商事司法协助的法律思考》，载《上海大学学报》第 34 卷第 3 期。

③ 北京市第二中级人民法院（2004）二中民特字第 928 号判决，载 http://www.pkulaw.cn/case_es/pfnl_1970324837061539.html?match=Exact，2018 年 7 月 6 日访问。

④《最高人民法院关于申请人弗拉西动力发动机有限公司申请承认和执行澳大利亚法院判决一案的请示的复函》【(2006) 民四他字第 45 号】，载 http://www.51wf.com/law/175699.html，2018 年 8 月 2 日访问。

⑤ 广东省深圳市中级人民法院"申请人株式会社 SPRING COMM 诉被申请人朴宗根申请承认外国法院民事判决案"，载 http://blog.sina.com.cn/s/blog_540752bd0102dvc3.html，2018 年 7 月 20 日访问。

这种过于严苛的外国判决承认与执行的实践，在很大程度上有损外国对中国司法制度的信任感和信心。而且，因事实互惠的要求而产生的后续报复性结果，将极不利于当事人权益的保护，更遑论国际司法合作。但随着"一带一路"倡议的不断深入，"事实互惠"向"法律互惠""推定互惠"的标准转化已初步显现。如在最高人民法院先后发布的两批18件涉"一带一路"典型案例中有2件涉及申请承认和执行外国法院判决案（见表3）。其中，在高尔集团股份有限公司申请承认和执行新加坡高等法院民事判决案中，南京市中级人民法院作出裁定，首次认定我国与新加坡存在互惠关系，根据互惠原则，承认和执行了新加坡法院的商事判决[①]。其次，在第二届中国—东盟大法官论坛上通过了《南宁声明》，其中第七项[②]为推定互惠关系的共识，是对既有事实互惠原则的重大突破。上述实践反映出我国法院正在倡导并逐步扩大国际司法合作，积极促成互惠关系形成，努力营造"一带一路"建设开放包容的国际法治环境。

表3 最高人民法院发布的涉"一带一路"司法协助典型案例

批次	编号	案由	当事人	典型意义
一	8	申请承认和执行波兰共和国法院判决案	波兰弗里古波尔股份有限公司；宁波甬昌公司	该案体现了我国法院切实履行司法协助协定，依法承认和执行外国法院民商事判决，平等保护中外当事人合法权益的立场。
二	5	申请承认和执行新加坡高等法院民事判决	高尔集团股份有限公司	该案根据新加坡法院承认和执行中国法院判决的先例，首次认定中新两国之间存在互惠关系，进而依据互惠原则承认和执行新加坡法院商事判决。

---

① 在该案中，法院指出，中国与新加坡并未缔结或共同参加承认与执行生效裁判文书的国际条约，但由于新加坡高等法院于2014年1月对我国江苏省苏州市中级人民法院判决进行了承认与执行，根据互惠原则，我国可以对新加坡法院的民事判决予以承认和执行。

② 第七项规定："区域内的跨境交易和投资需要以各国适当的判决的相互承认和执行机制作为其司法保障。在本国国内法允许的范围内，与会各国法院将善意解释国内法，减少不必要的平行诉讼，考虑适当促进各国民商事判决的相互承认和执行。尚未缔结有关外国民商事判决承认和执行国际条约的国家，在承认与执行对方国家民商事判决的司法程序中，如对方国家的法院不存在以互惠为理由拒绝承认和执行本国民商事判决的先例，在本国国内法允许的范围内，即可推定与对方国家之间存在互惠关系。"

（三）司法交流实践

"一带一路"建设中如何整合现存各种差异，形成新的有机统一，是一个颇为棘手但又必须解决的问题，而司法交流环节在"一带一路"战略推进过程中具有至关重要的作用。

具体而言，司法交流能够发挥以下功能：一是广泛的司法交流能增进相互的了解和理解，最大程度减少来自司法系统自身的相互冲突。"一带一路"倡议是一项系统工程，各国之间存在越来越多的交往、交易与合作，其中必然伴随着法律领域的深度参与。如果缺乏相互的了解和理解，各国迥异的司法体制和运作模式不仅难以成为保障，反而可能成为推进过程中的障碍性因素，而高水平的司法交流能有效减少司法冲突，使司法真正起到符合预期的保障作用。二是充分的司法交流能为沿线国之间开展广泛的司法协助提供有效平台。"一带一路"建设中大量的交往合作都需要沿线国之间展开相互的司法协助，但前提首先需要准确理解协助事项，才能给出针对性地协助，在差异巨大的司法体系之间完成协助事项，充分的司法交流就不仅必要，且属必须。三是高水平的司法交流能为构筑多元化国际争端解决机制提供理论奠基和经验储备。在"一带一路"倡议的"法治化"进程中，建立一个便捷高效、协作共赢的多元化纠纷解决机制至关重要。在沿线国复杂的司法生态系统中，必须通过交流，且是高水平的交流才能有效克服基于不同政治、经济、文化传统形成的司法模式之间的巨大差异，寻求更多的观念共识，并普遍化某一国的纠纷解决经验，最终建立起适应"一带一路"需求的多元化纠纷解决机制。四是为"一带一路"国际法律服务市场的构建和良性运行提供坚实基础。伴随"一带一路"建设的展开，相关法律服务市场的构建被提上日程，且具有一定的紧迫性。而完善的法律服务市场，渐趋扩大和繁荣的法律服务市场，都需要沿线国彼此间能实现基本"无障碍"性的交往互通，这个坚实的基础在很大程度上得由高水平的司法交流来提供。五是司法交流是展示各国司法文明，并在此基础上相互借鉴融合，进而推动构建人类命运共同体的重要途径。通过司法交流能够展示我国法治建设的最新成果和中华文明的普适性价值，借此还可以进一步取得更多的高层次成果，在全球化的今天，通过我国与沿线国司法交流形成的经验，成为人类命运共同体的司法保障体系的重要内容。

伴随着具体司法实践之所需，在近年建立了若干种司法交流平台，采用的交流途径、方式及其内容也渐趋丰富，目前主要有以下几种：一是官方举办的司法高层论坛。举行频次最多的是最高法院院长会议与大法官论坛。[①] 每次主题均有不同。如2018年5月25日在北京举行的第十三次上海合作组织成员国最高法院院长会议，就通过会议加深了各方的进一步了解，达成了广泛共识，并一致通过《联合声明》，其中强调成员国最高法院应遵循"互信、互利、平等、协商，尊重多样文明，谋求共同发展"的"上海精神"，相互借鉴有益经验，提升司法信息化水平，加强合作，巩固本地区和平、维护全球安全稳定。这些论坛的举办取得了多方面成果；二是司法部长会议。自2013年起，每年举行一届上海合作组织成员国司法部长会议，迄今已成功举办五届，对相互之间在加强区域合作、法律政策等的实施、加强对公民的法律援助，以及在政府立法规划、法医等方面加强交流合作、相互无偿开放法律数据库等等方面，起到了重要的助推作用；三是其他常规性的具体合作交流形式有学术性会议、相关培训项目的实施、签署司法合作备忘录等。

总体来看，通过上述多种方式与途径的司法交流，取得了丰硕成果，增加了"一带一路"沿线国之间的了解和互信，并在多方面开展了有效的司法合作。但与预期的成效相比，仍存在较大距离。造成这种局面的主要原因在于：第一，司法交流的方式少、途径窄。具体体现之一是司法交流的开展基本由官方启动和主导，非官方主体的参与较少、力度很小，尤其是非官方性质的平台几乎没有。第二，现有的交流主要是"问题导向型"的，主要着眼于当下产生的即时性困境与问题，而面向长期性、系统性的交流较少，表明当前司法交流的范围和内容非常有限，层次有待进一步提高。第三，由于对司法交流缺乏整体性、系统性的认识，导致缺乏长远规划，缺少长期、中期和短期交流的相应的具体计划，这当然影响交流的整体实效。第四，现有交流的"司法性"不足。目前的交流内容主要集中在较为宏观性的方面，对相互间"政策性"的了解探索为多，具体的法律与司法融通及合作停留在基础性层次，这决定了成果颇为有限。另外还呈现出具体化、分散化、部门化的显著特征。表现为在法院系统、司法部系统，还有这之前就存在的公安系统在国际犯罪等领域的法律合作与交流实

---

① 2017年9月26日，最高人民法院在甘肃主办了"丝绸之路"司法合作国际论坛，此次论坛入选2017年人民法院十大法院新闻。足见司法交流与合作的地位得到了显著提升。

践,相对独立地进行,虽然各个部门分别积累起很多的合作与交流经验,但仅局限在某一部门或某些领域内,没有发挥出更广泛的示范或带动作用。必须提升司法交流的战略地位,在官方和非官方等多元力量的广泛参与下,长远规划、深度交流,才能与"一带一路"这个长远的国家战略相匹配。

司法交流新机制建立过程中,应坚持以下三个原则。

第一,坚持中国主导的基本原则。"一带一路"倡议是中国政府提出的,是新时代我国国家发展战略的重要构成,在落实和推进过程中,包括司法交流在内,都要坚持中国主导的原则。

第二,坚持官方主导、主体多元的开展原则。从已有的司法交流经验看,基本均为官方性质,但欲使司法交流取得更多实际成果,应鼓励半官方及民间性的司法交流实践。

第三,坚持方式多样、深入交流、求同存异等具体交流原则。为司法交流取得更多实效,应当采取更为多样化的形式,比如将教学科研过程中普遍采用的模拟法庭等方式运用到司法交流中,可能会取得意想不到的效果。司法交流应更注重深层次的交流,这样才能取得更为稳定的观念沟通、减少矛盾及创新制度的效果。求同存异是文化交流的黄金法则,在每种司法交流方式的每个环节中,都要彼此尊重、友好协商,这也是减少矛盾、取得更佳交流效果的重要保障。

建议在总结已有司法交流经验和不足的基础上,有效整合各种司法交流途径与形式,由最高人民法院主持创建"一带一路"司法交流中心,作为"一带一路"司法交流的常规性平台。平台的运作模式、核心理由和主要内容如下。

一是官方交流平台。以我国官方名义举办的各类法律交流性事务均在此平台中实施,这种相对的集中,对于司法交流功能的高效发挥非常必要。在构建该中心的过程中,最高人民法院要与司法部、公安部等各部门先行理顺在"一带一路"中关于司法交流事项的关系,明确各自的功能及地位。二是举办各类司法交流讲座、论坛的主要平台。举办的主体多元化,官方的、半官方的、民间团体,以及法官、学者个人性质的均可。具体形式多样化,学术性的和非学术性,理论性的和实践性的均可。三是相关法律人才的培养信息发布及汇总平台。通过中心集中培养"一带一路"急需和所需的各类司法人才,包括专门法官培训项目、沿线国法官互换培养、特定的专门法律人才等培训活动的信息，不定期发布并汇总，促进相关信息的互通互联。四是作为"一带一路模拟法庭"的展示平台。尝试在中心构建设置"一带一路模拟法庭"，充分模拟在"一带一路"建设过程中已出现的真实案例，和可能出现的各类案例的处理，通过模拟法庭的创新性试验，逐步探索出适应"一带一路"特定需求的庭审模式，以及各类纠纷解决机制。该模拟法庭由我国法官常规性参与，并不断邀请沿线国法官参与，还要将其列入相关司法交流培训项目中的必修课程。五是成立"一带一路"法律数据库与交换中心。在中心设置"一带一路"法律数据库，由各国提供的完整且精准的相关法律数据库和案例数据库，及有关的学术性研究文库构成。这些数据在司法交流中的意义重大，不仅有利于在真正发生争议时能直接查明并便利法律规则的解释与适用，在日常的司法交流合作过程中，也可随时交换所需数据，便利相互理解，快速达成共识。

（四）司法监督和支持仲裁实践

为服务与保障"一带一路"建设，最高人民法院出台一系列重大举措支持国际仲裁事业发展。2015年，最高人民法院发布的《关于人民法院为"一带一路"建设提供司法服务和保障的若干意见》明确指出，"要正确理解和适用《承认及执行外国仲裁裁决公约》，依法及时承认和执行与'一带一路'建设相关的外国商事海事仲裁裁决，……要探索完善撤销、不予执行我国涉外、涉港澳台仲裁裁决以及拒绝承认和执行外国仲裁裁决的司法审查程序制度，统一司法尺度，支持仲裁发展。"2016年颁布的《最高人民法院关于人民法院进一步深化多元化纠纷解决机制改革的意见》《最高人民法院关于为自由贸易试验区建设提供司法保障的意见》也先后表示要切实履行司法监督仲裁的职责，支持仲裁制度改革和仲裁机构的创新发展，"提升我国纠纷解决机制的国际竞争力和公信力"。

我们从最高人民法院网站、中国裁判文书网、北大法宝及 Alpha 案例库中收集并整理近三年我国法院审理的涉"一带一路"仲裁司法审查案件，包括最高法院发布的涉"一带一路"典型案例2件和地方各级法院审理的相关案件（见表4和表5）。从仲裁司法审查结果显示，我国法院严格履行《纽约公约》的相关承诺，依法及时承认和执行与"一带一路"相关的外国商事仲裁裁决，加强了涉沿线国家当事人的仲裁裁决司法审查工作，有力推动了沿线国家之间相互承认和执行仲裁裁决。具体分析如下。

表4 最高人民法院发布的涉"一带一路"仲裁司法审查典型案例

批次	编号	案由	当事人	典型意义
一	6	申请确认仲裁条款效力	浙江逸盛石化有限公司;卢森堡英威达技术有限公司	该案首次认可当事人约定由中国的常设仲裁机构依据《联合国国际贸易法委员会仲裁规则》管理仲裁程序的条款效力,并明确该条款约定的是机构仲裁,而非临时仲裁。该案对当事人理解存在分歧的合同用词,采取了有利于实现当事人仲裁意愿的目的解释方法,在仲裁条款未明确限定仲裁机构特定职能的情形下,认定当事人关于常设机构适用另一仲裁规则的约定应理解为该机构依仲裁规则管理整个仲裁程序。
二	4	申请承认和执行外国仲裁裁决	西门子国际贸易(上海)有限公司;上海黄金置地有限公司	本案裁定在自贸试验区推进投资贸易便利的改革背景下,对自贸试验区内外商独资企业之间的合同纠纷,在涉外因素的认定方面给予必要重视,确认仲裁条款有效,并明确"禁止反言",践行了《纽约公约》"有利于裁决执行"的理念,体现了中国恪守国际条约义务的基本立场。

表5 我国涉"一带一路"仲裁司法审查案件

案件	涉"一带一路"因素	仲裁机构	被申请人抗辩	法院裁判结果	仲裁裁决的国籍判断标准
翱兰国际有限公司、无锡市天然纺织实业有限公司等申请承认和执行外国仲裁裁决案	申请人系新加坡公司	国际棉花协会有限公司	1、双方当事人签订的仲裁条款无效;2、被申请人未被给予适当通知	抗辩不成立,予以支持	仲裁机构所在地为英国

(续表)

案件	涉"一带一路"因素	仲裁机构	被申请人抗辩	法院裁判结果	仲裁裁决的国籍判断标准
日照兴裕嘉贸易有限公司、艾地盟亚太贸易有限公司申请承认和执行外国仲裁裁决管辖权异议案	申请人系新加坡公司	伦敦国际油、油籽和油脂协会	按《纽约公约》第三条的规定由主要办事机构所在地中级人民法院管辖	抗辩不成立,驳回管辖权异议申请	未表述
阿曼航运公司、江苏熔盛重工有限公司申请承认和执行外国仲裁裁决案	申请人注册地系阿曼国	英国伦敦仲裁庭	仲裁裁决未及时送达被申请人	抗辩不成立,予以支持	仲裁裁决作出地为英国
瑞克斯商业有限公司、青岛海韵达经贸有限公司申请承认和执行外国仲裁裁决案	申请人系新加坡公司	新加坡国际仲裁中心	参与仲裁程序,未收到仲裁	抗辩不成立,予以支持	仲裁裁决作出地为英国
来宝资源国际私人有限公司(Noble Resources International Pte Ltd)诉上海信泰国际贸易有限公司申请承认和执行外国仲裁裁决案	申请人系新加坡公司	新加坡国际仲裁中心	存在《纽约公约》第五条第一款(丁)项所规定的"仲裁机关之组成或仲裁程序与各造间之协议不符"之情形	抗辩成立,不予支持	未表述
TRAFIGURAPTELTD与广州中煤华南销售有限公司申请承认和执行外国仲裁裁决案	申请人系新加坡公司	新加坡国际仲裁中心	仲裁裁决认定事实错误	抗辩不成立,予以支持	仲裁机构所在地为英国、申请人注册地在新加坡

（续表）

案件	涉"一带一路"因素	仲裁机构	被申请人抗辩	法院裁判结果	仲裁裁决的国籍判断标准
俄罗斯季节有限公司、浙江武义万隆门业有限公司申请承认和执行外国仲裁裁决案	申请人系俄罗斯公司	俄罗斯联邦工商会国际商事仲裁院	未收到开庭通知的情况下导致其无法参加仲裁案申辩	抗辩不成立，予以支持	未表述
新和海事有限公司与大连新和船舶物资供应有限公司申请承认和执行外国仲裁裁决案	申请人系新加坡公司	新加坡国际仲裁中心	1. 申请人提交的中文译本不符合《纽约公约》第四条的规定；2. 仲裁协议无效；3. 承认和执行仲裁裁决有违我国公共政策；4. 仲裁裁决中有不可执行的内容	抗辩不成立，予以支持	仲裁裁决作出地为新加坡
SPS欧化公司与盘锦和运实业集团有限公司申请承认和执行仲裁裁决案	申请人系俄罗斯公司	斯德哥尔摩商会仲裁院	裁决实体不公	抗辩不成立，予以支持	仲裁机构所在地为瑞典
英腾化工私人有限公司、日照诺博国际贸易有限公司申请承认和执行外国仲裁裁决案	申请人系新加坡公司	新加坡国际仲裁中心	1. 基础合同不成立；2. 销售合同中未约定仲裁条款；3. 仲裁庭没有向被申请人履行送达与通知义务；4. 裁决实体不公	抗辩不成立，予以支持	未表述

(续表)

案件	涉"一带一路"因素	仲裁机构	被申请人抗辩	法院裁判结果	仲裁裁决的国籍判断标准
ADM亚太贸易有限公司、山东雅禾农业有限公司申请承认和执行外国仲裁裁决案	申请人系新加坡公司	谷物及饲料贸易协会	被申请人未到庭应诉、答辩	抗辩不成立,予以支持	未表述
中国航油(新加坡)股份有限公司、成都欣华欣化工材料有限公司申请承认和执行外国仲裁裁决案	申请人系新加坡公司	新加坡国际仲裁中心	1. 仲裁裁决未生效; 2. 裁决违反了我国的公共秩序	抗辩不成立,予以支持	仲裁裁决作出地为新加坡
新加坡华成控股有限公司、安徽省环太金属矿产进出口有限公司申请承认和执行外国仲裁裁决案	申请人系新加坡公司	新加坡国际仲裁中心	1. 涉案合同并未约定仲裁条款; 2. 没有收到仲裁庭的适当通知	抗辩不成立,予以支持	仲裁机构所在地为新加坡
远程无线信息技术有限责任公司申请北京广信嘉视科技有限公司等申请承认和执行外国仲裁裁决案	申请人系以色列公司	国际商会国际仲裁院	被申请人均未到庭参加诉讼,亦未提交书面答辩意见	抗辩不成立,予以支持	仲裁裁决作出地为加拿大
申请人联合亚洲贸易融资基金有限公司与被申请人郑州铝业股份有限公司申请承认和执行外国仲裁裁决案	申请人系新加坡公司	新加坡国际仲裁中心	仲裁程序违法	抗辩不成立,予以支持	仲裁机构所在地为新加坡
申请人克拉西尔尼科夫.谢尔盖.维塔利耶维奇与被申请人黑龙江星河大岛汽车经贸有限公司承认和执行外国仲裁裁决案	申请人系俄罗斯国籍	俄罗斯联邦工商会国际商务仲裁庭	仲裁裁决实体不公	抗辩不成立,予以支持	仲裁裁决作出地为俄罗斯

(续表)

案件	涉"一带一路"因素	仲裁机构	被申请人抗辩	法院裁判结果	仲裁裁决的国籍判断标准
欧饰蒂有限责任公司、浙江华腾制衣有限公司等申请承认和执行外国仲裁裁决案	申请人系俄罗斯公司	俄罗斯联邦工商会国际商务仲裁庭	未提出相关抗辩	抗辩不成立,予以支持	仲裁机构所在地为俄罗斯
格罗莉娅琼丝公司、无锡市东翔针纺织有限公司等申请承认和执行外国仲裁裁决案	申请人系俄罗斯公司	俄罗斯联邦工商会国际商务仲裁庭	1. 格罗莉娅琼丝公司并未超额支付18080.24美元货款; 2. 东翔公司未收到仲裁庭的通知,因此未能参加仲裁庭审; 3. 即使仲裁庭发出了通知,因该通知没有中文译本,不能实现通知目的。	抗辩不成立,予以支持	仲裁裁决作出地为俄罗斯
信桥私人有限公司申请承认和执行外国仲裁裁决案	申请人系新加坡公司	国际商会仲裁院	未作答辩	抗辩不成立,予以支持	仲裁裁决作出地为新加坡
俄罗斯欧凯有限公司与广东南方富达进出口有限公司申请承认和执行外国仲裁裁决案	申请人系俄罗斯公司	俄罗斯联邦工商会国际商务仲裁庭	未收到仲裁庭的任何通知;仲裁庭的组成违反了仲裁规则	抗辩不成立,予以支持	仲裁机构所在地为俄罗斯

(续表)

案件	涉"一带一路"因素	仲裁机构	被申请人抗辩	法院裁判结果	仲裁裁决的国籍判断标准
Bright Morning Limited 与宜兴乐祺纺织集团有限公司申请承认和执行外国仲裁裁决案	申请人系新加坡公司	新加坡国际仲裁中心	仲裁庭超裁；仲裁程序违反了正当程序	抗辩不成立，予以支持	仲裁裁决作出地为新加坡
申请人韦斯顿瓦克公司与被申请人北京中钢天铁钢铁贸易有限公司申请承认和执行外国仲裁裁决案	申请人系新加坡公司	英国伦敦仲裁庭	未收到仲裁庭通知，仲裁程序违法	抗辩不成立，予以支持	仲裁裁决作出地为英国
东地物产私人有限公司与浙江鑫星橡胶有限公司申请承认和执行外国仲裁裁决案	申请人系新加坡公司	新加坡商品交易所	货款纠纷不属仲裁范围；未接到仲裁庭通知	抗辩不成立，予以支持	仲裁机构所在地为新加坡
利夫糖果（上海）有限公司与上海联富食品有限公司申请承认和执行外国仲裁裁决案	申请人系新加坡公司	新加坡国际仲裁中心	无涉外因素的争议约定，应提交外国仲裁机构仲裁	抗辩不成立，予以支持	未表述
蒙艾多拉多有限责任公司、浙江展诚建设集团股份有限公司等申请承认和执行外国仲裁裁决案	申请人系蒙古公司	蒙古国家工商会	通知未送达	抗辩成立，不予支持	未表述

  一是《纽约公约》规定的适用范围在我国的适用。其一是外国仲裁裁决的国籍判断标准问题，即"仲裁机构所在地标准"和"仲裁做出地标准"。由于我国在加入《纽约公约》时做出了"互惠保留"，所以我国只

对在另一缔约国领土内做出的仲裁裁决适用该公约。但是，由于我国《民事诉讼法》以及《仲裁法》的规定，我国一直以仲裁机构所在地来判断仲裁裁决的国籍属性，通过识别做出仲裁裁决的机构所属国是否是《纽约公约》缔约国，进而判断对该裁决的承认与执行是否适用《纽约公约》。这一实践明显与《纽约公约》第一条规定的仲裁裁决做出地标准相悖，也与国际商事仲裁的通行实践不符。在我们收集到的案件中，除2例不予承认和执行案件和3例信息不详案件外，10例案件的审理法院采用了仲裁地标准来识别外国仲裁裁决的国籍，但仍有8例案件的审理法院采用仲裁机构所在国标准。同时，我们也注意到在2016年发布的《最高人民法院关于不予执行国际商会仲裁院第18295/CYK号仲裁裁决一案请示的复函》（〔2016〕最高法民他8号）① 中对下级法院的仲裁裁决的国籍判断标准予以了纠正，其认为涉案仲裁裁决是在香港特别行政区作出的仲裁裁决，因而应当适用《最高人民法院关于香港仲裁裁决在内地执行的有关问题的通知》，而非适用《纽约公约》对该裁决进行审查。考虑到长期以来我国法院在判断《纽约公约》的适用范围时会随意选择裁决地标准和仲裁机构所在地标准的混乱局面，最高人民法院这一复函的重大意义在于确立了这样一条规则，即：当适用仲裁地标准和适用仲裁机构所在地标准将会导致法律（包括《纽约公约》）适用的不同时，法院应优先采用仲裁地标准而不是仲裁机构所在地标准来判断仲裁裁决的国籍属性。② 在"一带一路"倡议的大背景下，我国大部分法院在判断《纽约公约》的适用范围时已逐渐放弃仲裁机构所在地标准，转而采用《纽约公约》第一条规定的裁决地标准。最高人民法院也首次通过复函形式明确，人民法院应优先采用仲裁地标准而不是仲裁机构所在地标准来确定一项外国仲裁裁决的国籍属性，这表明我国法院在仲裁司法审查方面取得明显进步。其二是适用的仲裁事项问题。我国在加入《纽约公约》时，对于仲裁事项做出了商事保留。最高人民法院《关于执行我国加入的〈承认及执行外国仲裁裁决公约〉的通

---

① 在该《复函》附件的请示中，江苏省高院和泰州市中级人民法院均认为，申请人 Wicor 申请承认与执行国际商会仲裁院第18295/CYK号仲裁裁决一案，应适用《纽约公约》，因为"涉案仲裁裁决的仲裁地虽然在香港，但作出该仲裁裁决的仲裁机构系国际商会仲裁院，故该仲裁裁决应视为法国仲裁裁决。法国和我国均为《纽约公约》的缔约国，因此，承认和执行该仲裁裁决应适用《纽约公约》。"

② 刘敬东、王路路：《"一带一路"倡议下我国对外国仲裁裁决承认与执行的实证研究》，载《法律适用》2018年第8期。

知》规定,"根据我国加入该公约时所作的商事保留声明,我国仅对按照我国法律属于契约性和非契约性商事法律关系所引起的争议适用该公约。"所谓"契约性和非契约性商事法律关系"①,主要是排除了外国投资者与东道国政府之间的争端。在我们收集到仲裁司法审查的案件中,没有被申请人提出了关于"商事保留"的抗辩。

二是被申请人主动申请及法院审查权限在我国的适用。《纽约公约》第五条规定了承认和执行地法院得拒绝承认与执行外国仲裁裁决的情形,并且区分了法院得依申请进行审查和依职权进行审查的情形。《纽约公约》第五条第一款②规定的五种情形,只有在当事人提出申请时,法院才能进行审查;而第五条第二款③规定的情形,法院可以依职权主动进行审查。最高人民法院也曾通过批复等方式明确指出,《纽约公约》第五条第一款的情形非依当事人申请,相关法院不应主动审查并拒绝承认和执行。在我们收集到的被申请人提出抗辩的21例案件中,只有1例案件是法院依据被申请人根据《纽约公约》第五条第一款提出的抗辩而进行审查,而另有6例案件的审理法院未依当事人申请即主动依据《纽约公约》第五条第一款对涉案外国仲裁裁决进行了审查。在这6例案件中,有的法院对涉案外国仲裁裁决逐一审查是否具有《纽约公约》第五条第一款所列的5种情形,有的法院仅审查了仲裁条款的有效性、仲裁程序是否符合当事人约定等个

---

① 根据该《通知》规定,所谓"契约性和非契约性商事法律关系",具体的是指由于合同、侵权或者根据有关法律规定而产生的经济上的权利义务关系,例如货物买卖、财产租赁、工程承包、加工承揽、技术转让、合资经营、合作经营、勘探开发自然资源、保险、信贷、劳务、代理、咨询服务和海上、民用航空、铁路、公路的客货运输以及产品责任、环境污染、海上事故和所有权争议等,但不包括外国投资者与东道国政府之间的争端。

② 该款规定:"裁决仅在受裁决援用的一方当事人向申请承认及执行地的主管机关提出证据证明有下列情形之一时,才可以根据该当事人的请求拒绝承认和执行:(甲)第二条所提到的协议的当事人根据对其适用的法律处于某种无行为能力情形,或根据当事人约定的准据法协议无效,或未约定准据法时,依裁决地所在国法律协议无效;或(乙)作为裁决执行对象的当事人没有接获关于指派仲裁员或仲裁程序的适当通知,或由于其他情况而不能申辩案件;或(丙)裁决涉及仲裁协议所没有提到的,或者不包括仲裁协议规定之内的争议,或者裁决含有对仲裁协议范围以外事项的裁定。但如果仲裁协议范围以内的事项可以和仲裁协议范围以外的事项分开,则裁决中关于提交仲裁事项的部分决定可以承认及执行;或(丁)仲裁庭的组成或仲裁程序与当事人间协议不符,或当事人间没有协议时同仲裁地所在国法律不符者;或(戊)裁决对当事人尚无拘束力,或裁决已经由作出裁决的国家或据其法律作出裁决的国家的有权机关撤销或者停止执行"。

③ 该款规定:"被请求承认和执行地所在国的主管机关如果查明有下列情形之一,也可以拒不承认和执行仲裁裁决:(甲)依据该国法律,争议事项不能以仲裁解决;(乙)承认或执行裁决违反该国公共政策"。

别情形，而有的法院未在裁定书中具体说明其审查《纽约公约》第五条第一款的过程，仅说明了其审查的结果。

三是仲裁庭组成或仲裁程序适当性审查在我国的适用。根据《纽约公约》第五条第一款丁项的规定，当仲裁庭组成或仲裁程序与当事人的约定或仲裁地法律不符时，法院可拒绝承认与执行该裁决。该项明确规定，应优先适用当事人之间的约定来判断仲裁庭组成和仲裁程序的情况。在我们收集到的案件中，有 6 件案件的被申请人提出了仲裁庭组成或仲裁程序违法的抗辩。其中 5 件案件的审理法院严格依照当事人约定的仲裁规则或法律进行了审查，认为不存在《纽约公约》第五条第一款丁项的情形[①]。对于《纽约公约》第五条第一款丁项的规定，法院始终坚持严格遵行的立场，依据《纽约公约》创造性的解释和适用《纽约公约》第五条第一款丁项，做出有利于承认和执行仲裁裁决的裁定。

四是被申请人关于未被给予适当通知或申辩不能的抗辩及审查在我国的适用。根据《纽约公约》第五条第一款乙项的规定，当审理法院可以确定存在被申请人未被给予关于指定仲裁员或仲裁程序的适当通知或未能对案件提出意见的情形时，得拒绝承认或执行相关仲裁裁决。由于该项规定用语的宽泛性，成员国在解释和适用该项规定时具有很大的自主权。最高人民法院在实践中对此项规定的看法是：一是在当事人对仲裁规则有约定的情况下，应依据该仲裁规则来认定被申请人是否被给予了关于指定仲裁员或仲裁程序的适当通知；只要仲裁庭按照该仲裁规则进行了相应通知，即使被申请人实际并未收到该通知，也不应据此拒绝承认和执行相关裁决。二是当有证据证明被申请人没有被给予相关仲裁程序的通知时，人民法院应拒绝承认和执行相关仲裁裁决。[②] 在我们收集到的案例中，有 11 例

---

① 在来宝资源国际私人有限公司诉上海信泰国际贸易有限公司申请承认和执行外国仲裁裁决案中，该案法院最终以仲裁庭违反《纽约公约》第五条第一款丁项的规定裁定不予承认和执行该仲裁裁决。在该案中，审理法院认为，"由于本案双方当事人已在仲裁条款中明确约定应由三名仲裁员组成仲裁庭，且未排除该组成方式在仲裁'快速程序'中的适用。因此，适用'快速程序'进行仲裁不影响当事人依据仲裁条款获得三名仲裁员组庭进行仲裁的基本程序权利。新加坡国际仲裁中心在仲裁条款约定仲裁庭由三名仲裁员组成且信泰明确反对独任仲裁的情况下，仍然依据其仲裁规则（2013 年第五版）第 5.2 条的规定决定采取独任仲裁员的组成方式，违反了案涉仲裁条款的约定，属于《纽约公约》第五条第一款（丁）项所规定的'仲裁机关之组成或仲裁程序与各造间之协议不符'的情形，故涉案仲裁裁决不应当被承认与执行"。

② 参考最高人民法院（2009）民四他字第 46 号、（2011）民四他字第 21 号、（2007）民四他字第 26 号、（2006）民四他字第 36 号裁定书。

案件中的被申请人提出了《纽约公约》该项抗辩，无一例得到人民法院支持。在"一带一路"倡议实施的大背景下，我国法院在对被申请人此项抗辩的理解和适用，体现了司法依法支持仲裁的高度包容性。

五是《纽约公约》规定的公共政策抗辩在我国的适用。《纽约公约》第五条第二款乙项规定，当承认或执行某个仲裁裁决会与本国公共秩序相抵触时，法院可拒绝承认与执行。最高人民法院一直以来对公共秩序采取从严解释的态度，即，只有在承认或执行仲裁裁决将违反我国基本法律制度、损害我国基本社会公共利益或基本法律原则时，法院才能以公共秩序为由拒绝承认或执行。[①] 在我们收集到的案例中，仅有2个案件的被申请人以违反我国公共秩序为由进行抗辩，但无一仲裁裁决被我国法院认定违反公共秩序。由此可以看出，我国各级人民法院在关于公共秩序的理解和适用方面严格遵行了《纽约公约》的规定和精神，坚定奉行从严解释的立场。这在2018年1月1日施行的《最高人民法院关于仲裁司法审查案件报核问题的有关规定》（法释〔2017〕21号）中也有体现。对于以违背社会公共利益为由不予执行或者撤销国内仲裁机构作出的仲裁裁决的，应当向最高人民法院报核；对国内仲裁司法审查做不定性评价时，要向高级人民法院报核。

四、涉"一带一路"商事争端多元纠纷化解的实证分析

（一）诉讼与商事调解对接实践

近年来，多家法院与各类商事调解中心建立了诉调对接的关系。如北京市、上海市、天津市、苏州市、杭州市等地中基层法院与在全国设立了42家调解中心的中国国际贸易促进委员会（中国国际商会总会调解中心）在当地的调解中心分会建立了诉调对接的关系[②]。此外，法院与各地商会调解组织的联系也逐渐紧密，北京市、长春市、中山市、宁波市等地法院与当地的工商联会积极开展诉调对接工作[③]。"一带一路"倡议背景下，涉

[①] 参考最高人民法院（2013）民四他字第46号、（2010）民四他字第32号、（2008）民四他字第48号裁决。

[②] 齐树洁：《商事调解的域外发展及其借鉴》，载《中国海商法年刊》2011年第6期。

[③] 杨敬文、魏璐：《长江中游城市商事纠纷诉调对接机制的完善——以"一带一路"倡议为背景》，载《长江经济带发展》2018年第3期。

"一带一路"纠纷的诉调对接工作得到进一步长足发展。目前,许多商事调解组织与法院建立对接机制。北京第四中级人民法院与一带一路国际商事调解中心签署诉调对接合作协议;深圳前海合作区人民法院与一带一路国际商事调解中心签署《建立诉讼与调解相衔接多元化纠纷解决机制合作协议》;上海经贸商事调解中心与上海市第一、第二中级人民法院、浦东新区人民法院自贸区人民法庭的对接;中国国际贸易促进委员会中国国际商会调解中心与北京市西城区人民法院的对接。最高人民法院国际商事法庭成立后,经国际商事专家委员会成员或者最高人民法院选定的国际商事调解机构主持调解达成调解协议的,可以由国际商事法庭依照法律规定制发调解书(经双方当事人签收后,即具有与判决同等的法律效力),实现调解协议与调解书的一体化衔接;另一方面,国际商事法庭可应当事人的要求,依据调解协议直接制作判决书。

实践中,尽管诉调对接发挥了多元化解纠纷的较大作用,但在实际运行中仍存在不少问题:一是诉调对接效果不佳。尽管各地法院与调解机构均进行了各种对接模式的探索,但相互之间缺乏协调和沟通,导致无法形成较为完备的统一的模式,操作规范也较为模糊,直接影响对接效果。二是诉讼对接的利用效率不高。因案件分流标准不明确、人们对人民调解员的信任度低、调解员的素质还不能满足实际需要,加之受法院调审合一功能的制约,导致在商事纠纷中启用诉调对接机制并成功的案件数量较少,法院诉讼调解在调解机制中发挥的作用远超于诉调对接的作用。

究其原因,主要有以下几点:一是"诉调对接"的机制尚未制度化与规范化。诉调对接机制的开展应该以法院为中心,最高人民法院在构建诉调对接机制方面不乏顶层设计,但在商事纠纷领域缺少具体的操作细则。目前尚未有规范性文件对商事纠纷诉调对接的具体制度、操作规范和流程、组织架构等作出详细规定[1],导致对接的具体制度和流程不完备。二是缺乏激励保障机制。商事调解的难度大、专业性高,没有资金保障会挫伤调解员的积极性。虽然商事调解组织的调解员虽然具备一定的商业知识和调解水平,但是他们对诉讼机制的运行并不了解,法院需要通过培训的方式让他们了解诉调对接机制的操作规范以及相关的法律知识。此外,商事纠纷当事人选择诉调对接方式,可以考虑给予一定诉讼费用方面的减免

---

[1] 姬文清、任玉峰:《"诉调对接"实务问题分析与规制》,载《法律适用》2009年第8期。

政策，引导当事人选择以低成本、高效率的方式解决纠纷。三是诉调对接的社会接受度不高。随着司法公信力的逐步提高，发生纠纷的当事人更倾向于选择诉讼的方式来解决。诉讼机制的过度使用导致其他纠纷解决机制备受冷落，也削弱了公众接受诉调对接机制的基础。商事调解本身不具有强制执行力，调解协议的履行主要依靠当事人的诚实信用。社会诚信体系不健全，导致民众对非诉纠纷解决机制信任不足，也对商事调解产生负面影响。[①] 当事人更愿意选择诉讼方式解决纠纷，他们更关心纠纷解决的结果能否被有效执行，并不关心诉调对接机制本身的价值。

（二）诉讼与仲裁对接实践

近年来，中国已成为涉外仲裁大国，还参与了许多国际仲裁规则的制定；"调仲结合"的东方经验也得到西方国家的认同和借鉴。在"一带一路"倡议背景下，最高人民法院成立了国际商事法庭，对国际商事仲裁机构作出的国际和解协议、国际仲裁裁决，由国际商事法庭直接提供保全、依法审查并赋予执行力。许多地方法院也与当地仲裁机构签订了仲裁诉讼对接的合作协议，如广州海事法院与深圳国际仲裁院、上海海事法院与中国海事仲裁委员会上海分会分别签署了海事海商诉调对接协议等，促进国际商事、海事仲裁在"一带一路"纠纷解决中发挥重要作用。最高人民法院也出台一系列司法解释，严格限制拒绝承认和执行外国仲裁裁决条件的适用，依法加强涉外仲裁裁决司法审查工作，探索特定仲裁模式，实行商事海事仲裁司法审查案件统一归口的工作机制，明确互惠原则适用的标准等，大力支持仲裁制度改革。

实践中，诉讼与仲裁的衔接存有以下问题：一是社会公众对仲裁的认识还不全面。尽管近年来，仲裁机构通过仲裁解决的纠纷逐年递增，但还是不及法院通过诉讼解决的纠纷数量递增幅度。这主要是因为仲裁方式解决纠纷的权威性还没有得到社会公众的广泛认可，部分公众认为仲裁的权威性是从属于法院的，如仲裁的保全、执行等都依赖于法院，因而较于诉讼而言，仲裁浪费时间和成本。社会公众对仲裁的契约性质也认识不足，加之仲裁立法中对于仲裁的契约性规范亦不到位，无法彰显仲裁的特色，导致利用率不高。二是立法上对仲裁和诉讼制度设计相对失衡。仲裁作为

---

① 穆子砺：《试论中国商事调解发展的局限与突破》，载中国仲裁法研究会：《中国仲裁与司法论坛暨 2010 年年会论文集》，第 307 页。

单独的纠纷解决方式，其制度设计基本参考了诉讼的模式，导致其灵活性、便利性特点不够彰显。立法理念视诉讼高于仲裁的制度设置，使得仲裁的独立性难以体现，难以发挥制度设计时的初衷。[①] 三是仲裁制度未完全发挥其效率价值。我国现行的仲裁规范过多强调公正价值，导致仲裁的拖延和低效，已危及当事人对于仲裁制度的信心。如仲裁的财产保全申请需经过仲裁委员会转交人民法院，法律对于保全申请如何与法院衔接又未明确规定，导致这一制度环节多且衔接不畅，进而削弱了仲裁的效能。再如，现行《中华人民共和国仲裁法》同时规定撤销仲裁裁决制度和不予执行仲裁裁决制度，使得当事人在申请撤销仲裁裁决被驳回后，还可以再次寻求司法救济。且申请不予执行没有期限限制，致使仲裁裁决长期处于效力不确定状态，不利于实现仲裁追求效益的价值目标。[②]

[①] 王崝、曹伊清：《仲裁与诉讼衔接机制研究》，载《南通大学学报·社会科学版》第32卷第6期。

[②] 谭兵：《中国仲裁制度的改革与完善》，人民出版社2005年版，第424页。

【信息与资料】

最高人民法院
关于设立国际商事法庭若干问题的规定

法释〔2018〕11号

（2018年6月25日最高人民法院审判委员会第1743次会议通过
2018年6月27日最高人民法院公告公布
自2018年7月1日起施行）

为依法公正及时审理国际商事案件，平等保护中外当事人合法权益，营造稳定、公平、透明、便捷的法治化国际营商环境，服务和保障"一带一路"建设，依据《中华人民共和国人民法院组织法》《中华人民共和国民事诉讼法》等法律，结合审判工作实际，就设立最高人民法院国际商事法庭相关问题规定如下。

第一条 最高人民法院设立国际商事法庭。国际商事法庭是最高人民法院的常设审判机构。

第二条 国际商事法庭受理下列案件：

（一）当事人依照民事诉讼法第三十四条的规定协议选择最高人民法院管辖且标的额为人民币3亿元以上的第一审国际商事案件；

（二）高级人民法院对其所管辖的第一审国际商事案件，认为需要由最高人民法院审理并获准许的；

（三）在全国有重大影响的第一审国际商事案件；

（四）依照本规定第十四条申请仲裁保全、申请撤销或者执行国际商事仲裁裁决的；

（五）最高人民法院认为应当由国际商事法庭审理的其他国际商事案件。

第三条 具有下列情形之一的商事案件，可以认定为本规定所称的国际商事案件：

（一）当事人一方或者双方是外国人、无国籍人、外国企业或者组织的；

（二）当事人一方或者双方的经常居所地在中华人民共和国领域外的；

（三）标的物在中华人民共和国领域外的；

（四）产生、变更或者消灭商事关系的法律事实发生在中华人民共和国领域外的。

第四条 国际商事法庭法官由最高人民法院在具有丰富审判工作经验，熟悉国际条约、国际惯例以及国际贸易投资实务，能够同时熟练运用中文和英文作为工作语言的资深法官中选任。

第五条 国际商事法庭审理案件，由三名或者三名以上法官组成合议庭。

合议庭评议案件，实行少数服从多数的原则。少数意见可以在裁判文书中载明。

第六条 国际商事法庭作出的保全裁定，可以指定下级人民法院执行。

第七条 国际商事法庭审理案件，依照《中华人民共和国涉外民事关系法律适用法》的规定确定争议适用的实体法律。

当事人依照法律规定选择适用法律的，应当适用当事人选择的法律。

第八条 国际商事法庭审理案件应当适用域外法律时，可以通过下列途径查明：

（一）由当事人提供；

（二）由中外法律专家提供；

（三）由法律查明服务机构提供；

（四）由国际商事专家委员提供；

（五）由与我国订立司法协助协定的缔约对方的中央机关提供；

（六）由我国驻该国使领馆提供；

（七）由该国驻我国使馆提供；

（八）其他合理途径。

通过上述途径提供的域外法律资料以及专家意见，应当依照法律规定在法庭上出示，并充分听取各方当事人的意见。

第九条 当事人向国际商事法庭提交的证据材料系在中华人民共和国领域外形成的，不论是否已办理公证、认证或者其他证明手续，均应当在法庭上质证。

当事人提交的证据材料系英文且经对方当事人同意的，可以不提交中文翻译件。

第十条 国际商事法庭调查收集证据以及组织质证，可以采用视听传输技术及其他信息网络方式。

第十一条 最高人民法院组建国际商事专家委员会，并选定符合条件的国际商事调解机构、国际商事仲裁机构与国际商事法庭共同构建调解、仲裁、诉讼有机衔接的纠纷解决平台，形成"一站式"国际商事纠纷解决机制。

国际商事法庭支持当事人通过调解、仲裁、诉讼有机衔接的纠纷解决平台，选择其认为适宜的方式解决国际商事纠纷。

第十二条 国际商事法庭在受理案件后七日内，经当事人同意，可以委托国际商事专家委员会成员或者国际商事调解机构调解。

第十三条 经国际商事专家委员会成员或者国际商事调解机构主持调解，当事人达成调解协议的，国际商事法庭可以依照法律规定制发调解书；当事人要求发给判决书的，可以依协议的内容制作判决书送达当事人。

第十四条 当事人协议选择本规定第十一条第一款规定的国际商事仲裁机构仲裁的，可以在申请仲裁前或者仲裁程序开始后，向国际商事法庭申请证据、财产或者行为保全。

当事人向国际商事法庭申请撤销或者执行本规定第十一条第一款规定的国际商事仲裁机构作出的仲裁裁决的，国际商事法庭依照民事诉讼法等相关法律规定进行审查。

第十五条 国际商事法庭作出的判决、裁定，是发生法律效力的判决、裁定。

国际商事法庭作出的调解书，经双方当事人签收后，即具有与判决同等的法律效力。

第十六条 当事人对国际商事法庭作出的已经发生法律效力的判决、裁定和调解书，可以依照民事诉讼法的规定向最高人民法院本部申请再审。

最高人民法院本部受理前款规定的申请再审案件以及再审案件，均应当另行组成合议庭。

第十七条 国际商事法庭作出的发生法律效力的判决、裁定和调解书，当事人可以向国际商事法庭申请执行。

第十八条 国际商事法庭通过电子诉讼服务平台、审判流程信息公开平台以及其他诉讼服务平台为诉讼参与人提供诉讼便利，并支持通过网络方式立案、缴费、阅卷、证据交换、送达、开庭等。

第十九条 本规定自 2018 年 7 月 1 日起施行。

最高人民法院
国际商事法庭程序规则（试行）

2018 年 11 月 21 日　　　　　　　　　　法办发〔2018〕13 号

为方便当事人通过最高人民法院国际商事法庭（以下简称国际商事法庭）解决纠纷，根据《中华人民共和国民事诉讼法》《最高人民法院关于设立国际商事法庭若干问题的规定》（以下简称《规定》）等法律和司法解释的规定，制定本规则。

第一章　一般规定

第一条　国际商事法庭为当事人提供诉讼、调解、仲裁有机衔接的国际商事纠纷解决机制，公正、高效、便捷、低成本地解决纠纷。

第二条　国际商事法庭依法尊重当事人意思自治，充分尊重当事人解决纠纷方式的选择。

第三条　国际商事法庭平等保护中外当事人的合法权益，保障中外当事人充分行使诉讼权利。

第四条　国际商事法庭支持通过网络方式受理、缴费、送达、调解、阅卷、证据交换、庭前准备、开庭等，为诉讼参加人提供便利。

第五条　当事人可以通过国际商事法庭官方网站（cicc.court.gov.cn）上的诉讼平台向国际商事法庭提交材料。如确有困难，当事人可以采取以下方式提交材料：

（一）电子邮件；

（二）邮寄；

（三）现场提交；

（四）国际商事法庭许可的其他方式。

通过前款第二项、第三项方式提交的，应提供纸质文件并按对方当事人人数提供副本，附光盘或其他可携带的储存设备。

第六条 国际商事法庭根据当事人的申请，为当事人提供翻译服务，费用由当事人负担。

第七条 国际商事法庭设立案件管理办公室，负责接待当事人，受理和管理案件，协调诉讼与调解、仲裁等诉讼外纠纷解决方式的衔接，统筹管理翻译、域外法律查明等事务。

第二章 受 理

第八条 原告根据《规定》第二条第一项向国际商事法庭提起诉讼，应当提交以下材料：

（一）起诉状；

（二）选择最高人民法院或第一国际商事法庭、第二国际商事法庭管辖的书面协议；

（三）原告是自然人的，应当提交身份证明。原告是法人或者非法人组织的，应当提交营业执照或者其他登记证明、法定代表人或者负责人身份证明；

（四）委托律师或者其他人代理诉讼的，应当提交授权委托书、代理人身份证明；

（五）支持诉讼请求的相关证据材料；

（六）填妥的《送达地址确认书》；

（七）填妥的《审前分流程序征询意见表》。

前款第三项、第四项规定的证明文件，在中华人民共和国领域外形成的，应当办理公证、认证等证明手续。

第九条 国际商事法庭在接收原告根据第八条提交的材料后，出具电子或纸质凭证，并注明收到日期。

第十条 高级人民法院根据《规定》第二条第二项报请最高人民法院审理的，在报请时，应当说明具体理由并附有关材料。最高人民法院批准的，由国际商事法庭受理。

第十一条 最高人民法院根据《规定》第二条第三项、第五项决定由国际商事法庭审理的案件，国际商事法庭应予受理。

第十二条 国际商事法庭对符合民事诉讼法第一百一十九条规定条件

的起诉，且原告在填妥的《审前分流程序征询意见表》中表示同意审前调解的，予以登记、编号，暂不收取案件受理费；原告不同意审前调解的，予以正式立案。

第三章 送 达

第十三条 国际商事法庭应向被告及其他当事人送达原告提交的起诉状副本、证据材料、《审前分流程序征询意见表》和《送达地址确认书》。

第十四条 当事人在《送达地址确认书》中同意接收他方当事人向其送达诉讼材料，他方当事人向其直接送达、邮寄送达、电子方式送达等，能够确认受送达人收悉的，国际商事法庭予以认可。

第十五条 当事人在《送达地址确认书》中填写的送达地址变更的，应当及时告知国际商事法庭。

第十六条 因受送达人拒不提供送达地址、提供的送达地址不准确、送达地址变更未告知国际商事法庭，导致相关诉讼文书未能被实际接收的，视为送达。

第四章 审前调解

第十七条 案件管理办公室在起诉材料送达被告之日起七个工作日内（有多名被告的，自最后送达之日起算）召集当事人和/或委托代理人举行案件管理会议，讨论、确定审前调解方式，并应当商定调解期限，一般不超过二十个工作日；当事人不同意审前调解的，确定诉讼程序时间表。

当事人同意由最高人民法院国际商事专家委员会成员（以下简称专家委员）进行审前调解的，可以共同选择一至三名专家委员担任调解员；不能达成一致的，由国际商事法庭指定一至三名专家委员担任调解员。

当事人同意由国际商事调解机构进行审前调解的，可以在最高人民法院公布的国际商事调解机构名单中共同选择调解机构。

第十八条 案件管理会议以在线视频方式召开。不适宜以在线视频方式召开的，通知当事人和/或委托代理人到场召开。

第十九条 案件管理会议结束后，案件管理办公室应当形成《案件管理备忘录》并送达当事人。

当事人应当遵循《案件管理备忘录》确定的事项安排。

第二十条 专家委员主持调解，应当依照相关法律法规，遵守本规则以及《最高人民法院国际商事专家委员会工作规则（试行）》对调解的有关规定，在各方自愿的基础上，促成和解。

第二十一条　专家委员主持调解不公开进行。调解应当记录调解情况，当事人和调解员应当签署。

第二十二条　专家委员主持调解过程中，有下列情形之一的，应当终止调解：

（一）各方或者任何一方当事人书面要求终止调解程序；

（二）当事人在商定的调解期限内未能达成调解协议，但当事人一致同意延期的除外；

（三）专家委员无法履行、无法继续履行或者不适合履行调解职责且不能另行选定或者指定专家委员；

（四）其他情形。

第二十三条　国际商事调解机构主持调解，应当依照相关法律法规，遵守该机构的调解规则或者当事人协商确定的规则。

第二十四条　经专家委员或者国际商事调解机构主持调解，当事人达成调解协议的，国际商事专家委员会办公室或者国际商事调解机构应在三个工作日内将调解协议及案件相关材料送交案件管理办公室，由国际商事法庭依法审查后制发调解书；当事人要求发给判决书的，国际商事法庭可以制发判决书。

第二十五条　当事人未能达成调解协议或者因其他原因终止调解的，国际商事专家委员会办公室或者国际商事调解机构应在三个工作日内将《调解情况表》及案件相关材料送交案件管理办公室。

案件管理办公室收到材料后，应当正式立案并确定诉讼程序时间表。

第二十六条　调解记录及当事人为达成调解协议作出妥协而认可的事实，不得在诉讼程序中作为对其不利的根据，但是当事人均同意的除外。

第五章　审　理

第二十七条　国际商事法庭在答辩期届满后召开庭前会议，做好审理前的准备。有特殊情况的，在征得当事人同意后，可在答辩期届满前召开。

庭前会议包括下列内容：

（一）明确原告的诉讼请求和被告的答辩意见；

（二）审查处理当事人增加、变更诉讼请求的申请和提出的反诉，以及第三人提出的与本案有关的诉讼请求；

（三）听取对合并审理、追加当事人等事项的意见；

（四）听取回避申请；

（五）确定是否公开开庭审理；

（六）根据当事人的申请决定证人出庭、调查收集证据、委托鉴定、要求当事人提供证据、进行勘验、进行证据保全；

（七）组织证据交换；

（八）明确域外法律的查明途径；

（九）确定是否准许专家委员出庭做辅助说明；

（十）归纳案件争议焦点；

（十一）进行调解；

（十二）安排翻译；

（十三）当事人申请通过在线视频方式开庭的，由国际商事法庭根据情况确定；

（十四）其他程序性事项。

第二十八条　庭前会议可以采取在线视频、现场或国际商事法庭认为合适的其他方式进行。

第二十九条　庭前会议可以由合议庭全体法官共同主持，也可以由合议庭委派一名法官主持。

第三十条　通过在线视频方式开庭，除经查明属网络故障、设备损坏、电力中断或者不可抗力等原因外，当事人不按时参加在线庭审的，视为拒不到庭；庭审中擅自退出的，视为中途退庭。

第三十一条　在案件审理过程中，合议庭认为需要就国际条约、国际商事规则以及域外法律等专门性法律问题向专家委员咨询意见的，应当根据《最高人民法院国际商事专家委员会工作规则（试行）》向国际商事专家委员会办公室提出，并指定合理的答复期限，附送有关材料。

第六章　执　　行

第三十二条　国际商事法庭作出的发生法律效力的判决、裁定和调解书，当事人可以向国际商事法庭申请执行。国际商事法庭可以交相关执行机构执行。

第三十三条　国际商事法庭作出的发生法律效力的判决、裁定和调解书，如果被执行人或者其财产不在中华人民共和国领域内，当事人请求执行的，依照民事诉讼法第二百八十条第一款的规定办理。

第七章　支持仲裁解决纠纷

第三十四条　当事人依照《规定》第十四条第一款的规定，就标的额人民币三亿元以上或其他有重大影响的国际商事案件申请保全的，应当由国际商事仲裁机构将当事人的申请依照民事诉讼法、仲裁法等法律规定提交国际商事法庭。国际商事法庭应当立案审查，并依法作出裁定。

第三十五条　当事人依照《规定》第十四条第二款的规定，对国际商事仲裁机构就标的额人民币三亿元以上或其他有重大影响的国际商事案件作出的仲裁裁决向国际商事法庭申请撤销或者执行的，应当提交申请书，同时提交仲裁裁决书或者调解书原件。国际商事法庭应当立案审查，并依法作出裁定。

第八章　费用承担

第三十六条　对国际商事法庭立案审理的案件，当事人应当按照《诉讼费用交纳办法》的规定交纳案件受理费和其他诉讼费用。

第三十七条　由专家委员调解的案件，专家委员为调解支出的必要费用，由当事人协商解决；协商不成的，由当事人共同承担。

第三十八条　由国际商事调解机构调解的案件，调解费用适用该调解机构的收费办法。

第九章　附　　则

第三十九条　本规则自2018年12月5日起施行。
第四十条　本规则由最高人民法院负责解释。

最高人民法院
国际商事专家委员会工作规则（试行）

2018 年 11 月 21 日　　　　　　　　　　法办发〔2018〕14 号

为规范最高人民法院国际商事专家委员会（以下简称国际商事专家委员会）的工作，根据《最高人民法院关于设立国际商事法庭若干问题的规定》，制定本规则。

第一条 最高人民法院设立国际商事专家委员会，为最高人民法院国际商事法庭（以下简称国际商事法庭）构建调解、仲裁、诉讼有机衔接的多元化纠纷解决机制提供支持与保障。

第二条 国际商事专家委员会由最高人民法院聘任的中外专家组成。

国际商事专家委员会成员（以下简称专家委员）应符合下列条件：

（一）在国际贸易、投资等国际商事法律领域具有精深造诣并在国际上具有较高影响力；

（二）品行高尚、公道正派；

（三）能够按照本规则认真履职尽责。

第三条 专家委员可以根据国际商事法庭的委托，承担下列职责：

（一）主持调解国际商事案件；

（二）就国际商事法庭以及各级人民法院审理案件所涉及的国际条约、国际商事规则、域外法律的查明和适用等专门性法律问题提供咨询意见；

（三）就国际商事法庭的发展规划提供意见和建议；

（四）就最高人民法院制定相关司法解释及司法政策提供意见和建议；

（五）国际商事法庭委托的其他事项。

第四条 专家委员应遵守下列规定：

（一）结合专业特长，以个人身份独立、客观、公正地提供咨询意见及建议；

（二）中立、公正调解国际商事案件，平等对待当事人；

（三）遵守专家委员行为守则规定的其他事项。

第五条 专家委员由最高人民法院根据工作需要择优聘任。

专家委员每届聘期四年，期满可以续聘。

聘期内因个人意愿、身体健康等原因无法继续担任专家委员，或因其他原因不适合继续担任专家委员的，最高人民法院可以决定终止聘任。

第六条 最高人民法院设立国际商事专家委员会办公室，作为国际商事专家委员会的日常办事机构，并承担下列职责：

（一）为专家委员与国际商事法庭之间的沟通协调和联络提供服务与保障；

（二）为专家委员从事调解、咨询、意见和建议工作提供服务与保障；

（三）登记、备案案件材料及裁判文书；

（四）筹备、组织国际商事专家委员会研讨会及咨询会，制作简报，汇编、存档会议资料；

（五）定期向专家委员发送国际商事法庭运行情况以及中国法治发展信息；

（六）其他日常管理事务。

第七条 国际商事专家委员会办公室可以根据工作需要在专家委员中指定一人担任国际商事专家委员会会议召集人，并受国际商事专家委员会办公室委托处理有关事宜。

第八条 最高人民法院可以根据工作需要决定召开国际商事专家委员会研讨会或组织部分专家委员召开咨询会，由召集人或者国际商事专家委员会办公室主任负责召集。

召集人至迟应于会议召开三个月前通过国际商事专家委员会办公室向专家委员发送会议通知，专家委员应在收到通知后七个工作日内答复是否参加。

确有紧急情况，需要召开临时会议的，在取得专家委员同意的情况下，可不限于第二款规定的期限。

会议可以采用在线视频方式或者现场会议方式进行。

第九条 国际商事法庭根据《最高人民法院国际商事法庭程序规则（试行）》第十七条委托专家委员调解的，应在受理案件后七个工作日内将

《委托调解征询意见函》、选定或指定的专家委员名单报送国际商事专家委员会办公室，并附《审前分流程序征询意见表》及案件相关材料副本。

国际商事专家委员会办公室应在收到上述材料后七个工作日内联络专家委员，征询其意见。

专家委员应在收到《委托调解征询意见函》后七个工作日内予以回复。

国际商事专家委员会办公室应在收到专家委员回复后三个工作日内书面告知国际商事法庭。

第十条 专家委员同意主持调解的，应签署无利益冲突的书面声明，明确其不存在可能影响调解独立性、公正性的情形。

专家委员同意接受选定或者指定的，国际商事法庭应于三个工作日内出具《委托调解书》，并通知当事人。

第十一条 专家委员主持调解，应当依照相关法律法规，遵守本规则以及《最高人民法院国际商事法庭程序规则（试行）》对调解的有关规定，参照国际惯例、交易习惯，在各方自愿的基础上，根据公平、合理、保密的原则进行，促进当事人互谅互让，达成和解。

调解可以通过在线视频方式或者现场方式进行。

第十二条 根据《最高人民法院国际商事法庭程序规则（试行）》第二十二条终止调解时，专家委员应于终止调解后七个工作日内填妥《调解情况表》，连同案件相关材料，送交国际商事专家委员会办公室。国际商事专家委员会办公室应于收到后三个工作日内将《调解情况表》及案件相关材料，送交国际商事法庭，并保留副本。

第十三条 经专家委员主持达成调解协议，并由国际商事法庭依照法律规定制发调解书或判决书的，国际商事法庭应在作出调解书或者判决书后三个工作日内，将调解书或者判决书副本送交国际商事专家委员会办公室备存。

国际商事专家委员会办公室应于收到调解书或者判决书后三个工作日内，向专家委员发送副本。

第十四条 受理案件的国际商事法庭或者其他人民法院根据本规则第三条第二项的规定向专家委员进行咨询的，应以咨询函的形式向国际商事专家委员会办公室提出，并附相关材料。

咨询函应列明被咨询的专家委员姓名、所咨询的法律问题以及答复期限,答复期限一般不少于二十个工作日。

国际商事专家委员会办公室应于收到咨询函后三个工作日内联系专家委员,征询其意见。

专家委员同意接受咨询的,应按期制作书面答复意见,签字确认后送交国际商事专家委员会办公室。必要时,可以由若干名专家委员召开专家咨询会,形成书面答复意见并共同签字确认。

第十五条 对于专家委员受国际商事法庭委托出具的关于国际条约、国际商事规则以及域外法律等专门性法律问题的咨询意见,案件当事人申请专家委员出庭作辅助说明的,国际商事法庭应在收到申请后七个工作日内通过国际商事专家委员会办公室征询专家委员的意见。专家委员同意的,可以出庭作辅助说明。

第十六条 国际商事法庭根据本规则第三条第三项、第四项的规定委托专家委员提出意见和建议等事项的,应以委托函的方式向国际商事专家委员会办公室提出,并附相关材料。

委托函应当列明受委托的专家委员姓名、委托事项以及答复期限,答复期限一般不少于二十个工作日。

国际商事专家委员会办公室应于收到委托函后三个工作日内联系专家委员,征询其意见。

专家委员同意接受委托的,应按期制作书面答复意见,签字确认后送交国际商事专家委员会办公室。必要时,可以由若干名专家委员召开专家咨询会,形成书面答复意见并共同签字确认。

第十七条 最高人民法院为专家委员履行职责提供相应的保障。

第十八条 最高人民法院支持专家委员通过国际商事专家委员会办公室,对国际商事专家委员会及国际商事法庭的运行及发展提出意见和建议,并为专家委员和国际商事法庭之间、专家委员之间开展调研活动、信息交流以及各种形式的法律合作提供相应的便利条件。

第十九条 本规则自2018年12月5日起施行。

第二十条 本规则由最高人民法院负责解释。

最高人民法院办公厅
关于确定首批纳入"一站式"国际商事纠纷多元化解决机制的国际商事仲裁及调解机构的通知

2018 年 11 月 13 日　　　　　　　　法办〔2018〕212 号

各省、自治区、直辖市高级人民法院，解放军军事法院，新疆维吾尔自治区高级人民法院生产建设兵团分院；本院各单位：

　　为深入贯彻落实中共中央办公厅、国务院办公厅《关于建立"一带一路"国际商事争端解决机制和机构的意见》，建立诉讼与调解、仲裁有机衔接的国际商事纠纷解决平台，形成便利、快捷、低成本的"一站式"国际商事纠纷多元化解决机制，《最高人民法院关于设立国际商事法庭若干问题的规定》（法释〔2018〕11 号）明确规定，最高人民法院国际商事法庭（以下简称国际商事法庭）支持当事人通过调解、仲裁、诉讼有机衔接的纠纷解决平台，选择其认为适宜的方式解决国际商事纠纷。

　　根据相关机构申报，经综合考虑各机构前期受理国际商事纠纷案件的数量、国际影响力、信息化建设等因素，现确定中国国际经济贸易仲裁委员会、上海国际经济贸易仲裁委员会、深圳国际仲裁院、北京仲裁委员会、中国海事仲裁委员会以及中国国际贸易促进委员会调解中心、上海经贸商事调解中心，作为首批纳入"一站式"国际商事纠纷多元化解决机制的仲裁和调解机构。

　　对诉至国际商事法庭的国际商事纠纷案件，当事人可以根据《最高人民法院关于设立国际商事法庭若干问题的规定》以及《最高人民法院国际商事法庭程序规则（试行）》（法办发〔2018〕13 号）的规定，协议选择纳入机制的调解机构调解。经调解机构主持调解，当事人达成调解协议的，国际商事法庭可以依照法律规定制发调解书；当事人要求发给判决书的，可以依协议的内容制作判决书送达当事人。

对纳入机制的仲裁机构所受理的国际商事纠纷案件，当事人可以依据《最高人民法院关于设立国际商事法庭若干问题的规定》以及《最高人民法院国际商事法庭程序规则（试行）》的规定，在申请仲裁前或者仲裁程序开始后，向国际商事法庭申请证据、财产或者行为保全；在仲裁裁决作出后，可以向国际商事法庭申请撤销或者执行仲裁裁决。

根据"智慧法院"建设总体布局，最高人民法院将继续加强"一站式"国际商事纠纷多元化解决机制的信息化建设，优化纠纷解决平台的在线功能，切实推进调解、仲裁、诉讼的有机衔接，公正高效便利地解决国际商事纠纷。

本通知自 2018 年 12 月 5 日起执行。

中国审判指导丛书
——各级人民法院审判工作权威参考指导用书

《刑事审判参考》（代号：2021123）：最高人民法院刑事审判第一庭、第二庭、第三庭、第四庭、第五庭共同主办。自2021年起，丛书由人民法院出版社出版发行，作为《中国审判指导丛书》的重要组成部分。丛书自1999年4月创办以来，秉承立足实践、突出实用、重在指导、体现权威的编辑宗旨，在编辑委员会成员、作者和读者的共同努力下，密切联系刑事司法实践，为刑事司法人员提供了有针对性和权威性的业务指导和参考，受到刑事司法工作人员和刑事法律教学、研究人员的广泛欢迎。丛书主要收录指导案例、刑事司法规范及其理解与适用、刑事政策及其解读、理论前沿、实务探讨、编辑部答疑、经验交流、疑案争鸣等内容。2021年，作者将对丛书的体例、栏目设置及相关内容等进行完善和提升，力求以全新的面貌将更权威、实用的内容展现给读者。全年6辑，每辑68元，共408元。

《民事审判指导与参考》（代号：202113）：最高人民法院民事审判第一庭编。丛书收录最高人民法院关于民事审判工作的司法解释及其理解与适用、指导意见和最新政策精神及其解读、民事审判会议纪要、最高人民法院典型案例评析、示范性裁判文书、实务研讨、理论研究、各地方法院经验交流等内容，旨在传播最高人民法院和地方各级人民法院的优秀民事审判工作经验，对最新疑难经典案例进行探讨与解析，提供审判实践中解决疑难问题的思路，是最高人民法院民事审判第一庭履行对下指导职责的工作平台。全年4辑，每辑68.00元，共272.00元。

《商事审判指导》（代号：202114）：最高人民法院民事审判第二庭编。丛书刊登最高人民法院关于商事审判工作的指导意见、司法解释及其理解与适用、典型案例评析文章、示范性裁判文书、地方实务调研成果、理论研究文章等。丛书对各级人民法院商事审判工作具有重要指导作用和参考价值。全年2辑，每辑68.00元，共136.00元。

《立案工作指导》（代号：202115）：最高人民法院立案庭编。丛书主要收录有关立案的司法解释理解与适用、各级人民法院立案工作的实践经验、调研报告和案例评析等。丛书对各级人民法院立案工作具有重要指导作用和参考价值。全年2辑，每辑68.00元，共136.00元。

《审判监督指导》（代号：202116）：最高人民法院审判监督庭编。丛书主要收录关于审判监督工作的司法解释及其理解与适用、最新的政策与精神及其解读、最高人民法院案例评注、典型案例、会议纪要、优秀裁判文书、业务交流等内容。另外，还设置了审监信箱，回应全国法院审判监督工作中的疑难问题。丛书对各级人民法院审判监督工作具有重要指导作用和参考价值。全年4辑，每辑68.00元，共272.00元。

《知识产权审判指导》（代号：202117）：最高人民法院民事审判第三庭编。丛书主要内容包括知识产权审判政策与精神、司法解释理解与适用、调研报告和案例评析,以及反映知识产权审判动态的专题论述和优秀裁判文书等。丛书对各级人民法院知识产权审判工作具有重要指导作用和参考价值。全年2辑,每辑68.00元,共136.00元。

《涉外商事海事审判指导》(代号:202118):**最高人民法院民事审判第四庭编**。丛书收录当年出台的司法解释、司法指导性文件以及涉外商事案件相关问题的批复和案例评析,重点收录最高人民法院对高级人民法院有关国际商事仲裁裁决司法审查法律问题请示的复函,并附有高级人民法院的请示。丛书对各级人民法院涉外商事海事审判工作具有重要指导作用和参考价值。全年2辑,每辑68.00元,共136.00元。

《环境资源审判指导》(代号:202119):**最高人民法院环境资源审判庭编**。丛书收录有关环境资源审判最新司法政策与精神、司法解释、环境资源部门规章和环境资源刑事、民事、行政典型案例及其释评;同时,还视情约请全国法院资深法官或者学界著名专家对有关环境资源审判热点问题进行深度研讨。丛书对各级人民法院环境资源审判工作具有重要指导作用和参考价值。全年2辑,每辑定价68.00元,共136.00元。

《中国少年司法》(代号:202120):**最高人民法院少年法庭指导小组编**。丛书设置了有关少年司法工作的政策与精神、法官论坛、改革与探索、理论与实务研究、典型案例、裁判文书以及规范性文件等栏目。丛书的出版,旨在切实加强对少年司法工作相关问题的研究、加强对全国少年法庭工作的指导、强化相关方面的调查研究和理论探讨。丛书对各级人民法院少年审判工作、相关政法部门少年司法执法工作和有关社会组织的未成年人权益保护工作,都有重要的指导作用。全年4辑,每辑68.00元,共272.00元。

《执行工作指导》(代号:202121):**最高人民法院执行局编,自2019年起由人民法院出版社出版发行**。丛书对我国目前执行工作中的重点、热点和难点问题,从不同角度进行理论研究和实践经验的提炼与总结;同时,丛书紧紧围绕最高人民法院执行工作大局,紧密结合执行工作理论与实践,为全国广大法官以及其他法律职业者提供及时、权威的执行工作业务指导和参考,对正确理解相关规定、统一执法标准和破解执行难问题具有重要指导作用。全年4辑,每辑68元,共272元。

《国家赔偿与司法救助办案指导》(代号:202122):**最高人民法院赔偿委员会办公室编**。编委会成员分别由全国人大法工委国家法室、最高人民法院赔偿委员会办公室、最高人民检察院刑事申诉检察厅、公安部法制局、司法部法制司、财政部条法司等部委工作人员组成,收录了国家赔偿与司法救助相关的政策、法律法规、司法解释及其理解与适用,有普遍指导意义的请示案件及其答复,重大新型疑难案例评析,国家赔偿理论与实务研究,国家赔偿工作调研报告,地方国家赔偿工作动态等内容,集中反映最高人民法院、最高人民检察院等单位对于国家赔偿工作重要政策、观点、理论研究和实践指导的意见,对国家赔偿与司法救助工作具有重要的指导作用和参考价值。全年2辑,每辑68元,共136.00元。

2021 年中国审判指导丛书征订单

银行汇款方式：
开户银行：工行王府井金街支行
账号：0200000709004606170
开户名称：人民法院出版社有限公司
行号：102100000072
邮箱：fysgzzz@163.com

邮局汇款方式：
邮编：100745
地址：北京市东城区东交民巷 27 号人民法院出版社
联系人：王玺佳 010－67550536/18601031761
　　　　靖存锴 010－67550595/18601032892
传真：010－67550541

订购单位		联系人	
联系电话		邮编	
详细地址			
电子邮箱		纳税人识别号	

代号	书名	全年辑数	定价	邮费	合计	订购份数
202123	《刑事审判参考》	六辑	408.00	61.20	469.20	
202113	《民事审判指导与参考》	四辑	272.00	40.80	312.80	
202114	《商事审判指导》	两辑	136.00	20.40	156.40	
202115	《立案工作指导》	两辑	136.00	20.40	156.40	
202116	《审判监督指导》	四辑	272.00	40.80	312.80	
202117	《知识产权审判指导》	两辑	136.00	20.40	156.40	
202118	《涉外商事海事审判指导》	两辑	136.00	20.40	156.40	
202119	《环境资源审判指导》	两辑	136.00	20.40	156.40	
202120	《中国少年司法》	四辑	272.00	40.80	312.80	
202121	《执行工作指导》	四辑	272.00	40.80	312.80	
202122	《国家赔偿与司法救助办案指导》	两辑	136.00	20.40	156.40